PPP
与法律咨询

PPP项目全生命周期法律咨询服务要点解析

朱 静 宋皓宇 ◎ 著

PPP AND LEGAL CONSULTATION
ANALYSIS OF LEGAL CONSULTING SERVICE
IN THE FULL LIFE CYCLE OF PPP PROJECTS

知识产权出版社
全国百佳图书出版单位

图书在版编目（CIP）数据

PPP 与法律咨询：PPP 项目全生命周期法律咨询服务要点解析／朱静，宋皓宇著.
—北京：知识产权出版社，2019.2
ISBN 978－7－5130－6067－7

Ⅰ.①P… Ⅱ.①朱… ②宋… Ⅲ.①政府投资—合作—法律—咨询服务—研究 Ⅳ.①D90

中国版本图书馆 CIP 数据核字（2019）第 012084 号

责任编辑：唱学静
封面设计：张新勇　　　　　　　　　　责任印制：孙婷婷

PPP 与法律咨询
——PPP 项目全生命周期法律咨询服务要点解析

朱　静　宋皓宇　著

出版发行：	知识产权出版社 有限责任公司	网　　址：	http://www.ipph.cn
社　　址：	北京市海淀区气象路 50 号院	邮　　编：	100081
责编电话：	010－82000860 转 8112	责编邮箱：	ruixue604@163.com
发行电话：	010－82000860 转 8101/8102	发行传真：	010－82000893/82005070/82000270
印　　刷：	北京建宏印刷有限公司	经　　销：	各大网上书店、新华书店及相关专业书店
开　　本：	720mm×1000mm　1/16	印　　张：	17.75
版　　次：	2019 年 2 月第 1 版	印　　次：	2019 年 5 月第 2 次印刷
字　　数：	270 千字	定　　价：	78.00 元
ISBN 978－7－5130－6067－7			

出版权专有　侵权必究
如有印装质量问题，本社负责调换。

序 言 PREFACE

2019年是本人专注参与PPP业务的第五个年头，五年来在PPP专业领域的摸爬滚打，终于结出了一个个硕果：可以熟练提供PPP项目的专业咨询、专家评审、法律顾问、专项顾问等各类服务；80余个PPP项目实施方案的审核，60余份PPP项目合同的审核与编制；一本20多万字的PPP实务专著图书的出版；30余篇PPP原创文章的发表；20余场PPP实务专题培训的开展；担任10多个地方财政部门的PPP专项顾问；所服务项目投资额达3000多亿元……应该说自己无愧于"财政部PPP专家"的资格称号。

而作为一名从业近30年的专业律师，在从事PPP专业服务的过程中，时常感受到PPP项目全生命周期各类法律风险的无处不在，也一直希望通过自己的积极努力将所服务的PPP项目的法律风险降到最小，我的努力也确实取得了一些成效。我所在的城市，80%以上的PPP项目均有专业律师参与其中，提供PPP项目的实施方案审核、PPP项目合同编制等法律服务工作以及担任PPP项目的政府方顾问。但是，一直以来，在以"工程咨询"为主导的PPP项目咨询服务市场，仅靠少数律师的个人努力，效果是不能尽如人意的。从全国范围来看，绝大部分的PPP项目仍然没有专业律师参与其中，仍然缺乏防范法律风险的有效手段和措施。

2018年年末，适逢江苏省财政厅《关于建立全省政府和社会资本合作（PPP）项目全生命周期法律顾问制度的意见》（苏财规〔2018〕19号）的出台，该意见创新性提出在各级财政部门建立PPP项目的全生命周期法律顾问制度，要求充分发挥法律顾问或专职律师在PPP法律专业方面的优势，通过法律咨询、法律鉴证、审核把关、建言建议、质询论证等方式参与PPP项目推进实施全过程。这在全国开创了对PPP项目依法规范严管的先河，无疑也是一项以系统性思维引领江苏省PPP项目高质量发展的重大举措。

作为工作在一个PPP高质量发展大省的律师，我们在深感高兴之余，更觉责任重大。如何能做到"依法顾问、专业胜任"，履行好PPP项目法律顾问的各项职责？如何能满足PPP项目全生命周期"五大流程43个节点"法律服务的需求？如何协助各级财政部门构建"全时空、立体式"PPP项目全生命周期规范管理的法律顾问制度？如何能胜任PPP法律咨询服务的各项工作要求？……这些是每一位已经参与或准备参与到PPP专业法律服务领域中的律师或法律专业人士，都应认真思考并积极做好准备的问题。

基于此，本人结合自己长期积累的PPP理论知识及实务操作经验，从法律风险防范的角度出发，结合律师服务PPP项目全生命周期的各个环节的重点问题，总结出PPP法律咨询服务的要点和关键点，以飨广大的读者尤其是律师同仁。

写作的过程是"痛苦的"，而当丰硕的成果呈现在眼前可以和大家分享时，又是如此的快乐。希望这本书（也是我国第一部以律师"如何为PPP项目提供全过程法律咨询服务"为主题展开的实务操作书籍）能给广大的律师以及其他法律工作者带来启发和帮助，我们一起共同为中国PPP的高质量发展而努力奋斗。

江苏义行律师事务所　朱静
2019年1月18日

目 录 CONTENTS

1	引 言
3	第一章 概 述
3	一、正确认识和理解 PPP
5	二、PPP 在国外的发展
6	三、PPP 在中国的发展
7	四、PPP 模式的政府付费不属于政府债务的原因
8	五、目前我国 PPP 现状及存在的问题
11	六、PPP 法律实务的特点
12	七、PPP 法律纠纷的特点及成因
16	八、PPP 全生命周期法律咨询服务的内涵及意义
17	九、PPP 法律咨询服务律师应具备的能力
18	十、PPP 法律咨询服务现状
19	十一、PPP 法律咨询服务原则
20	十二、PPP 法律咨询服务律师应具备的条件及要求
21	十三、PPP 法律咨询服务律师的主要职责
21	十四、律师为 PPP 项目提供法律咨询服务的主要方式
22	十五、律师为 PPP 项目提供服务的主要形式
22	十六、PPP 项目法律咨询服务风险防范

第二章 PPP项目全生命周期法律风险解析

24　一、PPP模式的基本法律关系问题
24　二、PPP项目的主要参与方
29　三、PPP法律框架的主要问题
33　四、PPP模式法律文本体系
34　五、全面认识和了解PPP模式的风险
57　六、PPP项目全生命周期法律风险解析
69　七、PPP项目法律风险案例分析

第三章 PPP项目全生命周期各阶段法律咨询服务要点解析

72　一、项目识别论证阶段法律咨询服务要点
82　二、项目准备阶段法律咨询服务要点
128　三、项目采购阶段法律咨询服务要点
145　四、项目执行阶段法律咨询服务要点
148　五、项目移交阶段法律咨询服务要点

第四章 PPP项目采购文件法律咨询服务要点

151　一、关于PPP项目合同主体
153　二、PPP项目合同的主要条款内容解析
175　三、PPP项目合同内容及条款存在的法律风险
190　四、PPP项目合同律师法律服务要点

第五章 PPP项目公司（SPV）法律咨询服务要点

202　一、PPP项目设立SPV的目的
203　二、SPV的职责
203　三、SPV的"三会"
204　四、SPV的股东权益

206	五、SPV 的法律风险
208	六、SPV 法律咨询服务要点
211	七、有关 SPV 的其他法律问题

213	**第六章 财政视角下的 PPP 项目全生命周期法律风险防范**
213	一、财政改革与财政风险
216	二、财政视角下的 PPP 模式风险
221	三、财政视角下的 PPP 项目全生命周期的法律风险防范

241	**附 录**
241	国务院办公厅转发财政部 发展改革委人民银行关于在公共服务领域推广政府和社会资本合作模式指导意见的通知（国办发〔2015〕42 号）
250	关于推广运用政府和社会资本合作模式有关问题的通知（财金〔2014〕76 号）
256	关于印发《政府和社会资本合作项目政府采购管理办法》的通知（财库〔2014〕215 号）
262	关于印发《政府和社会资本合作项目财政管理暂行办法》的通知（财金〔2016〕92 号）
270	关于规范政府和社会资本合作（PPP）综合信息平台项目库管理的通知（财办金〔2017〕92 号）
274	关于进一步加强政府和社会资本合作（PPP）示范项目规范管理的通知（财金〔2018〕54 号）

引 言

党的十九大报告指出，从现在起到2020年是全面建成小康社会决胜期，要坚决打好防范化解重大风险、精准脱贫、污染防治的攻坚战。中央经济工作会议指出，打好防范化解重大风险，重点是防控金融风险。随着我国金融创新步伐的加快，地方政府融资、企业融资、房地产市场、互联网金融等领域风险正在集聚，防控风险的任务较重、压力较大。作为为政府提供法律服务的律师，如何利用好自己的专业知识，紧跟当前时代和经济发展的步伐，为防范化解重大风险这一当前重要工作献计献策献力，是每一位法律服务工作者都应该认真思考的重要问题。

PPP作为供给侧结构性改革的重要抓手，自从2014年中央大力推广后，PPP项目数量如雨后春笋般迅猛增长，我国已成为全球规模最大、最具影响力的PPP市场。毫无疑问，PPP改革成果初现，PPP模式的应用对缓解政府财政压力，平滑财政支出，化解部分政府存量债务，提高公共服务水平和效率，促进行政体制、财政体制和投融资体制改革等方面，确实起到了较大作用。但我们也清醒地看到，由于我国缺少PPP相关立法和有效监管，在PPP发展进程中，一些地方政府对PPP模式的认识和精神贯彻还不到位，甚至把PPP模式简单地作为政府的一种投融资手段，依然存在明股实债、政府变相兜底，重建设轻运营等泛化异化问题，为政府埋下了隐性债务危机和风险，也给PPP项目带来了巨大法律风险。人们对PPP项目专业服务的需求也从工程、财务、投融资等方面，逐步转向法律服务方面。

PPP项目全生命周期咨询是根据PPP项目全生命周期管理需求，在识别、准备、采购、执行、跟踪和验收等阶段，建立PPP全生命周期综合服务理念、流程和标准，实现PPP项目全生命周期管理目标，即追求公共利益最大化和获取合理回报的协调统一，在公平和效率之间找到最佳实现路径。在PPP项目全生命周期咨询过程中，法律咨询同工程等专业咨询一样重要且不可或缺。

第一章

概　　述

一、正确认识和理解 PPP

PPP 的英文全称为"Public-Private Partnership",常译为"公共－私营合作机制"模式,即政府和社会资本合作,是公共基础设施建设中的一种项目运作方式或模式。在该种模式下,鼓励私营企业、民营资本与政府进行合作,参与公共基础设施等领域的建设。其主要在道路、桥梁、铁路、地铁、隧道、港口、河道疏浚、供电、供水、供气、供热以及污水处理、垃圾处理、学校、医疗、养老院等领域适用。按照财政部规范性文件要求,涉及垃圾处理、污水、供水类的项目属于强制采用 PPP 模式的项目。

PPP 通常采用的模式是由社会资本承担设计、建设、运营、维护的大部分工作,并通过"使用者付费"及必要的"政府付费"获得合理投资回报;政府部门负责基础设施及公共服务价格和质量监管,以保证公共利益最大化。

当前,我国正在实施新型城镇化发展战略,城镇化是现代化的要求,也是稳增长、促改革、调结构、惠民生的重要抓手。立足国内实践,借鉴国际成功经验,推广运用政府和社会资本合作模式,是国家确定的重大经济改革任务,对于加快新型城镇化建设、提升国家治理能力、构建现代财政制度具有重要意义。

(一) PPP 模式的本质

PPP 模式的本质是建立政府与企业"利益共享、风险共担、全程合作"

的模式，形成"政府监管、企业运营、社会评价"的良性互动格局。其主要运作方式包括：建设－运营－移交（简称BOT）、转让－运营－移交（简称TOT）、建设－拥有－运营（简称BOO）、改建－运营－移交（简称ROT）、委托运营（简称O&M）等。PPP项目的参与主体通常包括政府、社会资本、融资方、承包商和分包商、原料供应商、专业运营商、产品和服务购买方、保险公司以及专业中介机构等多个主体。

（二）PPP模式的特征

PPP模式具有以下几方面的特征。

(1) 政府采购程序公开，择优选择合作伙伴。

(2) 与社会资本的合作是投资、建设、运营维护一体化的模式。

(3) 合作期限长，一般在10~30年。

(4) 政府的付费实行"绩效考核，按效付费"。

(5) 属于政府财力承受范围，全部PPP项目的投资控制在本级公共预算收入的10%红线之内。

（三）PPP模式的要点

(1) 采用PPP模式的项目必须是在公共服务领域，政府有提供该项服务的责任。

(2) 除特殊项目外，PPP项目的采购应采用公开招标的方式。

(3) PPP模式的社会资本一方必须同时具有投资、建设、运营等能力。

(4) PPP模式强调在政府与社会资本之间合理分担风险。

(5) 参与PPP模式的社会资本方获得的是合理利润，有盈利而非暴利。

（四）PPP模式的功效

(1) PPP不仅是一种融资模式，更是一种体制、机制和管理方式的创新。公共资源和私人资源无缝对接，优化配置，各种要素自由流动充分融合，改变过去公共服务领域对私人资本设置的各种门槛，充分发挥公和私各自的禀赋优势。

(2) 地方政府"仅有"的合法融资渠道。缓解财政支出压力，减少政府债务，平滑财政支出（PPP项目财政支出责任不属于政府债务）。政府付费部分纳入预算管理和中长期财政规划，按照代际公平的原则分担财政投入。

（3）社会资本的新投资路径。盘活社会存量资本，激发民间投资活力，提升经济增长动力。大量手握充沛现金流的民间资本找到新的投资渠道，形成新的经济增长点。

（4）提升效率、降低成本。符合社会分工细化的大趋势，让专业的人干专业的事。政府负责项目战略规划、识别论证、绩效考核、市场监管等，实现简政放权；社会资本负责项目研发、设计、建设、运营、管理、创新和维护。

（五）采用PPP模式的原因

（1）从宏观层面看，是为了推动国家治理体系和治理能力现代化，简政放权，释放活力，降低门槛，充分发挥市场在资源配置中的决定性作用。

（2）从技术层面看，是为了政府工作的提质增效，让公共服务供给机制更加优化。

（3）从现实层面看，是为了减轻财政收支压力，平衡收支矛盾，降低地方债务风险。

二、PPP在国外的发展

从国外的实践来看，英国从撒切尔执政时代开始提倡政府项目的私有化，截至2013年年末，英国共有725个PPP项目，占公共部分总投资的11%；澳大利亚从1987年起推行PPP模式，总共有120多个项目，总投资700亿澳元，占基础设施项目总价值的15%；加拿大从2003年起推行PPP，截至2013年年末实施了206个PPP项目；法国从16世纪开始实行特许经营，2004年就出台了PPP相关法律；美国的高速公路和水处理等项目均实行特许经营模式；韩国从1994年颁布《促进社会资本参与基础设施投资法》，截至2013年年底，总共实施PPP项目651个，总投资875.5亿美元。

21世纪以来，联合国、世界银行、欧盟和亚洲开发银行等国际组织把PPP的理念和经验在全球大力推广，很多发展中国家，纷纷开始实践。PPP的应用范围也从道路、轨道交通、燃气、供水、污水处理、垃圾收集等传统行业扩展到学校、医院，甚至国防和航天等领域。

三、PPP 在中国的发展

20 世纪 80 年代以来，我国在公路、水务领域就开始探索 BOT、BT 的方式；到了 90 年代，BOT 在电力、水务、污水处理等行业得到了比较广泛的运用和推广；2008 年，受 4 万亿投资的刺激，BOT 模式也暂时停滞；2014 年起，中国对 PPP 模式的探索进入了全新的阶段和高速发展时期；从 2017 下半年起，财政部开始对不规范的 PPP 进行清理整顿，PPP 迈入了"高质量发展"新阶段；截至 2018 年 12 月，全国 PPP 入库项目共约 1.3 万个，总投资约 17 万亿元。贵州、四川、河南三省入库项目最多，项目均超过 1000 个，排名全国前三。

党和国家一系列政策制度在有力支持 PPP 发展：

2012 年，党的十八届三中全会通过的《中共中央关于全面深化改革若干重大问题的决定》明确提出"紧紧围绕使市场在资源配置中起决定性作用深化经济体制改革"。在该文件的重要举措分工方案中，财政部是落实"允许社会资本通过特许经营等方式参与城市基础设施投资和运营"改革举措的第一责任部门。按照党中央、国务院的统一部署，财政部在基础设施及公共服务领域大力推广运用 PPP 模式，从制度建设、机构能力、政策扶持、项目示范等方面开展了一系列工作。

2015 年 5 月 13 日召开的国务院常务会议，部署推广政府和社会资本合作模式，汇聚社会力量增加公共产品和服务供给。会议认为，在交通、环保、医疗、养老等领域，推广政府和社会资本合作模式，以竞争择优选择包括民营和国有企业在内的社会资本，扩大公共产品和服务供给，并依据绩效评价给予合理回报，是转变政府职能、激发市场活力、打造经济新增长点的重要改革举措。会议要求，一要简化审批，保障项目用地，支持地方政府与金融机构共同设立基金，用好税收优惠、奖励资金、转移支付等手段，多措并举吸引社会资本参与公共产品和服务项目的投资、运营管理。二要鼓励项目运营主体利用资本市场直接融资。发挥开发性、政策性金融机构中长期贷款优势，支持社保和保险资金参与项目。三要建立公共服务价格和补贴动态调整机制，坚持补偿成本、优质优价、公平负担，保证社会资本和公众共同受益。四要完善制度，规范流程，加强质量监管，提高公共产品和服务供给能力与效率。

2015年5月19日，《国务院办公厅转发财政部　发展改革委　人民银行关于在公共服务领域推广政府和社会资本合作模式的指导意见》（国办发〔2015〕42号），提出财政部门要会同有关部门，加强政策沟通协调和信息交流，完善体制机制。

党的十九大报告提出"深化投融资体制改革，发挥投资对优化供给结构的关键性作用""全面实行预算绩效管理"。

四、PPP模式的政府付费不属于政府债务的原因

原因之一，PPP是项目公司或社会资本方为项目投资建设运营的主体，政府或政府的融资平台公司不再是举债的主体，政府可在项目公司中参股也可不参股，政府方参股项目公司仅以出资额为限承担责任。

原因之二，PPP的财政支出责任已列入当年预算、财政中期规划和政府财务报告，与部门预算、养老金类似，都是纳入预算。

原因之三，PPP的财政支出责任不超过当年一般公共预算支出的10%，属于政府财力可控的范围。

原因之四，PPP的政府付费是根据绩效考核结果付费，付多付少并不确定，不符合《政府会计准则第8号——负债》的确认条件。

原因之五，政府与社会资本进行股权合作、共担风险，财政部规范性文件中明确要求政府不得承诺固定回报，政府不得提供担保、回购社会资本方的股权，政府不得承担兜底责任、不得提供保本保收益承诺等。

原因之六，PPP项目公司融资以项目融资为主，政府方不为此提供任何担保，银行等金融机构也不得要求政府方提供担保。

原因之七，截至目前（2018年年底），任何财政部文件没有将PPP项目财政支出责任列为政府债务、政府性债务、或有债务。财政部《关于规范推进政府和社会资本合作（PPP）工作的实施意见（征求意见稿）》（2018年9月）进一步明确了"合规的PPP财政支出责任不属于政府隐性债务"。

根据《中共中央国务院关于防范化解地方政府隐性债务风险的意见》《地方政府隐性债务问责办法》《关于近期地方反映隐性债务有关事项的说明》等文件规定，不得出现以下情形，若出现经审计认定为隐性债务。一是地方政府及其部门参与 PPP 项目，不得以任何方式承诺回购社会资本方的投资本金；不得以任何方式承担社会资本方的投资本金损失、不得以任何方式向社会资本承诺最低收益、不得对有限合伙制基金等任何股权投资方式额外附加条款变相举债。二是严禁假借政府和社会资本合作（PPP）项目名义变相举债，不得将项目融资偿还责任交由地方承担。三是不得通过其他"名股实债"方式融资。

五、目前我国 PPP 现状及存在的问题

面对现阶段我国不断增长的政府债务，不断严管的金融环境，PPP 模式无疑是地方政府发展经济、改善和加快基础设施建设、减轻政府财政压力和负担、化解部分存量债务的最有效的途径之一。

（一）PPP 项目发展的现状

（1）从数量上看：据财政部 PPP 项目信息库数据统计，截至 2018 年 12 月，PPP 项目管理库累计项目共约 1.3 万亿个，投资额约 17 万亿元。但是，随着财政部《关于规范政府和社会资本合作（PPP）综合信息平台项目库管理的通知》（财办金〔2017〕92 号）及《关于进一步加强政府和社会资本合作（PPP）示范项目规范管理的通知》（财金〔2018〕54 号）的出台，对 PPP 项目的规范治理如"兵临城下"，对 PPP 项目入库及库内项目的运作都提出了更加规范的"高标准"和"严要求"。基于此，目前全国 PPP 项目被清理出库的数量已达 2000 多个，涉及总投资金额 2 万多亿元。

（2）从政策监管的层面来看：财政部副部长史耀斌在 2017 年 8 月全国 PPP 工作座谈会上提出要严控"红线"、守住"底线"、搭好"天线"、明确"界线"，要严防 PPP 项目出现"四化问题"：支出上限"虚化"，适用范围"泛化"，支出责任"固化"，运营内容"淡化"。

2017 年 11 月 10 日，《关于规范政府和社会资本合作（PPP）综合信息平

台项目库管理的通知》（财办金〔2017〕92号）出台，财政部开始对存量PPP项目以及新增PPP项目进行严格规范。

一是严格新项目入库标准。要求各级财政部门认真落实相关法律法规及政策要求，对新申请纳入项目管理库的项目进行严格把关，优先支持存量项目，审慎开展政府付费类项目，确保入库项目质量。存在下列情形之一的项目不得入库：不适宜采用PPP模式实施。包括不属于公共服务领域，政府不负有提供义务的，如商业地产开发、招商引资项目等；仅涉及工程建设，无运营内容的；前期准备工作不到位，包括涉及国有资产权益转移的存量项目未按规定履行相关国有资产审批、评估手续的；未建立按效付费机制。未建立与项目产出绩效相挂钩的付费机制的；项目建设成本不参与绩效考核，或实际与绩效考核结果挂钩部分占比不足30%，固化政府支出责任的等。

二是集中清理已入库项目。以下项目将被清理出库：未按规定开展"两个论证"；不宜继续采用PPP模式实施，包括入库之日起一年内无任何实质性进展的；采购文件中设置歧视性条款、影响社会资本平等参与的；未按合同约定落实项目债权融资的；违反相关法律和政策规定，未按时足额缴纳项目资本金、以债务性资金充当资本金或由第三方代持社会资本方股份的；政府向社会资本承诺固定收益回报的，等等。

该文的出台和入库及退库的新规定，无疑对全国迅猛发展的PPP项目产生巨大影响，出现的后果是：退库范围进一步扩大，更多不合规项目被清理出库；申请入库的新项目增速放缓；政府付费类和可行性缺口补助项目数量的增速放缓；项目被清理出管理库后，政府将无法再支出费用，PPP项目也将无法再继续开展，PPP项目合同将提前解除或终止，PPP项目合同约定上的提前终止条款将启动，直接带来政府与社会资本大量的纠纷和矛盾。

随着《关于进一步加强政府和社会资本合作（PPP）示范项目规范管理的通知》（财金〔2018〕54号）的出台，财政部进一步对PPP项目规范管理提出更高要求。从夯实项目前期工作、切实履行采购程序、严格审查签约主体、杜绝违法违规现象、强化项目履约监管、加强项目绩效考核，落实按效付费机制，强化激励约束效果，确保公共服务安全、稳定、高效供给等方面做出了更加明确严格的规定。

（二）我国 PPP 模式存在的问题

虽然 PPP 模式应用已为中国经济发展做出了巨大贡献，但是，作为政府在工程建设领域的融资路径，首先，政府自身在实施 PPP 项目中也存在以下主要问题。①PPP 制度有待完善。PPP 目前缺乏立法，管理体制机制还不完善。政府对 PPP 项目重建设标准、设计标准，轻服务标准、绩效标准建设，在 PPP 价费调整、成本监审等方面还存在许多真空地带。②对国家层面有关 PPP 的政策精神和文件要求了解不透，掌握不够。③缺乏懂 PPP 专业知识和实务运作的人才和经验。PPP 是一个系统工程，涉及工程管理、金融、财务、法律、公共政策、行政管理等方面的知识。政府缺乏懂 PPP 的专业人才，特别是区县政府在这方面的人才更缺。④把 PPP 等同于一般的融资手段，不依规采购，不依法履约等。⑤政府购买服务的理念仍然统领整个 PPP 制度体系的建设，严重影响 PPP 模式健康发展。⑥PPP 项目财政承受能力的论证，缺乏政府理财、预算体系、法律制度的有效支撑，难以有效发挥规避未来财政支付风险的功能等。⑦PPP 咨询服务市场缺乏监管。PPP 咨询专业人才不足。咨询机构服务质量良莠不齐，恶意竞争，为获得项目低价中标，违反职业操守现象比比皆是。

其次，作为 PPP 模式本身在运作过程中也存在如平台公司或国有企业作为社会资本方或实施机构、母公司中标子公司入股、中标的联合体未全部入股、社会资本违规转让股权、基金等金融机构未经采购程序入股项目公司、重建设轻运营、政府的可用性付费跟绩效挂钩明显不够等诸多不规范问题。以上都是导致 PPP 项目大量法律风险存在的根源所在。

最后，PPP 模式在实务运作中涉及政府与社会资本双方的合作时间长、投资金额大、参与主体杂、经历阶段多、涉及专业知识难等特点，无疑存在来自工程、财务、法律、投融资等诸多领域的风险。同时，在 PPP 项目投资、建设、运营、移交等全生命周期各阶段法律风险无时不在，也存在着来自政策、法律、环境、融资等不同因素，建设、运营、移交等不同阶段的各种法律风险。

六、PPP 法律实务的特点

PPP 法律实务有以下几方面的特点。

（1）涉及专业领域面广，理解和掌握的难度大。除 PPP 涉及的法律文件庞杂，法律知识和关系错综复杂外，实务中遇到的问题更是涉及工程、财务、投融资等多个专业领域，需要律师全面了解和深入掌握，否则，服务技能和效率难以适应。

（2）相关法律法规政策繁多且不断推陈出新。根据 PPP 的性质，涉及的法律知识主要包括法律、法规、政策，PPP 涉及的法律体系包括了前述几个层次的规范性文件。涉及的政策则主要体现在国务院以及以财政部、国家发展改革委为代表的国务院部委，地方政府以及以财政厅局、发展改革委为代表的相关政策文件。据统计，PPP 涉及的法律包括合同法、担保法、物权法、公司法、土地法等；涉及的政策有国务院下发的相关文件，财政部下发的相关文件，国家发展改革委下发的相关文件，此外还有原环境保护部、交通运输部、原农业部、人民银行、原银监会、原证监会等多个部门出台的有关政策精神及规定等。

（3）遇到的问题复杂。PPP 模式是 2014 年下半年中央才力推广的政府与社会资本合作模式，相关法律制度尚不够完善和健全，尤其是 PPP 上位法律始终未出台，有很多法律理论及问题都亟待研究。例如：PPP 合同是民事性质，还是行政性质，还是二者兼具？PPP 领域的纠纷是民事纠纷还是行政纠纷？PPP 项目公司的政府方股东在 PPP 项目公司中的一票否决权是否合理？项目公司到期资产、股权的无偿移交等问题，边界依据在哪里？相关部门立法"打架"，典型的如财政部主导的政府购买立法与国家发展改革委主导的特许经营立法的冲突等，直接导致律师在为 PPP 项目服务过程中的无所适从。

七、PPP 法律纠纷的特点及成因[①]

2014年以来，PPP项目飞速发展，也催生了PPP纠纷的不断上升，江苏省高级人民法院民一庭课题组选取600件涉及PPP、BOT、BT的裁判文书，分析了PPP纠纷的主要特点，预判PPP纠纷可能存在的法律风险。从这些文书看，当前PPP纠纷呈现六大特点，PPP项目实施中造成法律纠纷有三大成因。

（一）当前PPP纠纷的特点

1. PPP案件数量不断增多

从既有的BOT模式引发的纠纷数量看，自2013年以来，案件数量不断上升，2013年至2016年分别审结21件、115件、107件和183件，2016年案件数量上升达71%。从PPP引发的纠纷看，由于PPP推行不久，纠纷的绝对数量不大，但呈逐年上升态势，2015年审结4件，2016年上升至16件，同比翻了4倍。

2. PPP案件涉及的领域较为广泛

截至2017年第一季度，全国PPP项目库共包括能源、交通运输、水利建设、生态建设和环境保护、市政工程、城镇综合开发、农业、林业、科技、保障性安居工程、旅游、医疗卫生、养老、教育、文化、体育、社会保障、政府基础设施和其他19个一级行业。PPP纠纷也主要集中在供热、污水处理、道路工程、车站项目、垃圾收运体系市场化运作项目、学生公寓、体育场、棚户区改造等公共工程。随着片区开发、特色小镇建设过程中PPP模式的应用，由此引发的新型城镇化PPP纠纷也逐渐增多。

3. PPP争议的类型和诉求呈现多元化

从BOT模式引发的纠纷看，案件纠纷涵盖刑事、行政和民事领域，主要集中在民事领域，占全部案件的85.54%，刑事和行政分别占11.76%和2.7%。

民事案件中，包含因PPP引发的合同纠纷、物权纠纷、侵权纠纷、金融

---

① 此部分参见江苏省高级人民法院民一庭课题组："政府与社会资本合作（PPP）的法律疑难问题研究"，载《法律适用》2017年第17期。

纠纷等，其中合同纠纷占比最大，达78.22%。合同纠纷中占比前5位的是建设工程合同纠纷（占21.61%）、供用热力合同（占13.92%）、借款合同（占13.19%）、租赁合同（占7.69%）、买卖合同（占7.33%）。具体包括：因政府特许经营协议的履行、解除、终止、回购等引发纠纷；当事人引进了BOT项目，要求按照招商引资优惠政策给付招商引资奖金；BOT承包人对外签订材料买卖合同；BOT承包人将项目转让引发的纠纷；因BOT投标引发的返还投标保证金纠纷和履行投标保函纠纷；因土地使用税引发的争议；BOT项目公司股东的股权转让纠纷；BOT后续的施工合同因缺乏规划许可证导致无效纠纷；因BOT项目引发的贷款纠纷、应收账款质押纠纷，等等。从PPP引发的纠纷看，行政、刑事、民事案件分别为5件、4件和11件，行政案件包括要求政府公开PPP项目信息、对政府采购投诉处理决定不服、不服行政决定等案件。刑事案件包括PPP项目中国家工作人员受贿案件、利用PPP项目进行非法吸收公众存款、冒充PPP项目进行合同诈骗，以及PPP项目设施中非法占用农地等犯罪。PPP民事案件占比较大，建设工程施工合同是主要案件类型，还包括财产损失赔偿、委托合同、责任保险、服务合同等纠纷。具体包括：投资人与政府因PPP协议引发的违约纠纷；投资人、项目公司与施工人之间的建设工程施工合同纠纷；银行与投资人、政府之间的贷款、担保纠纷；咨询公司与投资人之间的咨询合同纠纷；PPP项目施工人对外买卖、承揽合同纠纷等。

4. PPP纠纷的主体呈现多样化

PPP模式中涉及多重法律关系主体和多重法律关系，包括政府、社会投资人、项目公司、融资方、担保公司、保险公司、承包商、运营商、原料购买商、购买方等，社会资本的成分多样，引发的纠纷也较为多元。从江苏省人民法院受理的BOT案件看，外资投资公司占一定比例，如澳大利亚第一太平洋资本有限公司在泰兴投资的电厂项目银行担保纠纷、新加坡亚洲环保控股有限公司污水处理厂项目特许经营合同履行纠纷、英属维尔京群岛金迪国际有限公司污水处理厂项目招标投标纠纷等。此外，随着"一带一路"倡议的推行，海外工程PPP项目引发的纠纷也逐渐显现。

5. PPP 纠纷的新类型问题层出不穷

由于真正意义上的 PPP 项目才刚刚落地不久，很多问题尚未完全显现，随着项目周期的推进，新问题将不断增多，包括对 PPP 合同条款的理解问题、情势变更的适用问题、政府回购的条件问题、项目运营质量的评价问题。而且，PPP 创新机制不断增多，2016 年 12 月，《国家发展改革委　中国证监会关于推进传统基础设施领域政府和社会资本合作（PPP）项目资产证券化相关工作的通知》（发改投资〔2016〕2698 号），开启了 PPP 资产证券化试水。但由于缺乏专门的 SPV 立法，无法解决资产独立、破产隔离等关键法律问题，可能引发新的纠纷。为撬动金融资本为 PPP 项目做好综合金融服务，一些地方政府组建了 PPP 融资支持基金，但由于缺乏法律规制，基金的出资协议、合作协议、委托管理合同等义务不明确，事后履行可能引发纠纷。

6. PPP 争议的审理难度较大

PPP 模式对于政府和社会资本方而言是一场长时间的联姻，与传统的政府采购以及私人之间的合资合作并不相同。长期以来，政府习惯于管理者的角色，运用行政手段处理纠纷，忽视其作为平等民事主体的角色，导致与社会资本的矛盾加剧。社会资本方在纠纷发生时，往往采取非理性、非法律的手段维权，导致矛盾进一步激化，甚至引发群体性事件。由于现阶段 PPP 立法供给不足，没有专门的 PPP 法律和行政法规，对于 PPP 的规范主要系部门规章、地方性法规、政策性文件等，效力层级比较低，缺乏统一的 PPP 法律体系，导致法院审理 PPP 纠纷没有明确的法律规则参考，司法的不确定因素增大。而且，PPP 是一个系统工程，涉及土地、税收、特许经营、环保、价格、财政、金融等多个领域，对于 PPP 纠纷的处理需要综合运用法律、经济、社会等多种方法，处理难度较大。

(二) PPP 项目实施中存在法律纠纷的成因

当前，从中央到地方政府大力推行 PPP 项目，但目前立法对此尚属空白。主导机关职责尚不完全清晰，社会各界对 PPP 的定位尚不清楚，虽然目前直接因 PPP 项目引发的纠纷数量不多，但随着项目周期的推进，预计 PPP 纠纷将逐年增多，PPP 项目实施将面临一系列法律风险和纠纷。

1. 立法供给不足，PPP 合规性风险不可避免

PPP 作为我国一项国家战略，需要有完善的顶层设计。当前 PPP 立法处在调研起草过程中，现行的 PPP 法律位阶低。我国现行法律，如《中华人民共和国预算法》（以下简称《预算法》）《中华人民共和国政府采购法》（以下简称《政府采购法》）《中华人民共和国招标投标法》（以下简称《招标投标法》）对于 PPP 都没有专门规定，《国务院办公厅转发财政部　发展改革委　人民银行关于在公共服务领域推广政府和社会资本合作模式指导意见的通知》（国办发〔2015〕42 号）首次提出了政府在公共领域推广 PPP 模式。该指导意见仅为行政法规，法律层级不够，无法超越民事和行政的相关法律规定，导致社会资本方参与 PPP 项目对自身权益的保障存在一定的担忧，不利于调动更多民营资本的积极性。国家各部委之间多部门发文推动 PPP 模式，政出多门、各行其是，不仅影响了 PPP 的统一性、权威性、公正性，也造成行政成本增加，工作效率低下，容易形成内耗。当前，对于 PPP 概念的内涵和外延、PPP 与特许经营的关系、PPP 项目中社会资本方的甄选程序、PPP 操作流程、PPP 争端解决机制等都缺乏统一的共识，也缺乏 PPP 通用合同示范文本，导致各方对 PPP 权利义务的边界存在争议。

2. PPP 主管部门权限不清，管理机制尚不畅通

虽然国家明确了传统基础设施领域 PPP 项目由国家发展改革委牵头负责，公共服务领域 PPP 项目由财政部牵头负责，但实践中基础设施领域与公共服务领域往往存在交叉，对于两者的区分目前没有明确的界定。而目前我国缺乏一个统一的 PPP 项目主导机构，PPP 模式应用项目仍在发展改革委、财政部门以及行业主管部门办理审批手续。在多头审批制度下，国家和地方政府的权限划分、各部门之间审批权限的划分、各部门审批程序为并联审批或串联审批等问题仍未有明确规定。

3. PPP 配套机制不健全，程序的合法性风险隐患较大

PPP 模式涉及税收、土地、贷款、保险、施工等多个环节，但目前缺乏对此专门的 PPP 程序设计，事后可能面临合法性风险。包括承包商是否需要二次招标，PPP 项目是否享受税收优惠，PPP 项目土地未经单独的招拍挂程序的效力如何认定等，均不明确。

八、PPP 全生命周期法律咨询服务的内涵及意义

PPP 模式是基础设施和公共服务供给机制的重大创新，是现代财政改革发展的重大成果和发展方向。PPP 项目通常具有投资金额大、合作周期长、法律和政策制度涉及面广、管理环节多、风险防控压力较大等特点。因此，规范项目的识别、准备、采购、执行、移交等各环节全生命周期管理就显得尤为重要。

《国务院办公厅转发财政部　发展改革委　人民银行关于在公共服务领域推广政府和社会资本合作模式指导意见的通知》（国办发〔2015〕42 号）指出，PPP 模式的推行应遵循以下基本原则：

依法合规。将政府和社会资本合作纳入法制化轨道，建立健全制度体系，保护参与各方的合法权益，明确全生命周期管理要求，确保项目规范实施。

重诺履约。政府和社会资本法律地位平等、权利义务对等，必须树立契约理念，坚持平等协商、互利互惠、诚实守信、严格履约。

公开透明。实行阳光化运作，依法充分披露政府和社会资本合作项目重要信息，保障公众知情权，对参与各方形成有效监督和约束。

公众受益。加强政府监管，将政府的政策目标、社会目标和社会资本的运营效率、技术进步有机结合，促进社会资本竞争和创新，确保公共利益最大化。

积极稳妥。鼓励地方各级人民政府和行业主管部门因地制宜，探索符合当地实际和行业特点的做法，总结提炼经验，形成适合我国国情的发展模式。坚持必要、合理、可持续的财政投入原则，有序推进项目实施，控制项目的政府支付责任，防止政府支付责任过重加剧财政收支矛盾，带来支出压力。

《关于规范政府和社会资本合作（PPP）综合信息平台项目库管理的通知》（财办金〔2017〕92 号）规定，要求各级财政部门"将处于准备、采购、执行、移交阶段的项目，纳入项目管理库，按照 PPP 相关法律法规和制度要求，实施全生命周期管理，确保规范运作"。

律师参与 PPP 项目全生命周期法律咨询服务的主要意义体现在：是促进政府 PPP 管理依法决策、科学决策的重要手段；是推动 PPP 项目全生命周期

科学管理的重要保障；是维护政府经济活动安全、防范和化解重大风险的重要途径；是全面推进依法治国、加快法治政府建设的重要举措，对确保PPP项目健康、科学、高质量发展都具有十分重要的意义。

PPP项目全生命周期律师咨询服务是指：律师接受政府方的委托，通过建言献策、审核把关、质询论证、法律咨询、出具法律意见书等方式参与当地PPP宏观管理及PPP项目全生命周期事前、事中、事后管理全过程，充分发挥律师在PPP相关法律法规和政策制度等方面的法律专业基础和实务经验优势，为PPP项目全生命周期各阶段提供专业服务，以有效防范和化解PPP项目运作管理过程中的各类法律风险。

九、PPP法律咨询服务律师应具备的能力

1. 快速而持之以恒地学习

与PPP有关的政策法规及知识更新太快，作为为PPP项目服务的法律人，理应快速学习掌握各部门出台的最新政策法规，每天养成学习的习惯，持之以恒，把服务项目所需要的专业知识提前储备好。

2. 广泛掌握相关专业领域的知识

PPP项目的复杂性和综合性，决定了为PPP法律咨询服务的律师不仅要懂法律知识，还要懂财务、税务、工程、投融资等相关知识，否则很难把涉及财务、工程、投融资等方面的专业知识与具体的法律问题、法条规定等有效地结合，真正地为PPP项目保驾护航。在PPP全生命周期中，法律是项目依法合规运作的基础和保障，但法律需要与其他专业有机结合才真正起到作用。法律人绝不能无视其他行业特点和具体专业的利害关系而空谈公平合理、风险防控。

3. 杜绝"教条主义"，养成利益衡量的逻辑思维

在服务过程中，一定要深入掌握和理解法律条文背后的原理和本意，不能仅就法条的字面理解进行应用。只有这样才能做好利益的衡量。同时还需要具备系统性的知识，能够梳理好各种利益关系，分清主要矛盾与次要矛盾，看透各种问题的利与弊，以整体的格局处理PPP项目实施过程中遇到的各类疑难、复杂的法律问题。

十、PPP法律咨询服务现状

我国目前正处于PPP全面发展时期，随着PPP项目的遍地铺开，一个个PPP项目也在陆续落地。如江苏省，PPP项目的落地率和投资额均已实现"双过半"，律师参与PPP项目法律咨询服务的机会和空间也越来越大。

应该说PPP项目全生命周期的实施和运作都离不开法律的保驾护航，在此过程中，作为法律实践者的律师应冲在服务的第一线。但从全国各地情况来看，律师参与PPP项目服务的人数及项目的数量普遍都是极少的，参与程度也是很浅的，尤其是为政府方提供PPP项目全程专业法律服务的律师更是少之又少。

首先，在实施方案编制过程中，律师很难有机会参与，因多地都建有本省的咨询机构库，项目公司设立前所有的专业服务（工程咨询、财务咨询、招标代理、法律服务等）都让库内咨询公司承包了，政府方也不知道是否需要律师，律师能提供什么样的专业服务，所以也无意识让律师参与。

其次，关于PPP实施方案的专家论证，财政部、国家发展改革委的文件都要求对实施方案进行专家论证，其中法务、财务、工程类专家是不可或缺的。但实践中，PPP项目专家论证中律师参与的较少，就是有，多数律师因为不懂PPP业务，无法提出真正有价值的意见或建议，也是形同虚设，更起不到防范法律风险的作用。

再次，关于PPP项目合同的编制，本应是律师的专业所长，应由专业律师来编制完成或审核把关，但实践中，多数项目合同都由为项目提供咨询服务的咨询公司自行编制。更有一些咨询公司编制好合同之后，让律师事务所出具法律意见书或审核意见，由此来转嫁和背书自己的职业风险。这样的律师服务，完全起不到防范风险的任何作用，一旦出问题，反而成了咨询公司的"替罪羊"。

最后，在为PPP项目公司的服务方面，政府和社会资本方也多认为其原有政府的法律顾问或一般律师都可以胜任PPP项目公司的法律顾问，所以也没有意识到PPP专业律师对PPP项目公司服务的重要性。

笔者认为，在PPP"规范严管"的新时代，对有如此巨大风险的PPP项目来说，政府运作项目的关键应主要围绕以下几点：严格控制实施方案的"隐性风险"，高度重视PPP合同的编制，有效防范PPP项目招投标风险等。而这些政府应当关注的重点，恰恰都离不开法律的支持和支撑，离不开律师的服务和参与，否则，就会为项目以后的运作留下巨大的风险和隐患。因为，专业的律师才是法律专家、合同专家、风险专家，离开或脱离律师的专业服务，防范和杜绝风险就是一句空话。而懂PPP的专业律师更成为这个领域不可或缺的服务力量，也是PPP项目稳健、规范运行的重要法律保障。

十一、PPP法律咨询服务原则

（1）依法依规服务。律师接受政府（实施机构）的委托，从事PPP项目的相关法律服务工作，应当严格遵循《中华人民共和国律师法》（以下简称《律师法》）、《律师执业行为规范》、行业自律准则及其所属机构的各类管理规范；严格按照PPP管理相关法律法规和政策制度等有关要求，认真履行相应职责，高质量提供相关法律服务，并通过出具专业的"法律意见书"等形式提出相关意见建议。

（2）专业能力胜任。对PPP项目的法律咨询服务不同于传统的律师咨询服务，除基础雄厚的法律专业理论及实务经验之外，还应具备财政预算管理、工程建设、政府采购、投资融资、项目运营、绩效评价等与PPP项目直接相关的政策知识和实操经验，以能够满足PPP项目法律服务所要求的专业能力，同时，在服务过程中应牢固树立风险防范意识，强化执业风险管理，对自己所发表的PPP项目的处理意见、建议负责。

（3）勤勉尽责履职。律师在PPP项目服务中应当勤勉履职，审慎开展相关工作，法律服务过程中需要做出专业判断或发表建议意见时，应始终保持勤勉、谨慎、尽职，在充分了解有关背景、文件资料，深入研究法律法规和政策制度的基础上，以书面等方式提出判断结果和建议意见。

（4）讲究务实高效。随着律师的专业意见将逐渐作为PPP项目管理和决策的重要依据，律师的服务应当秉承对政府、对项目高度负责的态度，主动发挥专业技术优势和PPP项目服务实操经验，坚持"政策宣传在前、风险提示在前、审核把关在前"的服务理念；坚持"契约履行规范、争议处理规范、程序操作规范"的服务目标，为 PPP 项目全生命周期提供高质量的专业判断或建议、意见。

十二、PPP 法律咨询服务律师应具备的条件及要求

（一）专业技术条件

基于 PPP 项目的专业性及复杂性，对服务律师提出了更高的要求，不但要有着丰富的法律理论及实务功底，同时还要有 PPP 项目服务的业绩及较为丰富的实战经验。笔者认为，一个律师或律师事务所想胜任 PPP 的项目服务，应具备以下最为基本的条件。

（1）有着丰富法律服务经验的律师事务所及律师（至少执业五年或五年以上）。

（2）律师事务所具有为 PPP 项目专业服务所必需的专业律师团队和专业技术能力。

（3）律师具有较为丰富的 PPP 项目服务相关法律、规范性文件知识及实操经验，至少为三个以上 PPP 项目提供过主要或全程法律服务。

（二）应主动回避服务的情形

（1）本人、近亲属或律师事务所已为相关 PPP 项目提供服务，不得再为该 PPP 项目的政府方（实施机构）、社会资本方的相对方提供律师服务。

（2）本人、近亲属或律师事务所与 PPP 项目所涉及的单位有直接利害关系，可能影响律师正常履行职责的。

（3）其他可能影响正常履行职责的情形。

（三）应禁止服务的情形

（1）以欺骗、欺诈等方式故意提供虚假资质材料或服务业绩，获得服务机会的。

（2）违背职业道德，不能客观公正履职的。

（3）违反保密要求泄露参与相关工作所获得的任何机密和信息的。

（4）不能廉洁自律，以 PPP 服务律师名义为自身或者其他第三方谋取不正当利益，接受或索取有关业务单位或个人财物，或谋取其他好处的。

（5）无故缺席重大履职活动的。

（6）以律师名义从事有损政府形象的其他活动的。

（7）受到行政处罚或被追究刑事责任的。

（8）其他不适宜担任 PPP 项目服务律师的情形。

（四）其他要求

律师为 PPP 项目提供法律咨询服务尤其在出具法律意见时，对与法律相关业务事项应当履行法律专业人士特别的注意义务，所出具的法律意见书不得有虚假记载、误导性陈述或者重大遗漏。判断结果、法律意见应有充分依据支撑，并清晰完整援引法律法规、政策制度和项目涉及资料等相关具体条款。

十三、PPP 法律咨询服务律师的主要职责

（1）为 PPP 项目管理相关的重大改革、重大决策、重大项目、重大资产处置、重大行政行为提供法律服务并出具法律意见书。

（2）参与当地 PPP 项目管理规范性文件和政策制度的起草、论证。

（3）为 PPP 项目在项目识别、项目准备、项目采购、项目执行和项目移交等全生命周期各阶段重大事项的合法合规性论证提供法律服务并出具法律意见书。

（4）参与 PPP 项目的洽谈，参与 PPP 项目物有所值评价、财政承受能力论证、实施方案、政府采购文件、PPP 项目相关合同文件及相关法律文书的审查、论证、修改。

（5）为 PPP 项目涉及的争议事项、涉诉案件、信访案件和重大突发事件提供法律服务并出具法律意见书。

（6）参与处理与 PPP 项目有关联的行政复议、诉讼、仲裁等法律事务。

（7）参与 PPP 项目规范发展相关问题的调研、培训等。

十四、律师为 PPP 项目提供法律咨询服务的主要方式

（1）担任政府的 PPP 顾问（政府法律顾问的形式之一）。

（2）担任财政部门的 PPP 专项法律顾问。

（3）担任 PPP 项目实施机构的专项法律顾问。

（4）为 PPP 项目实施机构提供全过程的咨询及法律服务。

（5）担任 PPP 项目公司的法律顾问。

（6）为 PPP 项目实施过程中的某一单项问题提供专业法律咨询或顾问服务。

（7）为 PPP 项目的合同再谈判和整改提供专业服务。

（8）作为代理律师参与 PPP 项目纠纷的调解诉讼和仲裁等服务。

（9）提供 PPP 项目运作过程中其他专业服务：

1）项目资料（两评一案、项目合同、公司章程协议等）的审核服务；

2）PPP 项目的投融资专项法律服务；

3）项目采购过程中的法律服务；

4）项目公司组建过程中的法律服务；

5）项目公司移交过程中的专项法律服务。

十五、律师为 PPP 项目提供服务的主要形式

（1）出具某一具体事项的法律意见书。

（2）出具实施方案、PPP 项目合同、公司章程协议等文件资料的具体审核意见。

（3）出具某一问题的具体解决方案。

（4）编制 PPP 合同、公司章程协议。

（5）出具涉及项目违规的整改意见、完善相关资料、制作补充协议等。

十六、PPP 项目法律咨询服务风险防范

为了防止 PPP 项目中出现法律服务风险，我们建议采取以下防范措施：

（1）加强律师自身的素质建设及执业技能提升，从事 PPP 项目服务的律师应兼具或不断学习法律、工程、投融资等专业知识。

（2）树立良好的工作作风及高度的工作责任心。

（3）为政府或社会资本方建立完善的规章制度，使责任明确到位，从而

减轻及防范自身风险。

同时还应注意以下事项：

（1）参与PPP项目法律咨询服务的律师事务所应配备专业团队，包括法律专业、工程类专业人员以及相应经济类专家等，否则，很难适应PPP专业领域的服务需求。

（2）遵守保密义务，在PPP项目服务过程中，除按照与政府或社会资本方等的合同履行相关义务外，同时必须对其提供法律服务过程中接触、了解到的国家秘密、商业秘密、不宜公开的情况及个人隐私负有保密的义务。

（3）防止利益冲突义务，担任PPP项目法律顾问的律师以及律师事务所，如果同时担任合同双方或当事人双方的服务律师或者与其均有利益关系的，应依照相关律师执业纪律要求，遵守避免利益冲突的规则。

（4）要防止不正当的同行竞争，担任PPP项目的律师以及律师事务所，应当严格按照《律师法》《律师职业道德和执业纪律规范》等来进行同行业的竞争，防止行业内部出现不正当的竞争以及诋毁同行等行为。

（5）对于政府或社会资本方的违法要求，律师应即时拒绝，并向政府或社会资本方阐明拒绝的法律依据。

第二章

PPP 项目全生命周期法律风险解析

一、PPP 模式的基本法律关系问题

法律关系是法律在调整人们行为的过程中形成的特殊的权利和义务关系，是以法律为前提而产生的社会关系。法律关系也是以国家强制力作为保障的社会关系，当法律关系受到破坏时，国家会动用强制力进行矫正或恢复。法律关系三要素：法律关系的主体、法律关系的客体和法律关系的内容。

PPP 模式是通过多方合作实现共赢的有效机制，其具有参与主体众多、法律关系复杂的特点。因此，项目参与方在具体项目操作中都需要明确各自的角色定位以及职能分工。厘清各参与者之间的法律关系是很重要的，这有利于明确各主体之间权利义务的分配、风险分担等内容以及发生纠纷后的争议处理。在理顺法律关系前要先了解 PPP 项目的参与主体。

二、PPP 项目的主要参与方[①]

（一）参与方

PPP 项目的参与方通常包括政府、社会资本方、融资方、承包商和分包商、原料供应商、专业运营商、保险公司以及专业机构等。

---

① 本部分内容参考了《PPP 项目合同指南（试行）》。

1. 政府

根据PPP项目运作方式和社会资本参与程度的不同，政府在PPP项目中所承担的具体职责也不同。总体来讲，在PPP项目中，政府需要同时扮演以下两种角色：一是作为公共事务的管理者，政府负有向公众提供优质且价格合理的公共产品和服务的义务，承担PPP项目的规划、采购、管理、监督等行政管理职能，并在行使上述行政管理职能时形成与项目公司（或社会资本）之间的行政法律关系；二是作为公共产品或服务的购买者（或者购买者的代理人），政府基于PPP项目合同形成与项目公司（或社会资本）之间的平等民事主体关系，按照PPP项目合同的约定行使权利、履行义务。

为便于区分政府的不同角色，政府或政府授权机构作为PPP项目合同的一方签约主体时，称为政府方。

2. 社会资本方

社会资本方是指与政府方签署PPP项目合同的社会资本或项目公司。《PPP项目合同指南（试行）》所称的社会资本是指依法设立且有效存续的具有法人资格的企业，包括民营企业、国有企业、外国企业和外商投资企业。但本级人民政府下属的政府融资平台公司及其控股的其他国有企业（上市公司除外）不得作为社会资本方参与本级政府辖区内的PPP项目。社会资本是PPP项目的实际投资人，但在PPP实践中，社会资本通常不会直接作为PPP项目的实施主体，而会专门针对该项目成立项目公司，作为PPP项目合同及项目其他相关合同的签约主体，负责项目具体实施。

项目公司是依法设立的自主运营、自负盈亏的具有独立法人资格的经营实体。项目公司可以由社会资本（可以是一家企业，也可以是多家企业组成的联合体）出资设立，也可以由政府和社会资本共同出资设立。但政府在项目公司中的持股比例应当低于50%，且不具有实际控制力及管理权。

3. 融资方

PPP项目的融资方通常有商业银行、出口信贷机构、多边金融机构（如世界银行、亚洲开发银行等）以及非银行金融机构（如信托公司）等。根据项目规模和融资需求的不同，融资方可以是一两家金融机构，也可以是由多家银行或机构组成的银团，具体的债权融资方式除贷款外，也包括债券、资产证券化等。

4. 承包商和分包商

在PPP项目中,承包商和分包商的选择是影响工程技术成败的关键因素,其技术水平、资历、信誉以及财务能力在很大程度上会影响贷款人对项目的商业评估和风险判断,是项目能否获得贷款的一个重要因素。

承包商主要负责项目的建设,通常与项目公司签订固定价格、固定工期的工程总承包合同。一般而言,承包商要承担工期延误、工程质量不合格和成本超支等风险。

对于规模较大的项目,承包商可能会与分包商签订分包合同,把部分工作分包给专业分包商。根据具体项目的不同情况,分包商从事的具体工作可能包括设计、部分非主体工程的施工、提供技术服务,以及供应工程所需的货物、材料、设备等。承包商负责管理和协调分包商的工作。

5. 专业运营商(部分项目适用)

根据不同PPP项目运作方式的特点,项目公司有时会将项目部分的运营和维护事务交给专业运营商负责。但根据项目性质、风险分配以及运营商资质能力等不同,专业运营商在不同项目中所承担的工作范围和风险也会不同。例如,在一些采用政府付费机制的项目中,项目公司不承担或仅承担有限需求风险的,可能会将大部分的运营事务交由专业运营商负责;而在一些采用使用者付费机制的项目中,由于存在较大需求风险,项目公司可能仅仅会将部分非核心的日常运营管理事务交由专业运营商负责。

6. 原料供应商(部分项目适用)

在一些PPP项目中,原料的及时、充足、稳定供应对于项目的平稳运营至关重要,因此原料供应商也是这类项目的重要参与方之一。如在燃煤电厂项目中,为了保证煤炭的稳定供应,项目公司通常会与煤炭供应商签订长期供应协议。

7. 产品或服务购买方(部分项目适用)

在含运营内容的PPP项目中,项目公司通常通过项目建成后的运营收入来回收成本并获取利润。为了降低市场风险,在项目谈判阶段,项目公司以及融资方通常都会要求确定项目产品或服务的购买方，并由购买方与项目公司签订长期购销合同以保证项目未来的稳定收益。

8. 保险公司

由于 PPP 项目通常资金规模大、生命周期长，在项目建设和运营期间面临着诸多难以预料的各类风险，因此项目公司以及项目的承包商、分包商、供应商、运营商等通常均会就其面临的各类风险向保险公司进行投保，以进一步分散和转移风险。同时，由于项目风险一旦发生就有可能造成严重的经济损失，因此 PPP 项目对保险公司的资信有较高要求。

9. 其他参与方

除上述参与方之外，开展 PPP 项目还必须充分借助投资、法律、技术、财务、保险代理等方面的专业技术力量，因此 PPP 项目的参与方通常还可能包括上述领域的专业机构。

（二）参与方之间的法律关系

PPP 模式各参与主体之间的法律关系，主要是通过以 PPP 项目合同为核心的一系列合同体现的。在 PPP 项目合同体系中，各个合同主体之间并非完全独立，而是紧密衔接、相互贯通的。其主要有以下几种法律关系。

1. 政府方与社会资本之间的法律关系

在 PPP 项目的初始阶段，项目公司尚未成立，所以政府方一般会事先与社会资本方签订意向书、备忘录或者是框架协议，以明确双方的合作意向，约定双方与项目有关的主要权利与义务。如果政府与社会资本不设立项目公司运作，则双方之间的约定一般以正式签订的 PPP 项目合同为准。如果设立项目公司，则政府方通常会在项目公司设立后再与项目公司签订正式的 PPP 项目合同。至于政府方与社会资本方先前的协议是否要由项目公司来承继，可在项目合同中约定。

2. 政府方与项目公司之间的法律关系

政府方与项目公司之间签订的 PPP 项目合同是 PPP 合同体系的核心，也是其他合同产生的基础。政府方参股项目公司的情况下，政府方股东与其他股东相同，享有作为股东的基本权益，同时也需要履行股东的相关义务，按照项目合同约定承担相应的项目风险。

3. 社会资本方与项目公司之间的关系

社会资本是项目公司的股东，二者之间的关系是股东与公司之间的关系。社会资本方通过签订股东协议在股东之间建立长期的、有约束力的合作关系，而订立股东协议的主要目的就在于设立项目公司。项目公司的股东可能会是包括希望参与项目建设、运营的承包商、原材料供应商、运营商、融资方等主体。

4. PPP 项目融资法律关系

在整个 PPP 项目实施过程中，融资合同可能包括项目公司与融资方签订的项目贷款合同、担保人就项目贷款与融资方签订的担保合同、政府与融资方和项目公司签订的直接介入协议等多个合同。其中，项目贷款合同是最主要的融资合同，PPP 项目的融资安排是 PPP 项目实施的关键环节，在具体操作中应鼓励融资方式多元化、引导融资方式创新、落实融资保障措施，对于增强投资者信心、维护投资者权益以及保障 PPP 项目的成功实施至关重要。

5. 项目公司与建筑承包商（建设工程承包合同）的关系

在 PPP 项目中，项目的融资、建设、运营、管理等一般由项目公司负责，但由于大多数的项目公司并不具备建筑资质，它们通常只负责项目的融资、运营，而将项目的建设委托工程承包商来完成。此时，项目公司与建筑工程承包商则形成了建设工程承包合同关系。

6. 其他法律关系

除以上主要法律关系以外，在 PPP 项目实施过程中还包括项目公司与监理公司、专业中介服务机构的服务关系等。项目公司依法聘请监督管理单位。项目公司与监理单位签订合同，监理单位提供专业服务以获得劳动报酬。与专业中介机构签署的投融资、法律、财务等方面的咨询服务合同所形成的服务关系等。

PPP 项目参与主体多，法律关系复杂，只有明确政府方、社会资本方、项目公司等各参与主体的角色、定位、职能，厘清各方之间的法律关系，才能实现合作共赢，共同推进 PPP 项目的顺利实施。

三、PPP 法律框架的主要问题

《国务院办公厅转发财政部　发展改革委　人民银行关于在公共服务领域推广政府和社会资本合作模式指导意见的通知》（国办发〔2015〕42号）规定："（十一）完善法律法规体系。推进相关立法，填补政府和社会资本合作领域立法空白，着力解决政府和社会资本合作项目运作与现行法律之间的衔接协调问题，明确政府出资的法律依据和出资性质，规范政府和社会资本的责权利关系，明确政府相关部门的监督管理责任，为政府和社会资本合作模式健康发展提供良好的法律环境和稳定的政策预期。"

在 PPP 项目实际操作过程中，无论是政府方还是社会资本方最困惑的也大多是法律及法律依据问题。PPP 的法律问题因为具体项目的不同而千差万别，涉及的领域众多，如招标投标法、合同法、公司法、土地管理法、政府采购法等，很多问题无法引用法条直接套用，需要通过法律体系及法律理论，运用法律逻辑才能得以解决。但我国的 PPP 制度体系也在不断健全完善，涉及的相关法律法规及政策主要有以下一些。

（1）法律层面：《预算法》《政府采购法》《中华人民共和国政府采购法实施条例》（以下简称《政府采购法实施条例》）。

（2）政策层面：《国务院办公厅转发财政部　发展改革委　人民银行关于在公共服务领域推广政府和社会资本合作模式指导意见的通知》（国办发〔2015〕42号）、财政部《关于推广运用政府和社会资本合作模式有关问题的通知》（财金〔2014〕76号）、财政部《关于印发〈政府和社会资本合作项目财政管理暂行办法〉的通知》（财金〔2016〕92号）、财政部办公厅《关于规范政府和社会资本合作（PPP）综合信息平台项目库管理的通知》（财办金〔2017〕92号）。

（3）指南：财政部《关于印发政府和社会资本合作模式操作指南（试行）的通知》（财金〔2014〕113号）、财政部《关于规范政府和社会资本合作合同管理工作的通知》（财金〔2014〕156号）、财政部《关于印发〈政府和社会资本合作项目政府采购管理办法〉的通知》（财库〔2014〕215号）、财政部《政府采购竞争性磋商采购方式管理暂行办法》（财库〔2014〕214

号)、《关于印发〈PPP物有所值评价指引(试行)〉的通知》(财金〔2015〕167号)、财政部《关于印发〈政府和社会资本合作项目财政承受能力论证指引〉的通知》(财金〔2015〕21号)。

(4) 试点示范: 财政部《关于政府和社会资本合作示范项目实施有关问题的通知》(财金〔2014〕112号)、财政部《关于财政部第二批政府和社会资本合作示范项目实施有关问题的通知》(财金〔2015〕88号)、财政部《关于联合公布第三批政府和社会资本合作示范项目加快推动示范项目建设的通知》(财金〔2016〕91号)、财政部《关于公布第四批政府和社会资本合作示范项目名单的通知》(财金〔2018〕8号)、财政部《关于实施政府和社会资本合作项目以奖代补政策的通知》(财金〔2015〕158号)、财政部《普惠金融发展专项资金管理办法》(财金〔2016〕85号)。

(5) 信息公开: 财政部《关于规范政府和社会资本合作(PPP)综合信息平台运行的通知》(财金〔2015〕166号)、财政部《关于印发〈政府和社会资本合作(PPP)综合信息平台信息公开管理暂行办法〉的通知》(财金〔2017〕1号)。

(6) 咨询机构库: 财政部《关于印发〈政府和社会资本合作(PPP)咨询机构库管理暂行办法〉的通知》(财金〔2017〕8号)。

(7) 专家库: 财政部《关于印发〈财政部政府和社会资本合作(PPP)专家库管理办法〉的通知》(财金〔2016〕144号)。

(8) 合同: 财政部《PPP项目合同指南(试行)》、国家发展改革委《政府和社会资本合作项目通用合同指南(2014年版)》。

(9) 标准: PPP项目识别标准(经济、技术、财务等)、产出标准、绩效付费标准。

(10) 行业专项: 财政部《关于深入推进农业领域政府和社会资本合作的实施意见》(财金〔2017〕50号)、财政部《关于运用政府和社会资本合作模式支持养老服务业发展的实施意见》(财金〔2017〕86号)、《文化和旅游部 财政部关于在旅游领域推广政府和社会资本合作模式的指导意见》(文旅旅发〔2018〕3号)、《财政部 住房城乡建设部 农业部 环境保护部关于政府参与的污水、垃圾处理项目全面实施PPP模式的通知》(财建

〔2017〕455号)、《财政部　环境保护部关于推进水污染防治领域政府和社会资本合作的实施意见》(财建〔2015〕90号)、《财政部　国土资源部　住房和城乡建设部　中国人民银行　国家税务总局　中国银行业监督管理委员会关于运用政府和社会资本合作模式推进公共租赁住房投资建设和运营管理的通知》(财综〔2015〕15号)。

但在PPP模式不断推进的过程中,有关PPP的法律和法律依据存在一些问题,主要有以下几方面。

(一)缺少国家层级的PPP立法

目前针对PPP的法律文件主要散见于部门规章、国务院规范性文件、部门规范性文件中,如财政部《关于推广运用政府和社会资本合作模式有关问题的通知》(财金〔2014〕76号)、财政部《关于印发政府和社会资本合作模式操作指南(试行)的通知》(财金〔2014〕113号)、财政部《关于规范政府和社会资本合作合同管理工作的通知》(财金〔2014〕156号)、财政部《关于印发〈政府和社会资本合作项目财政承受能力论证指引〉的通知》(财金〔2015〕21号)、《国务院办公厅转发财政部　发展改革委　人民银行关于在公共服务领域推广政府和社会资本合作模式指导意见的通知》(国办发〔2015〕42号)、财政部《关于印发〈政府和社会资本合作项目政府采购管理办法〉的通知》(财库〔2014〕215号)、财政部《关于印发〈政府和社会资本合作项目财政管理暂行办法〉的通知》(财金〔2016〕92号)、财政部办公厅《关于规范政府和社会资本合作(PPP)综合信息平台项目库管理的通知》(财办金〔2017〕92号)等。而国家各部委颁布的规范性文件多为原则性的指导文件,至今没有专门就PPP模式出台国家法律层面的立法文件。

此外,一个较为明显的问题是,现有各部委颁发的PPP规范性文件在具体PPP项目的适用过程中,存在与现行法律规范,各部委间文件如何衔接、协调的问题。不同机构之间执行政策的不统一,给项目带来诸多不确定性,文件中也未提供明确的解决途径,造成PPP项目实施过程中法律适用的不确定。

因此,PPP项目的各参与方,尤其是社会资本,期待能有一部国家层级的法律,解决PPP项目运作与现行法律规章之间的冲突,协调相关部门的管理，保障PPP项目各参与方的合法利益。

PPP相关立法工作2018年已经提速，由国家发展改革委牵头起草的《基础设施和公用事业特许经营法》，已进行多次意见征集和多轮修改，但在法律属性和定位等关键问题上，依然存在非常大的分歧。

（二）现有PPP规范性文件在实务适用时存在障碍

1. PPP与特许经营关系未明确

目前，《国务院办公厅转发财政部 发展改革委 人民银行关于在公共服务领域推广政府和社会资本合作模式指导意见的通知》（国办发〔2015〕42号）已对PPP做出定义。同时，财政部《关于印发政府和社会资本合作模式操作指南（试行）的通知》（财金〔2014〕113号）在对PPP给出特征性概念的基础上列举了PPP的运作方式。但是，以上两部文件给出的PPP定义与《基础设施和公用事业特许经营管理办法》中对"特许经营"的定义不统一。项目实操时，容易将PPP模式与特许经营相混同，彼此间相互引用，由此衍生出PPP项目或以特许经营方式实施的PPP项目在实践操作中该如何适用法律的问题，单独适用相应法律规范，还是适用调整两者的法律规范？PPP项目合同与特许经营协议性质如何确定？因PPP项目与特许经营项目发生争议属于民事诉讼还是行政诉讼？诸如此类问题难以确定。

2. 公共服务领域PPP与传统基础设施PPP难以区分

《国家发展改革委关于切实做好传统基础设施领域政府和社会资本合作有关工作的通知》（发改投资〔2016〕2744号）规定，"切实做好能源、交通运输、水利、环境保护、农业、林业以及重大市政工程等基础设施领域PPP推进工作"，确立了发展改革部门负责基础设施领域PPP工作的职能分工。而财政部《关于在公共服务领域深入推进政府和社会资本合作工作的通知》（财金〔2016〕90号）规定，"统筹推进公共服务领域深化政府和社会资本合作（PPP）改革工作"，确立财政部门负责公共服务领域PPP工作的职能分工。

由于以上的规范性文件并未明确基础设施领域和公共服务领域之间的界限，实务中两者的适用领域存在很大的重叠。况且，目前财政部和国家发展改革委在其职能分工下对PPP项目管理体系不统一,对PPP模式按照哪个机构的规定开展工作,寻找依据等问题都不明确,无疑影响了PPP项目的顺利落地。

(三)PPP模式的争议解决机制尚不完善

鉴于目前我国关于PPP模式的法律体系尚不完善,PPP项目的运行周期较长,在项目运营过程中的争议解决机制显得尤为重要。但是,目前我国并没有一套专门的政策法规对PPP模式运行中的争议解决机制做出明确详细的指导和规范,一旦公私双方产生意见分歧和相关争议,这将加大PPP项目的运营风险。

PPP模式的应用需要有完善的法律制度作为保障,我国实践中又面临着诸多的法律适用冲突与矛盾。PPP的专项立法工作应尽快提上日程,解决实践中无上位法可依的问题和规范性文件的冲突问题。此外,国家应当对现有的PPP法律法规、规范性文件及配套规定做梳理,尽快将PPP立法系统化、体系化,理顺各部门的规范性文件,做好配套法律、政策的衔接,以保障PPP模式的有效应用。

四、PPP模式法律文本体系

PPP模式各法律主体的权利与义务由相关PPP合同文本进行约定,并形成比较复杂的法律文本体系,一般认为由以下三个方面组成。

(1)基础交易合同体系,主要包括项目建设、项目运营管理相关合同和供应合同及产品销售合同等法律文本。

(2)融资合同体系,主要解决资金安排、资本层面事宜,包括PPP项目公司章程和股东间协议等PPP项目公司设立文件,主要涉及合作方作为股东在公司层面的权利与义务及决策机制,也涉及PPP项目公司在融资方面的相关事宜。

(3)特许权协议,是PPP法律文本最为重要的内容,是PPP模式能够有效吸引社会资本并成功运行的关键。

财政部《关于印发政府和社会资本合作模式操作指南(试行)的通知》(财金〔2014〕113号)则规定:合同体系主要包括项目合同、股东合同、融资合同、工程承包合同、运营服务合同、原料供应合同、产品采购合同和保险合同等。

五、全面认识和了解PPP模式的风险

PPP项目的风险分配是PPP项目的核心内容之一，对项目全生命周期的一切风险进行充分识别与合理分配也是PPP项目成功的关键，良好的风险分配机制涵盖风险承担主体与风险分配原则的确定、风险识别、风险分配方式以及风险应对措施等方面。为保障项目稳定运作，在项目前期，各参与方必须在充分论证的基础上，运用完善的风险分配机制合理分配项目风险，力求达到项目整体风险最小化的目标。同时，为保证风险分配结果的有效性，必须通过PPP项目合同将风险分配结果固定，以有效地防范和化解PPP项目在实务运作过程中的各类风险。

（一）当前PPP模式中风险分配应用的现状

就项目风险承担主体而言，现有PPP项目的实施方案一般考虑在两方或三方主体之间分配项目风险。有关风险承担主体的规定主要分三种情形：一是以政府方和项目公司作为风险承担主体；二是以政府方和社会资本方作为风险承担主体；三是以政府方、项目公司和社会资本方三方作为风险承担主体。

就项目风险分配原则而言，当前项目实施方案中的风险分配原则的表述普遍基于两部政策性文件，即财政部《关于印发政府和社会资本合作模式操作指南（试行）的通知》（财金〔2014〕113号）（本部分以下简称113号文）和《关于规范政府和社会资本合作合同管理工作的通知》（财金〔2014〕156号）（本部分以下简称156号文）。113号文第十一条规定概括了三项风险分配原则，即风险分配优化、风险收益对等和风险可控原则。156号文在附件中将风险分配原则详细表述为五项内容：第一，承担风险的一方应该对该风险具有控制力；第二，承担风险的一方能够将该风险合理转移（如通过购买相应保险的方式）；第三，承担风险的一方对于控制该风险有更大的经济利益或动机；第四，由该方承担该风险最有效率；第五，如果风险最终发生，承担风险的一方不应将由此产生的费用和损失转移给合同相对方。现有PPP项目的实施方案或直接引用

以上两部文件的内容或对其内容加以扩充与细化。

就项目风险的识别而言，当前各类实施方案中对于项目风险因素的识别差异较为显著。参与方在识别PPP项目风险后，一般会将风险以两阶层模式加以表示，即，每个大的风险类别后分列数个具体细化的风险因素，风险分配通常以风险因素为单位，在风险分配原则的指导下，综合考虑项目情况将每项风险因素一一分配给不同主体承担。政治风险、项目建设风险、项目运营风险、法律风险、不可抗力风险作为一般的风险类别，为各类项目实施方案中所共有，除此之外的其他风险类别在不同项目中千差万别。

根据我们的统计，金融风险、融资风险（有的项目中表述为"财务风险"）、市场风险、宏观经济风险、合作风险、移交风险属于较为常见的风险类别。除风险类别存在差别之外，在不同项目中，同一类别中的风险因素也各有不同。如有的项目中的法律风险仅指法律变更，而有的项目中的法律风险还包含法律及监管体系不完善、合同文件冲突甚至第三方违约的内容，还有项目将法律（政策）变更这一风险因素置于政治风险类别之下。又如有的项目中将融资风险作为独立的类别，将其细化为融资失败、融资成本高、利率变化、偿债风险、项目公司破产等风险因素，但有的项目则将融资风险作为一项风险因素置于金融风险类别之下，等等。

就项目风险分配框架而言，每个项目的风险分配方式都或多或少存在区别。根据上文的总结，项目风险承担主体的确定和项目风险的识别在实践中做法纷杂，由此必然导致具体风险分配方式的不同，即使两个实施方案中关于风险承担主体和风险识别的内容相似，在风险的具体分配上也可能存在差距。以下列举了项目风险分配方式的三种典型差异。

（1）有关法律变更的风险，大部分项目选择将此风险分配给政府单方承担，一些项目主张政府和项目公司共担，还有个别项目将此风险分为"政府可控的法律变更"和"政府不可控的法律变更"两类，前者由政府承担，后者由双方共担。

（2）有关建设中地质条件的风险，在实践中表现为政府方承担、项目公司承担和双方共担三种不同的形式。

（3）有关建设中的完工风险，有的项目将此风险分配给项目公司或社会资本方承担，有的项目规定双方共担，还有个别项目根据完工延误原因的不同,主张由责任方承担。除此之外,项目审批、工程变更、通货膨胀、利率变化等风险因素的分配都是实践中较为常见的分歧点。

就项目风险应对策略而言,目前很多PPP项目实施方案仅注重分配项目风险,而忽略了风险应对与解决。大部分项目实施方案缺少项目风险应对措施的相关内容,还有一些方案仅涵盖概括性的风险归责与风险转移思路,在实践中无可操作性,只有约十分之一的项目试图从宏观、中观、微观的层面构建风险管理策略,或针对每一项风险因素设计较为详细的应对方案。

我们归纳了当前PPP项目风险分配机制应用方面的四个较为显著的问题。

(1) 对项目风险承担主体认识不清。将项目风险在政府和项目公司双方主体之间分配,看似合理、简明,实则忽视了项目公司与社会资本在PPP项目各个阶段所具有的独立地位,忽视了二者之间的本质联系,可能导致政府在项目融资失败等情况下遭受巨大损失。笔者主张应将社会资本引入项目风险分配框架,作为政府与项目公司之外的第三个风险承担主体,具体分析将在下面进行。

(2) 对项目风险的识别混乱。当前很多项目的风险识别未着眼于项目全生命周期,其风险类别不能涵盖项目从启动到终止的所有阶段。且对各个风险类别的概念认识不清,直接引发风险因素识别不周延、分类不恰当等问题,某一风险类别中遗漏的风险因素将可能导致PPP项目在特定阶段的实施受阻,造成政府损失,甚至危害社会公共利益。

(3) 项目风险分配框架不合理。目前的PPP项目风险分配方式容易走向两个极端,一是教条主义,机械地根据财政部相关政策性文件的规定或是已有实施方案的模板分配风险,缺乏灵活性,这会导致项目风险分配名存实亡,难以适应实践的发展与变化,最终无法应对现实风险;二是过于恣意,编制者在编制PPP实施方案时根据自身的偏好与主观臆断对项目风险进行分配,因为风险是将来之事,各方主体在合同谈判中也容易忽视风险分配的重要性,仅着眼于当前合作的达成,由此可能导致风险发生后各方主体互相推卸责任,进而引发合作危机。

(4) 项目风险应对措施缺乏操作性。细致的项目风险应对措施是PPP项目风险分配机制的重要组成部分,但实践中多数项目实施方案都缺少可操作性强的风险应对措施,其风险分配机制出现短板,在项目实施过程中无法有针对性地管理项目风险,无法应对风险因素可能导致的损失,最终必然影响PPP项目的顺利运行。

(二) PPP模式风险分配原则

合理的风险分配需要遵循一定的原则,这些原则应具备两个功能:第一,分配的结果可以减少风险发生的概率、风险发生后造成的损失以及风险管理的成本,使PPP项目对各方都具有吸引力;第二,在项目周期内,分配的结果可以培养各方的理性和谨慎的行为,这意味着各方要有能力控制分配给自己的风险,并为项目的成功而有效地工作。

通过总结财政部113号文和156号文中有关风险分配原则的核心思想,结合PPP实务中的通行做法,笔者认为目前PPP项目风险分配应遵循以下三项基本原则。

(1) 最佳风险控制力原则。在遵守法律与考虑公共利益的前提下,风险应分配给对其具有最有控制力的一方承担。一方主体对某一风险最有控制力意味着其对该项风险因素最具影响能力、预测能力和承担能力,通过恰当的风险管理措施能够有效减少风险发生的概率和风险发生时的损失。承担方对风险具有最佳控制力,能保证项目风险控制成本最小化,同时由于风险在承担方的控制力之内,使其有动力为管理风险而努力。风险分配的最终目的是使项目面临的风险得到有效的控制,因此,将各类风险交由对其最有控制力的一方主体来承担,实现项目最优的风险管理结果,是风险分配的最基本原则。

(2) 风险收益对等原则。这一项原则主要是针对社会资本方(包括项目公司)承担风险的方面而言,在市场经济环境下,社会资本参与项目、承担风险的目的是获得投资收益,在分配风险时,既要关注社会资本方对于管控风险所付出的成本和损失,又要尊重其应当获得的与承担风险相匹配的收益权利。确保社会资本所承担风险的程度与所获得的回报相匹配,可以激励其更加主动地承担和应对风险。具体而言,当项目运作中出现双方均不可控制的风险时,该项风险分配可以综合考虑风险发生的可能性、政府自留风险时的成本、政府减少风险发生后所导致的损失和社会资本方承担风险的意愿,如果社会资本方最终承担此风险,则政府方应给予社会资本方一定补偿,但不应出现社会资本方要求的补偿超过政府自己承担风险时支付的成本的情况。

(3) 风险可控原则。在项目实施阶段，项目的某些风险可能会出现双方意料之外的变化或风险带来的损害远大于之前的估值。当可能出现这种情况时，不能让一方单独承担接近于无限大的风险，否则必将影响此类风险承担者管理项目的积极性。另外，就社会资本方而言，如果让其承担超出控制能力的风险，一旦风险发生，必然导致提供公共设施或服务的效率降低和风险控制总成本的增加。合理的做法是按照项目参与方的财务实力、技术能力、管理能力等因素设定风险承担上限，保证风险分配结果始终处于承担方的控制能力之内，不使任何一方单独承担超过其承受能力的风险，以维护双方合作关系的长期持续稳定。

(三) PPP模式中的一般性风险

项目风险识别结果在不同项目中或多或少存在差别，但大多数的风险为一般项目所共有。笔者通过总结33个现有PPP项目的风险分配情况，结合风险分配理论和实践，识别出多数PPP项目应考虑的一般性风险（见表2-1）。

表2-1 PPP模式中的一般性风险

风险类别	风险因素	描述
政治层面的风险	公众反对	此风险主要指由于各种原因导致公众利益得不到保护或受损，从而引起争执甚至公众反对项目建设所造成的风险
	政府干预	此风险是指政府方利用其持有的项目公司股权或利用政府优势地位，出于某种因素考虑对项目建设、运营进行干预，影响项目管理的决策和执行
	政府效率	此风险主要体现在政府部门决策的冗长甚至失误，政府方由于能力限制、利益考量、外部影响等原因，在项目融资、建设、运营、移交等各阶段做出不当决策，导致项目的效率低下、成本增加甚至项目失败
	政府征收征用	此风险主要是指政府对项目用地或项目设施进行征收征用，影响项目的持续运行，损害各参与方利益
	政府官员腐败	政府官员包括决策者和具体的经办工作人员。此风险与政府的清廉以及监管有关，政府决策的透明度及相应官员在决策中的重要性直接决定此风险发生的概率

续表

风险类别	风险因素	描述
法律层面的风险	法律及监管体系不完善	目前在PPP方面的相关规定都是部门规范性文件和地方政府部门规章，国家只有管理办法而没有制定PPP方面的法律。此外，现有文件稳定性较差，不能适应PPP项目的长期性特征。法律体系不完善导致很多问题无法可依，可能使政府在项目操作上随意性大，进而造成后续合同条款变动、重新协商导致成本增加等问题
	法律变更（政府方可控）	此风险是法律及监管体系不完善带来的后续风险，其主要内容是指由于颁布、修订、重新解释法律或规定而导致项目的合法性、市场需求、收费、合同协议有效性等因素发生变化，从而对项目的正常建设和运营带来损害，甚至直接导致项目的中止和失败。根据政府方对法律变更是否具有控制力，又可将这一风险具体划分为两类，即政府可控的法律变更与政府不可控的法律变更
	法律变更（政府方不可控）	
宏观经济风险	利率风险	此风险是指由于利率变动直接或间接地造成项目收益受到损失
	通货膨胀风险	此风险指因通货膨胀引起的货币贬值造成项目资产价值和收益缩水
	汇率风险	此风险是指由于外汇汇率变化导致融资成本增加、收益减少、收益汇出境外的条件及市场需求变化。汇率风险并非存在于所有项目之中，一般多见于涉外项目
	税收风险	税收优惠是政府吸引社会资本投资PPP项目的一项重要条件，此风险是指在项目实施期间，由于法律或政策变化等因素导致税收优惠调整或者取消，影响项目的直接受益
不可抗力风险	自然灾害	不可抗力是指项目方案编制前或项目合同签订前不能预见、不能避免且不能克服的客观情况，包括但不限于自然灾害，如台风、地震、洪水、冰雹等；社会异常事件，如罢工、战争、骚乱等方面
	社会异常事件	

39

续表

风险类别	风险因素	描述
合作的风险	合同完备性与变更风险	此风险是指由于在合同参与方之间职权分配不合理、责任界定不清晰、风险分担不合理以及合同履行过程中随着项目环境变化可能发生的合同变更等使得参与方之间合作效率低下、遇到问题相互扯皮甚至难以维持合作关系
	组织管理与协调风险	此风险是指由于项目公司的组织协调能力不足,导致项目参与各方的沟通成本增加、成员之间相互埋怨导致项目进展不顺利
	利益相关者合作	此风险是指政府方、社会资本方、金融机构、供应商、公众等多方利益相关方之间缺乏沟通或合作基础而导致的组织效率低下或者不合作
	社会资本方信用	此风险是指长期合作过程中,社会资本方利用自身的专业优势和信息不对称,降低服务质量,或要求增加财务补贴
	政府信用	政府拒绝履行承诺或者做出的承诺无法实际履行,导致项目建设期间延误、经营困难、社会资本方收益缩减、优惠不能获得兑现,严重的可能导致项目失败或者终止
准备阶段风险	招标竞争不充分	此风险是指由于交易结构不合理、竞标者不足、竞标者的不规范行为等使得政府方无法通过招标选择有能力的竞标人,或项目财务吸引力不足导致项目招标失败
	项目审批风险	在PPP项目中,项目的规划、设计、开工等程序都需要经过政府层层审批,如果审批程序复杂或延误,会延长项目的完工时间,间接增加项目成本
	拆迁及土地供应	此风险是指由于项目所需建设用地在拆迁方面协调存在困难,导致项目不能及时开工,造成时间与资本的浪费
	融资风险	此风险是指由于社会资本融资能力不足或金融市场变化等因素,导致融资失败、融资成本过高,造成项目难以顺利进行

续表

风险类别	风险因素	描述
建设阶段风险	设计风险	此风险是指由于规划设计人员经验不足或理论知识不足导致设计出现问题，致使项目无法正常施工、工期延误或者成本增加
	工程变更	因为政府方或项目公司原因造成工程变更，致施工方案在材料、工艺、功能、功效、尺寸、技术指标、工程数量及施工方法等任一方面有所改变，增加施工时间及建设成本
	工期延误	此风险是指由于政府方、项目公司或第三方原因使项目建设的实际工期超出了计划工期
	项目配套设施风险	城市基础设施建设项目往往需要项目之外的配套安排，包括外部水电及其他相关设施，在项目前期阶段，政府一般会对配套设施的现状或者新建做出承诺。如果配套设施不能与项目匹配，将会降低项目的实际效果甚至导致项目无法正常运转
	施工供应风险	此风险是指由于供应链管理能力不足、资金短缺、施工环境恶劣或第三方原因等因素导致施工供应链出现问题，劳动力、原材料、资源、设备等项目必需品无法提供或供应不及时造成项目损失
	施工技术不当	此风险是指由于施工技术方案缺乏科学性、合理性和可行性，导致施工受阻，影响项目顺利推进
	施工成本超支	此风险是指由于管理经验不足，项目成本超出预计额度，项目利润下降
	气候/地质条件	在项目建设过程中，可能遇到影响工程建设的恶劣气候、地质条件等，此风险的发生可能造成工期延长、运营困难以及增加费用
	工程质量不达标	此风险是指由于项目设计、技术水平、人员供应等多种原因引发的各种工程质量风险，导致虽然工程完工，但是某些功能在合作期严重受限，无法正常投入使用
	安全事故	此风险主要是指施工过程中安全隐患不定期发生
	环境保护	在项目建设中，要满足环保法中规定的各项要求，就意味着成本增加，建设中未满足原有环保要求或环保要求提高还可能导致此方面支出超出项目启动时的预期
	考古文物保护	若施工过程中发现文物或化石等法定保护物品，势必影响项目工期或成本

续表

风险类别	风险因素	描述
运营阶段风险	项目公司运营能力不足	若项目公司在项目运营方面能力不足,可能导致后续运营管理难以到位,影响运营效果,损害各参与方利益以及社会公共利益
	运营成本超支风险	此风险是指在项目的运营阶段,项目的实际运营维护成本超出计划成本
	运营维护质量风险	此风险是指在项目运营阶段,由于社会资本方管理失误、能力不足或其他因素,导致项目运营维护质量出现问题,影响运营效果
	技术更新	此风险是指项目中相关设备更新需求得不到满足,未提供优质服务
	安全管理	此风险是指合作期间,项目在运营维护过程中出现安全事故
	环境保护	在项目运营期间,依然要满足环境保护法中规定的各项要求,这也意味着运营成本的增加,运营中未满足原有环境保护要求或环境保护要求提高还可能导致此方面支出超出预期
	收益不足风险	此风险是指由于市场需求变化、价格调整、政府付费或补贴出现问题等原因,导致项目运营收益不能收回投资或难以达到预期水平
	股权变更	此风险是指项目公司股权变更、所有权归属纠纷等对项目产生影响
移交阶段的风险	性能/功能风险	合作期结束项目移交给政府后,设备功能、性能水平未达到约定的状态或无法继续正常运营
	移交组织管理不善	项目移交的标准不明确,项目的价值评估产生分歧,对移交标准、验收、过程等的管理不善导致移交失败
	可维护性风险	项目设备移交后,在给定条件下使用规定的程序和资源进行维护时,设备无法保持或恢复能执行要求的功能状态
	可持续性风险	组织不能可持续生存、资源的有效利用率差、环境和健康不能协调发展

(四) PPP 模式风险分配方式

通过分析现有的风险分配框架，结合政策法规及 PPP 理论研究内容，笔者总结出当前实践中 PPP 风险分配包括三种方式：一是政府方单方承担风险，二是项目公司单方承担风险，三是政府方与项目公司合理共担风险。而根据本系列首篇文章中有关项目风险承担主体的结论可知，当前正确的做法是将社会资本引入风险分配框架，构建三方主体分担项目风险的模式，因此，除上述三种风险分配方式之外，还应增加有关社会资本方分担风险的方式，即，由社会资本方单方承担项目风险（单独承担风险的情形主要针对项目融资中社会资本的出资义务）或与其他主体共同承担风险（见表 2 - 2）。

表 2 - 2　PPP 模式风险分配方式

风险类别	风险因素	政府方承担	项目公司承担	政府与项目公司共担	社会资本方承担	说明
政治风险	公众反对	√	√	√		项目开展前或初期，社会公众对项目的态度由政府方通过社会稳定性评价确定，在项目建设及运营阶段，公众反对的风险会因为规划建设标准不合理、成本费用测算不切合实际或者不能满足有关要求而发生，此外，由于项目周期长，即使项目开展时获得公众认同，但随着社会发展，也有可能不再满足公众需要。由此可见，公众反对的风险产生原因多样，可能因政府方、项目公司单方原因导致，也可能随时间或社会环境变化而发生，因此需要区分不同的风险原因，由责任方承担此风险或由双方合理共担
	政府干预	√				政府干预、效率、征收及腐败问题均源于政府方单方行为，避免此类问题对项目产生影响是政府方应尽的职责与义务，因此这四类风险应由政府方承担
	政府效率	√				
	征收征用	√				
	政府官员腐败	√				

续表

风险类别	风险因素	风险分配方式				说明
^	^	政府方承担	项目公司承担	政府与项目公司共担	社会资本方承担	^
法律风险	法律及监管体系不完善	√				此风险主要源于国家层面的PPP法律体系存在缺陷，由于信息获取不对称，社会资本方对于法律法规只局限于了解与应用，而政府方则可根据相关政策走向、中央精神对今后法律体系的完善方向做出预测，据此指导项目合同的订立与运行。在风险发生后，政府方也可以更为迅速地做出反应与调整
法律风险	法律变更（政府方不可控）			√		国家层面的法律及政策变更是作为项目参与方的地方政府难以控制的，有时由地方人大主导的地方性法规的颁布也属政府方不可控的范畴，由于PPP法律体系不完善，在项目全生命周期中政府不可控的法律变更发生的概率、时间点及影响程度都难以预测，若该风险全交由政府方承担，一方面无法保证风险的有效管理，另一方面风险发生后可能超过政府单方承受能力的上限，对政府财政造成冲击，影响地方经济、政治事务的平稳运行，因此政府方不可控的法律风险应由双方合理共担；而地方政府层面的法规政策变更受政府方控制，政府方可以采取适当措施保证项目不受法规政策变更的影响，因此政府方可控的法律风险应由政府承担
法律风险	法律变更（政府方可控）	√				^
宏观经济风险	利率风险			√	√	利率、通胀、汇率以及税收风险具有宏观性，受国内外经济环境及政策的影响，是项目参与方都无法影响与控制的，只能通过合理预测控制此类风险。一般而言，社会资本方市场经验丰富，对于利率、通胀和汇率风险有较强的预测与控制能力，而政府方基于其主体地位，对于税收风险能够及时预测。虽然政府方和社会资本方对各类风险的预测各有优势，但对宏观经济风险的整体管控要求公私主体的良好协作，任何一方对该风险的控制力都不具有显著优势。结合风险上限的考量，宏观经济风险中的四项风险因素都建议由政府方和项目
宏观经济风险	通货膨胀			√	√	^
宏观经济风险	汇率风险			√	√	^

续表

风险类别	风险因素	风险分配方式				说明
^^	^^	政府方承担	项目公司承担	政府与项目公司共担	社会资本方承担	^^
宏观经济风险	税收风险			√		公司合理共担。此外，由于社会资本方对具有市场经验，在进行项目报价时应当在经验基础上对项目实施过程中可能发生的利率与汇率变化以及通货膨胀因素进行考量，且在风险发生后也更有能力进行应对与处理，因此社会资本方也应承担相应的利率、通胀和汇率风险
不可抗力风险	自然灾害			√		由于不可抗力发生后最坏可能导致项目失败的后果，因此任意一方都没有能力承担该风险的后果，由任意一方单独承担此类风险都会减少其对风险控制的积极性；各方均没有控制能力
^^	社会异常事件			√		^^
合作风险	合同完备性与变更风险			√		PPP项目合同的组织、签订与变动事关政府方与项目公司，双方主体为保证项目合同完备都应付出相应的努力，当风险发生后，风险的解决也有赖于合同双方的沟通协调机制，因此，此风险应由政府方与项目公司共担
^^	组织管理与协调风险		√			PPP项目全生命周期的组织管理与协调责任通常由项目公司承担，因此项目公司应承担此部分风险
^^	利益相关者合作			√		利益相关方涵盖政府、社会资本方、金融机构、供应商、公众等多方主体，政府方或项目公司无法凭单方能力影响所有利益相关者的行为，需要双方合作管控此类风险
^^	社会资本方信用		√		√	社会资本方的信用可能涉及施工质量、运营质量以及项目收费等各类问题，社会资本方作为项目公司的控股股东，能够影响项目公司的行为，项目公司行为在很大程度上体现社会资本方的信用。当项目公司做出背信行为，有损项目运行乃至公共利益时，应由社会资本与其承担连带责任，切实维护各方利益
^^	政府信用	√				政府信用体现于政府单方行为中，理应由政府方承担此类风险

45

续表

风险类别	风险因素	风险分配方式 政府方承担	风险分配方式 项目公司承担	风险分配方式 政府与项目公司共担	风险分配方式 社会资本方承担	说明
准备阶段风险	招标竞争不充分	√				PPP项目的招标主要由政府方主导，政府方应在招标中确定合理的交易结构、选择合适的竞争者并保证充分竞争，如因政府招标行为不当发生竞争不充分的风险，则应由政府方承担
	项目审批风险	√	√			PPP项目通过审批的方式在不同的项目中表现不一，根据审批获取方式的不同，此风险由不同的主体承担。根据有的项目中项目公司可以自行迅速获得相关审批，此时风险由项目公司自行承担；有的项目中审批的获取需要政府方协助甚至政府方掌握相关审批权限，此时风险由政府方承担
	拆迁及土地供应	√				土地是PPP项目建设的基础，无论是征收拆迁、土地招拍挂还是土地划拨，政府方作为公主体，对于项目土地的供应具有最大的控制力。作为项目的发起方，政府也理应为项目的展开打下良好的基础，以此吸引社会资本与融资方的参与
	融资风险		√		√	在PPP项目中，项目公司作为融资主体，应承担相应的融资风险，但融资方在提供融资时并不基于项目公司的信用能力，而主要基于社会资本方的信用能力。提供资金和融资贷款的能力也是政府选定社会资本方的重要指标之一，因此，社会资本也需承担项目的融资保障责任，包括但不限于融资渠道的提供以及融资担保责任，以保证项目融资的可得性与合理性。此外，社会资本方作为项目的出资方，其具有出资义务，在自身的出资义务方面应独立承担风险

续表

风险类别	风险因素	风险分配方式				说明
^^^	^^^	政府方承担	项目公司承担	政府与项目公司共担	社会资本方承担	^^^
建设阶段风险	设计风险	√	√			PPP项目的设计方案在不同项目中可能由不同的主体提供,此风险分配的基本思路是由提供设计方案的一方承担
^^^	工程变更	√	√	√		工程变更和工期延误可能由多种因素引起,这两类风险应根据变更原因的不同采取不同的分配方式。若风险由政府方或项目公司单独引起,应由政府方或项目公司单方承担;若已约定双方共担风险,或风险由政府方及项目公司共同引起,或由第三方引起,则由政府方和项目公司合理共担
^^^	工期延误	√	√	√		^^^
^^^	项目配套设施风险	√				配套设施的现状或者新建一般由政府在谈判或合同订立期间做出承诺,属政府方应承担的风险
^^^	施工供应风险		√			PPP项目中,保证施工供应与施工技术、管控施工成本都属于项目公司应尽的合同义务,项目公司应切实履行合同义务,尽职尽责,确保项目顺利完工,理应承担施工供应、技术与成本方面的风险
^^^	施工技术不当		√			^^^
^^^	施工成本超支		√			^^^
^^^	气候/地质条件			√		一般在项目实施前,项目参与方会对项目所在地的自然条件进行充分的调查评估。但自然条件复杂多变,政府方与项目公司都难以准确预测,双方都没有足够优势独立控制此类风险,且此类风险带来的损失可能过于巨大,超过单方承担的风险上限,因此建议此风险由政府方与项目公司合理共担
^^^	工程质量不达标		√		√	保证项目工程质量是PPP项目施工阶段的核心任务,工程质量的把控一般由项目公司负责,但考虑到工程质量的重要程度,事关项目的顺利运行与后续运营服务质量,甚至关系公共安全,因此社会资本方也应在工程质量管理中发挥必要价值。为强化社会资本方责任意识,在出现工程质量问题时最大限度保障公共利益,应在项目公司承担风险的基础上,由社会资本方承担连带责任

47

续表

风险类别	风险因素	风险分配方式 政府方承担	风险分配方式 项目公司承担	风险分配方式 政府与项目公司共担	风险分配方式 社会资本方承担	说明
建设阶段风险	安全事故		√			管理项目施工安全,对工地安全事故进行预防与善后是项目公司的义务,应由项目公司承担此部分风险
建设阶段风险	环境保护		√			在施工中遵守环境保护规定,切实保护施工现场及其周围的生态环境是项目公司必须履行的合同义务与社会责任,应由项目公司承担此部分风险
建设阶段风险	考古文物保护			√		在项目施工中发现化石、文物等法定保护物品的可能性是难以预测的,为项目参与方都不可控的风险因素,此风险应由政府方与项目公司公平分担
运营阶段风险	项目公司运营能力不足		√		√	项目公司运营能力不足的风险应由项目公司自身承担,但社会资本方作为项目公司的控股股东,有责任通过各种途径加强公司的运营能力,保障项目顺利运营,因此应对此风险承担连带责任
运营阶段风险	运营成本超支风险		√			妥善经营公司、管控项目运营成本是项目公司的义务,应由项目公司承担此部分风险
运营阶段风险	运营维护质量风险		√		√	保证项目运营质量是PPP项目运营阶段的核心任务,运营质量把控一般由项目公司负责,但考虑到运营质量的重要程度,事关PPP项目核心目标的实现以及公共利益,因此社会资本方也应在运营质量管理中发挥必要价值。为强化社会资本方责任意识,在出现运营质量问题时最大限度保障公共利益,应在项目公司承担风险的基础上,由社会资本方承担连带责任
运营阶段风险	技术更新		√			PPP项目中,保证运营中的技术更新与运营安全、遵守环境保护规定都属于项目公司应尽的合同义务,项目公司应切实履行合同义务,尽职尽责,确保项目平稳运营,理应承担这些方面的风险
运营阶段风险	安全管理		√			
运营阶段风险	环境保护		√			

续表

风险类别	风险因素	风险分配方式			说明
^	^	政府方承担	项目公司承担	政府与项目公司共担	社会资本方承担	^

风险类别	风险因素	政府方承担	项目公司承担	政府与项目公司共担	社会资本方承担	说明
运营阶段风险	收益不足风险	√		√		收益不足的风险根据项目付费机制的不同而有所区别。在政府付费的机制下，项目公司收益完全依托于政府方的支付，此时收益不足的风险由政府方承担；在可行性缺口补助的机制下，项目公司的收益来源于使用者付费和政府方的补助两个部分，使用者付费的取得依托于项目公司的经营，还受到市场价格、市场需求变化的影响，可行性缺口补助主要在使用者付费不足以满足项目公司成本回收和合理回报时使用，而补助数额主要依托于政府方对项目公司的绩效考核，此时收益不足的风险由项目公司和政府方合理共担
^	股权变更		√		√	因PPP项目的特殊性，为保障政府方利益以及公共利益，项目公司应尽可能保证公司股东的稳定，社会资本方作为公司控股股东，对此风险也应承担连带责任
移交阶段风险	性能/功能风险		√			在项目合作期结束后，妥善组织管理移交事项，保证项目性能满足规定要求、保障项目在移交后的可维护性与可持续性都属于项目公司应尽的合同义务，项目公司应切实履行合同义务，尽职尽责，确保项目成功移交，理应承担这些方面的风险
^	移交组织管理不善		√			^
^	可维护性风险		√			^
^	可持续性风险		√			^

需要注意的是，表2－2仅是根据实践中的常见情形，对PPP项目中的一般性风险因素做出简单的框架性分配，项目中的风险分配方式并非一成不变，而应在谈判中根据项目类型及特点、项目参与方的风险承担意愿和能力做出灵活调整，确定对本项目最有利的风险分配方式，如此才能保证项目在全生命周期的顺利运行。

（五）PPP项目风险的应对措施

针对PPP项目周期长、程序复杂、资金规模大、参与主体众多的特点，以及PPP项目中的风险多维性和多层次性，应分别采取相应的风险策略。

在宏观层面，可以通过完善PPP相关政策、建立长效风险管控机制的行政手段减少PPP项目中相关风险发生的可能性。在中观层面，可以通过组织完善PPP项目合同，合理分配项目风险，制订风险计划和风险发生后的救济措施。在微观层面，各方主体应根据风险分配结果，明确自身应承担的风险，将应承担的风险分为可控风险和不可控风险进行分别管控。具体而言，风险承担方可以通过对风险预测评估、规范自身行为和加强项目管理等方式避免可控风险，在风险发生后采取损失预防或损失减少策略，以此应对可控风险；而针对不可抗力、施工中的气候/地质条件等不可控风险，则应制订应急预案，并采取购买相应保险等风险转移措施，减少风险可能带来的损失。在这三个层面的风险应对措施中，中观层面的合同组织方法是风险应对措施的核心内容，实践中对于项目风险的分担主要通过权利义务的界定、违约责任的确定以及相关付费补偿机制来实现，即通过合同条款对每一项风险因素的应对与解决做出约定。

表2-3 PPP项目风险应对措施

风险类别	风险因素	风险分配方式	风险应对措施
政治风险	公众反对	根据风险发生原因不同，由政府方或项目公司单独承担，或由双方共担	在PPP合同条款中应考虑出现风险时协调洽商的义务以及增加费用的分担问题，当存在出现风险的可能性或风险已经发生时，项目公司从市场层面进行调解，化解反对风险，政府方从行政层面予以配合。在PPP项目合同的违约责任内容中，应清楚地描述各方在公众反对风险方面的权利义务分摊以及赔偿前提条件与程序。如风险主要由项目公司引起（如偷排污水造成环保污染），则由此不当行为导致的项目损失将得不到赔偿，如风险主要由政府方引起（如选址规划不当），则项目公司有权要求相应赔偿，如风险发生不可归责于任何一方，则由双方商议共同承担损失
	政府干预	政府方	在PPP项目合同中明确双方的权责，对政府方的监督权与介入权予以清晰化。具体而言，合同中需列明政府方的监督权限，并明确政府部门有权介入项目事务时的时点与方式，且在违约责任、争议解决等相关条文中设置与该风险对应的内容

续表

风险类别	风险因素	风险分配方式	风险应对措施
政治风险	政府效率	政府方	在PPP项目合同中设置相应的前提条件，这样可以有效防止政府决策过程冗长所带来的危害。在项目条件的设置过程中，社会资本方与政府方还应以双方互赢为目标进行充分沟通，这样也可以尽量减少政府决策失误，进而避免增加将来的政府信用风险
	政府征收征用	政府方	在PPP项目合同条款中应对项目终止的条件和程序做出合理、明确的界定，并考虑终止项目各方利益的合理保护问题，比如明确因政府违约导致项目终止时对社会资本方的补偿办法。此外，还应特别注意的是，社会资本方在设计合同条款或者就有关权益进行谈判时，不能利用社会资本与政府之间的信息不对称，或者利用政府方的迫切需求，引导政府方签订显失公平的条款，避免履约过程中因不公平导致政府强行终止项目
	政府官员腐败	政府方	政府方可以在PPP项目合同中做出保证，如声明在项目中未要求或收到过不合法报酬等。但腐败是一个综合性社会问题，其私密性等特点决定其难以使用合同语言表达，合同条款承诺也很难得到执行。因此，还有必要在违约责任、争议解决等相关条文中约定有关该项风险的内容，赋予项目公司在风险发生后寻求救济的权利
法律风险	法律及监管体系不完善	政府方	应对此项风险的基本思路是签订完善的PPP项目合同，将争议解决机制、双方的权利义务、违约责任等内容明晰化，尽可能减少该风险可能导致的危害。对于项目实施过程中产生未约定矛盾事项，双方可以通过友好协商并签订补充协议解决，保持PPP项目合同的动态完善
	法律变更（政府方不可控）	政府方及项目公司共担	对于政府方不可控的法律变更，应在合同条款中明确此风险的处理程序，明确风险带来的成本变动或者收益增减的分担，只有结合具体项目合理全面的约定才能有效分担法律变更导致的后果
	法律变更（政府方可控）	政府方	对于政府方可控的法律风险，政府方应尽量控制法律变更对项目产生最小的影响，项目合同中应明确，除非在确有必要的情况下，政府方不得故意做出有损项目运行的法律变更。同时，应在PPP项目合同中说明，当已发生或即将发生的法律变更对项目的正常运营产生影响时，政府方应通知项目公司，说明对其可能造成的后果，包括对项目建设运营的变动、对项目合同条款的变更、可能导致的任何收益损失等，并应提出实施变动的具体办法

续表

风险类别	风险因素	风险分配方式	风险应对措施
宏观经济风险	利率风险	三方共担	社会资本方在项目报价时应考虑利率因素。在风险发生时，利率风险主要通过财务费用作用于社会资本方，对此，社会资本方可通过设计价格调整公式应对利率变化。由于社会资本方可以通过相应的金融工具规避利率风险，其在该风险上的控制力上具有一定优势，因此可以在合同中约定一个利率变化的临界值，当变化小于等于该值时，由项目公司和社会资本方自行应对该风险，当变化大于该值时，调价公式始发挥作用
	通货膨胀风险	三方共担	社会资本方在项目报价时应考虑通货膨胀因素。通货膨胀可能直接导致项目成本增加，通常可以在实施方案及项目合同内的调价公式中设置合理的调整系数
	汇率风险	三方共担	涉及外资的社会资本方在项目报价时应考虑汇率因素。在使用外资情况下，政府方应在实施方案及项目合同中明确项目参与方在中国境内开立、使用外汇账户，向境外账户汇出资金等事项的条件与程序。此外，可在项目合同中约定临界值，当汇率变化小于等于该值时，由项目公司和社会资本方自行应对该风险，当汇率变化大于该值时，通过调价公式来调整价格收费
	税收风险	政府方及项目公司共担	项目公司可以要求政府方尽最大努力，使项目公司根据相关法律法规获得税收优惠。对于政府方权限范围内的税收优惠的给予，应在项目合同中予以明确或者由政府方做出承诺认可，对于超出权限范围的，应由双方慎重协商议定
不可抗力风险	自然灾害	政府方及项目公司共担	在项目合同中，需通过概括与列举的方法对不可抗力事件做出明确定义，做好不可抗力发生后的应急预案，并明确风险发生后损失分担的计算方法、分担程序等。此外，项目公司必须就不可抗力因素为项目设施购买保险，以转移该项风险
	社会异常事件		

第二章 PPP项目全生命周期法律风险解析

续表

风险类别	风险因素	风险分配方式	风险应对措施
合作风险	合同完备性与变更风险	政府方及项目公司共担	聘请专业机构协助谈判与合同签订，采用规范的法律用语签订PPP项目合同。如后续发现合同不完善，应通过双方秉承诚意进行协商，签订补充协议，若双方未能达成一致意见，则进行争议解决程序
合作风险	组织管理与协调风险	项目公司	项目公司应通过选定优秀的管理人员、加强经营培训等方式提高自身组织管理与协调能力，在PPP项目合同中，可以将项目公司的组织管理与协调成果作为一项绩效考核指标，由政府方根据考核结果调整付费
合作风险	利益相关者合作	政府方及项目公司共担	参与项目的金融机构、承包商等主体一般与社会资本方保持密切关系，而政府方则可以直接面向公众，且在很多类型的项目中，供应、运输等多个环节的合作伙伴是政府相关部门或企业。因此，应对此项风险一方面需要政府与项目公司积极协调与自己较为密切的参与方的合作关系，另一方面也需要与其他参与方加强交流沟通，争取建立信任关系
合作风险	社会资本方信用	项目公司，社会资本方	政府信用与社会资本方信用风险属于较为宏观的问题，贯穿项目始终。但信用风险在项目合同中不能只表现为概括性地承诺声明，而应在具体项目中落实到切实可行的条款。在明确界定双方权利义务的基础上，注明违约责任和争议解决办法，比如协商、诉讼等
合作风险	政府信用	政府方	
准备阶段风险	招标竞争不充分	政府方	招标过程中竞争不充分的风险发生在PPP项目合同签订之前，故无法通过项目合同条款进行预防与解决，只能依靠政府方自行制定或在项目实施方案中明定招投标程序等内容，减少风险发生概率
准备阶段风险	项目审批风险	根据风险发生原因不同，由政府方或项目公司单独承担	取得一系列项目审批是PPP项目必需的前提条件，应根据具体项目的不同，在合同中明确负责获取项目审批的责任方，如要求政府方协助项目公司完成相应的审批程序或要求项目公司自行办理项目审批，为预防审批迟延带来的损失，还应在违约责任和争议解决等相关条文中设置与该项风险对应的条款。此外，还应提前列明所有必需的审批项目，并整理出合理的审批申请顺序及所需材料，以辅助责任方迅速、便捷地获取项目审批

53

续表

风险类别	风险因素	风险分配方式	风险应对措施
准备阶段风险	拆迁及土地供应	政府方	土地供应亦是PPP项目必要的前提条件，在签订项目合同前，应对用地的落实情况做出充分调查，同时在条款中对用地的获取做出相应规定并以获得有关部门的权属或者认可文件为前提
	融资风险	项目公司，社会资本方	首先需要明确，社会资本方必须充分履行对项目的出资义务，否则须承担相应的违约责任。项目公司作为融资主体，应与金融机构保持良好关系，作为公司控股股东的社会资本方也应注重自身信用评价和金融机构关系的维护。PPP项目合同条款中应重视对项目公司融资能力的要求以及融资到位的时间节点，并可以将社会资本方完成项目出资以及项目公司提交融资文件设置为政府方履行付费义务的先决条件
建设阶段风险	设计风险	根据风险发生原因不同，由政府方或项目公司单独承担	设计方案的提供方应就设计方案进行详细论证，确保项目的建设可行性。在PPP项目合同中，应明确界定设计方案提供方的义务，并在违约责任、争议解决等相关条文中约定有关该项风险的内容
	工程变更	根据风险发生原因不同，由政府方或项目公司单独承担，或由双方共担	在PPP项目合同中，应明确约定对工程建设变更的通知、答复、批准等事项的程序和期限，并配以必要的补偿或赔偿机制
	工期延误	根据风险发生原因不同，由政府方或项目公司单独承担，或由双方共担	加强项目相关主体的管理能力是化解此项风险的关键，项目公司在选择承包方或者供应商时应选择专业经验丰富的，以转移或者降低风险。PPP项目合同中必须明确约定设计、建设过程中的定期工程进度，以期适时对建设过程进行监督管理，把控工程工期，并应明确工期延误发生后的应对方案及违约责任

续表

风险类别	风险因素	风险分配方式	风险应对措施
建设阶段风险	项目配套设施风险	政府方	政府方在项目前期应对配套设施现状做充分调研，后期的配套设施建设更要做出充分的分析论证。对于项目所需的配套设施，应在项目合同中全面约定政府义务，条款应涵盖建设时间、规模、标准等各方面。为了避免配套基础设施建设延误造成项目损失，可在合同中将配套基础设施的齐备作为项目合同相关权利义务生效的前提条件
	施工供应风险	项目公司	在PPP项目合同中，明确项目公司在建设期的责任应包括按时供应符合质量标准的材料、充足的人工等，并设置相应的违约责任条款，项目公司可以通过与第三方之间供应合同的约定转移此项风险
	施工技术不当	项目公司	项目公司应在项目前期合理估测项目范围、规模等项目条件，自行或与承包商商定选择最为合适的技术方案，并在PPP项目合同中对方案相关技术细节都进行明确约定
	施工成本超支	项目公司	项目公司应进行投资成本控制，做好相关费用预算，应在PPP项目合同中明确约定施工成本超支时项目公司的责任承担方式
	气候/地质条件	政府方及项目公司共担	在PPP项目合同中，应要求项目公司对自然条件进行充分认识与评估分析，必要时将购买相应的保险作为其应履行的义务。同时，在项目合同中应明确说明，当发生合理勘测外的气候地质问题，影响到项目建设时，相应的工程进度日期应予以延长，还可约定合理的补偿金条款
	工程质量不达标	项目公司，社会资本方	确保项目工程质量符合合同要求，是项目公司的主要合同义务。项目公司应与项目承包方和监理方签订完善的施工合同及监理合同，在施工中切实做好对工程质量的监管。在PPP项目合同中，应约定政府方对质量检查权利、期限和程序，并在违约责任、争议解决条款中明确约定与工程质量管理相应的内容
	安全事故	项目公司	项目公司对施工现场进行全面、完备的安全管理，应在PPP项目合同中明确项目公司在施工过程中的安全管理责任，并约定安全事故发生时项目公司的责任承担方式
	环境保护	项目公司	项目公司及其发包的施工承包方应对环境风险做出合理预期，根据法律法规的规定以及该项目环境影响评价文件做好环境保护工作。PPP项目合同要求项目公司在项目的建设中应遵守环境保护相关法律规定，并对项目建设中环保问题引致的损失、费用等归责原则做出明确约定

续表

风险类别	风险因素	风险分配方式	风险应对措施
建设阶段风险	考古文物保护	政府方及项目公司共担	在项目合同中应明确约定，如工程建设用地上发现考古文物、化石、古墓等具有考古学、地质学意义的物品，影响到项目施工时，有关的工程进度日期应相应延长，还可约定合理的补偿金条款
运营阶段风险	项目公司运营能力不足	项目公司，社会资本方	预防此风险的重点在于政府方在资格预审时明确对社会资本资格要求，尤其是业绩、资质等的合理标准。可以在PPP项目合同中明确规定构成项目公司违约事件的范围（如项目公司负债过高、维护能力不足的表现），以及发生违约事件之后政府方应该采取的通知、处理、介入等措施，并约定相应的违约责任
运营阶段风险	运营成本超支风险	项目公司	应在PPP项目合同中明确政府方对项目公司运营成本的监督权，即，在合同中明确说明，政府方有权对项目公司的经营成本进行监管，并对其经营状况进行评估
运营阶段风险	运营维护质量风险	项目公司，社会资本方	确保项目运营维护质量符合合同要求，是项目公司在运营阶段的主要合同义务。在PPP项目合同中，应约定政府方对运营质量监管的权利、时点和程序，并在违约责任、争议解决条款中明确约定与运营维护质量管理相应的内容
运营阶段风险	技术更新	项目公司	为在社会发展中保持或提升项目运营质量，项目公司应自觉对运营中相关技术进行更新，在PPP项目合同中，应对项目公司在运营中保持技术更新的义务做出要求，并约定政府的监督权
运营阶段风险	安全管理	项目公司	项目公司必须对项目运营和维护进行妥善的安全管理，在PPP项目合同中应明确项目公司在运营阶段的安全管理责任，并约定安全事故发生时项目公司的责任承担方式
运营阶段风险	环境保护	项目公司	项目公司应对运营中的环境风险做出合理预期，根据法律法规和该项目环境影响评价文件做好环境保护工作。PPP项目合同要求项目公司在项目的运营和维护中应遵守环境保护相关法律规定，并对项目运营中环保问题引致的损失、费用等归责原则做出明确约定

续表

风险类别	风险因素	风险分配方式	风险应对措施
运营阶段风险	收益不足风险	根据风险发生原因不同，由政府方单独承担，或由双方共担	在使用者付费配合可行性缺口补助的付费机制下，项目收益可能受到市场竞争、市场需求以及市场收费变化的影响。就市场竞争而言，在项目合同中应对是否存在竞争及其程度进行确定，且设定一定条件，明确必要情况下的政府方允许出现竞争或者改变竞争程度，并约定相应的补偿条款，此外，还应约定政府方违反竞争保护义务时的赔偿责任。就市场需求而言，可以设置一个临界值，当市场需求减少超过该值，政府法规可以通过调整收费或可行性缺口补助等方式给予补偿；当市场需求增加超过该值，项目公司须与政府方分享相应收益，从而实现双方对该风险的共担。就市场收费而言，在PPP项目合同中必须明确调价原则与调价公式，并约定价格无法调整时，政府方可以通过可行性缺口补助等方式对项目公司进行补偿
	股权变更	项目公司，社会资本方	在PPP项目合同中明确社会资本股权的转移限制，在定义通常股权变更范围的前提下，约定合理的股权锁定期，并明确未经政府方的事先书面同意，项目公司及其母公司不得发生合同中定义的任何股权变更的情形
移交阶段风险	性能/功能风险	项目公司	在PPP项目合同中，对运营中的维护及时性和标准做出要求，约定移交前的交接程序，明确移交的范围、移交时项目工程的现状标准、可持续性与可维护性标准等具体要求，并在违约责任、争议解决条款中明确约定与移交管理相应的内容
	移交组织管理不善	项目公司	
	可维护性风险	项目公司	
	可持续性风险	项目公司	

六、PPP项目全生命周期法律风险解析

基于PPP模式的合作时间长、投资金额大、涉及主体多、法律关系复杂、PPP立法现状等诸多特点，法律风险贯穿了PPP项目的全生命周期。实

务中不少人片面理解PPP的法律风险可能就是PPP项目实施方案的风险、PPP项目合同的风险、PPP项目采购的风险或项目公司运营的风险等，其实远不止于此，也远不限于此。为此，笔者归纳总结如下。

（一）PPP项目立项的法律风险

财政部《关于进一步加强政府和社会资本合作（PPP）示范项目规范管理的通知》（财金〔2018〕54号）的要求加强项目规范管理，"夯实项目前期工作，按国家有关规定认真履行规划立项、土地管理、国有资产审批等前期工作程序"。

我国的PPP项目大多为基础设施或公共服务设施项目，需要在招募社会资本之前完成项目立项。根据《政府核准投资项目管理办法》（国家发展和改革委员会令第11号）、国务院《关于发布政府核准的投资项目目录的通知》（国发〔2014〕53号）等的有关规定，立项申请涉及发展改革、国土、环保、规划等相关部门。项目立项管理分核准和备案两种，企业投资建设政府核准的投资项目目录内的固定资产投资项目，须按照规定报送有关项目核准机关核准；若投资建设核准目录外的项目，实行备案管理。

拟实施的PPP项目应是能够依法立项，准确预估立项工作量及投入，以便在项目投资以及与政府权利义务分配上做出相应安排的项目。

（二）PPP项目识别论证的法律风险

财政部《关于规范政府和社会资本合作（PPP）综合信息平台项目库管理的通知》（财办金〔2017〕92号）要求"未按规定开展'两个论证'，包括已进入采购阶段但未开展物有所值评价或财政承受能力论证的（2015年4月7日前进入采购阶段但未开展财政承受能力论证以及2015年12月18日前进入采购阶段但未开展物有所值评价的项目除外）；虽已开展物有所值评价和财政承受能力论证，但评价方法和程序不符合规定的"项目，属于财政部要求的"集中清理已入库项目"的项目。

按照现行PPP有关法规政策规定，财政部门（政府和社会资本合作中心）会同行业主管部门，对潜在政府和社会资本合作项目进行评估筛选，确定备选项目。财政部门（政府和社会资本合作中心）应根据筛选结果制订项目年度和中期开发计划。对于列入年度开发计划的项目，项目发起方应按财政部门（政府和社会资本合作中心）的要求提交相关资料。新建、改建项目应提交可行性研究报告、项目产出说明和初步实施方案；存量项目应提交存量公共资产的历史资料、项目产出说明和初步实施方案。财政部门（政府和社会资本合作中心）会同行业主管部门，从定性和定量两方面开展物有所值评价工作。

定性评价重点关注项目采用政府和社会资本合作模式与采用政府传统采购模式相比能否增加供给、优化风险分配、提高运营效率、促进创新和公平竞争等。定量评价主要通过对政府和社会资本合作项目全生命周期内政府支出成本现值与公共部门比较值进行比较，计算项目的物有所值量值，判断政府和社会资本合作模式是否降低项目全生命周期成本。

为确保财政中长期可持续性，财政部门应根据项目全生命周期内的财政支出、政府债务等因素，对部分政府付费或政府补贴的项目，开展财政承受能力论证，每年政府付费或政府补贴等财政支出不得超出当年财政收入的一定比例。

通过物有所值评价和财政承受能力论证的项目，方可进行项目准备。如果没有通过"两个论证"，则不是一个合法的 PPP 项目，政府最终将不承担任何支出责任，对社会资本来说，显然就存在巨大的法律风险。

（三）PPP 项目实施机构资格的法律风险

PPP 项目的实施机构须按 PPP 政策规定由项目所属县级以上政府明确授权，未经授权，所签 PPP 合同即存在违规的法律风险，所签订的 PPP 合同也存在被认定无效的法律风险。除此之外，按照财政部《关于进一步加强政府和社会资本合作（PPP）示范项目规范管理的通知》（财金〔2018〕54号）的规定："（三）严格审查签约主体。坚持政企分开原则，加强 PPP 项目合同签约主体合规性审查，国有企业或地方政府融资平台公司不得代表政府方签署 PPP 项目合同，地方政府融资平台公司不得作为社会资本方。"否则，就属于违规运作，所实施的项目也面临被清理出库的风险。

（四）PPP 项目配套设施完善的法律风险

按照《关于印发政府和社会资本合作模式操作指南（试行）的通知》

（财金〔2014〕113号）的规定，相关配套安排主要由项目以外相关机构提供的土地、水、电、气和道路等配套设施和项目所需的上下游服务。为此可以看出，项目建设配套要包括项目建设必需的项目用地、施工用地、水电供应、施工道路等配套设施，应由政府承诺在项目开工前到位、满足施工条件。PPP项目工程包之外但在设计之内的关联工程，如水电网管网、绿化工程、跨铁路桥梁公路段等，往往由地方平台公司或电力及铁路行业指定公司垄断承包，应由政府出面协调，并就相关权利义务及责任做出稳妥设计。否则，极易在政府与社会资本合作双方之间产生纠纷和矛盾。

（五）政府方对项目相关政策支持的法律风险

根据财政部等有关规范性文件的规定在整个PPP项目运作过程中，政府不得有以下行为。

（1）对项目的任何担保、承诺或兜底等，因涉及地方政府违规举债，均属无效。

（2）未经国务院批准，各级政府不得自行制定税收优惠或财政优惠政策。对违法违规制定与企业及其投资者（管理者）缴纳税收或非税收入挂钩的财政支出优惠政策，应坚决予以取消。

（3）土地出让收入和支出实行严格的收支两条线，任何地区部门和单位都不得以"招商引资"等各种名义减免土地出让收入，或者以土地换项目、先征后返、补贴等形式变相减免土地出让收入。

（4）政府不得承诺固定投资回报，严禁通过保底承诺、回购安排、明股实债等方式进行变相融资，将项目包装成"伪"PPP项目。

以上的各种情况都会涉及地方政府违规举债，带来政府隐性债务风险，同时，也给项目的实施带来违反规范性文件政策，违规运作的法律风险。

（六）存量项目处置的法律风险

《政府和社会资本合作项目财政管理暂行办法》（财金〔2016〕92号）第五条规定："新建、改扩建项目的项目实施方案应当依据项目建议书、项目可行性研究报告等前期论证文件编制；存量项目实施方案的编制依据还应包括存量公共资产建设、运营维护的历史资料以及第三方出具的资产评估报告等"。第三十条规定:"存量PPP项目中涉及存量国有资产、股权转让的,应由项目实施机构会同行业主管部门和财政部门按照国有资产管理相关办法,依法进行资产评估,防止国有资产流失。"

财政部《关于规范政府和社会资本合作(PPP)综合信息平台项目库管理的通知》(财办金〔2017〕92号)要求"涉及国有资产权益转移的存量项目未按规定履行相关国有资产审批、评估手续的"项目不得入库。

《企业国有资产交易监督管理办法》(国务院国资委 财政部令第32号)第四十八条规定:"企业一定金额以上的生产设备、房产、在建工程以及土地使用权、债权、知识产权等资产对外转让,应当按照企业内部管理制度履行相应决策程序后,在产权交易机构公开进行。涉及国家出资企业内部或特定行业的资产转让,确需在国有及国有控股、国有实际控制企业之间非公开转让的,由转让方逐级报国家出资企业审核批准。"第四十九条规定:"国家出资企业负责制定本企业不同类型资产转让行为的内部管理制度,明确责任部门、管理权限、决策程序、工作流程,对其中应当在产权交易机构公开转让的资产种类、金额标准等做出具体规定,并报同级国资监管机构备案。"

由此可以看出,PPP的存量项目涉及国有资产权益转移的,是否做了合规合法的安排,项目实施机构是否按规定履行了相关国有资产审批、评估手续等问题,是涉及项目合法性、合规性的重大问题,必须依法做出相应安排。

(七)项目采购的法律风险

财政部《关于规范政府和社会资本合作(PPP)综合信息平台项目库管理的通知》(财办金〔2017〕92号)规定"采购文件中设置歧视性条款、影响社会资本平等参与的"属于不规范运作,也属于"集中清理已入库项目"的项目;财政部《关于进一步加强政府和社会资本合作(PPP)示范项目规范管理的通知》(财金〔2018〕54号)要求:"(二)切实履行采购程序。加强对项目实施方案和采购文件的审查,对于采用单一来源采购方式的项目,必须符合政府采购法及其实施条例相关规定。不得设置明显不合理的准入门槛或所有制歧视条款,不得未经采购程序直接指定第三方代持社会资本方股份。"PPP项目采购的法律风险主要集中在以下几方面。

1. 采购方式选择的法律风险

按照《政府采购货物和服务招标投标管理办法》(财政部令第87号)要求,PPP项目可采取的公开招标、邀请招标、竞争性谈判、竞争性磋商和单一来源采购等5种采购方式及其适用条件,PPP项目实施机构应依法选择符合条件的采购方式并按采购程序实施采购,若错误选择采购方式或采购程序不当,可能导致社会资本方中标或成交结果无效。同时还要注意以下几点。

(1) 若属于依法必须招标范围的项目,应通过招标选择社会资本,否则PPP合同法律效力无法保证。

(2) 采购程序应严格规范操作,否则采购程序可能因其他(潜在)投标人投诉而受阻。

(3) 在将投融资、设计、建设和运营一体打包采购的PPP项目中,若社会资本方由投资方和EPC总包方组成联合体投标,应确保项目采购按将社会资本招标和项目EPC总包招标"两标合一标"的模式操作,而非简单的"联合体投标"模式。

(4) 根据《中华人民共和国招标投标法实施条例》(以下简称《招标投标法实施条例》)第九条规定,采购人依法能够自行建设、生产或者提供,可不再通过招标选择施工、物资供应商。但该情形仅限于针对"已通过招标选择的特许经营项目投资人",但在实务中若非经招标程序选择的社会资本方或虽经招标程序但属于非特许经营项目的,相应社会资本方即便本身具有施工承包或物资供应资质条件,能否直接作为项目施工承包方或物资供应方而不进行招标,法律尚未明确做出规定,存在合法性的风险。

2. 社会资本方资格条件设置的法律风险

PPP项目采购过程中,在设定社会资本资格条件时,应严格遵循《政府采购货物和服务招标投标管理办法》第十七条的规定:"采购人、采购代理机构不得将投标人的注册资本、资产总额、营业收入、从业人员、利润、纳税额等规模条件作为资格要求或者评审因素,也不得通过将除进口货物以外的生产厂家授权、承诺、证明、背书等作为资格要求,对投标人实行差别待遇或者歧视待遇。"

3. 联合体成员出资的法律风险

PPP项目采购过程中，联合体所有成员是否均需要作为项目公司的股东，这个问题在实务中一直存在不同观点。有的观点从方便退出的角度出发，不建议联合体所有成员均作为项目公司股东，因为，如果成为项目公司股东，尤其是股东身份为国有企业的，退出就必须履行国有资产交易审批、进场交易等程序，无形中会增大项目运作成本。有的观点，从保障项目的顺利实施角度，建议联合体所有成员均作为项目公司股东，均需承担股东的全部权利义务，某种程度上也能增加项目公司的抗风险能力。

从有关法律法规来看，《招标投标法》和《政府采购法》及相关的实施条例均未对联合体成员出资义务有明确规定，若联合体协议中未约定出资比例，不负责投融资义务的联合体成员（如施工企业）可以不出资入股项目公司。因为联合体成员不入股并不代表退出联合体，其仍然以中标人身份与实施机构签订PPP合同，负责建设项目并对联合体承担连带责任。

但在项目实操过程中作为政府方如不要求所有成员持股，将导致对联合体成员的不可控性，特别是施工企业，前期如果未投入资金，在项目建设完成之后有可能立即退出，势必给项目以后的运营及其他方面带来不利影响。实务中，政府方一般都会要求所有联合体成员全部持股，以有效加强项目公司的抗风险能力。

（八）PPP合同的法律风险

《关于规范政府和社会资本合作合同管理工作的通知》（财金〔2014〕156号）要求高度重视PPP合同管理工作，强调"按合同办事不仅是PPP模式的精神实质，也是依法治国、依法行政的内在要求。加强对PPP合同的起草、谈判、履行、变更、解除、转让、终止直至失效的全过程管理，通过合同正确表达意愿、合理分配风险、妥善履行义务、有效主张权利，是政府和社会资本长期友好合作的重要基础，也是PPP项目顺利实施的重要保障。地方财政部门在推进PPP中要高度重视、充分认识合同管理的重要意义，会同行业主管部门加强PPP合同管理工作"。

PPP合同是PPP合同体系中的灵魂和核心，PPP项目合作期短则十几年，多则30年,对于合同提出了很高的要求,如约定过于详细,则无法适应今后经济、市场、政策或法律的变化,面临着法律变更风险;如约定过于笼统,则无法解决实践操作中可能的风险。

1. 签约主体不合格导致的法律风险

财政部《关于进一步加强政府和社会资本合作(PPP)示范项目规范管理的通知》(财金〔2018〕54号)要求:"(三)严格审查签约主体。坚持政企分开原则,加强PPP项目合同签约主体合规性审查,国有企业或地方政府融资平台公司不得代表政府方签署PPP项目合同,地方政府融资平台公司不得作为社会资本方。"

2. 合同内容违规的法律风险

财政部《关于进一步加强政府和社会资本合作(PPP)示范项目规范管理的通知》(财金〔2018〕54号)要求:"(四)杜绝违法违规现象。坚守合同谈判底线,加强合同内容审查,落实项目风险分配方案,合同中不得约定由政府方或其指定主体回购社会资本投资本金,不得弱化或免除社会资本的投资建设运营责任,不得向社会资本承诺最低投资回报或提供收益差额补足,不得约定将项目运营责任返包给政府方出资代表承担或另行指定社会资本方以外的第三方承担。"

3. 合同内容及边界不清晰的法律风险

PPP项目的边界条件是项目实施的关键点以及项目合同的核心内容,主要包括权利义务、交易条件、履约保障和调整衔接等边界。其中,权利义务边界主要明确项目资产权属、社会资本承担的公共责任、政府支付方式和风险分配结果等。交易条件边界主要明确项目合同期限、项目回报机制、收费定价调整机制和产出说明等。

履约保障边界主要明确强制保险方案以及由投资竞争保函、建设履约保函、运营维护保函和移交维修保函组成的履约保函体系。调整衔接边界主要明确应急处置、临时接管和提前终止、合同变更、合同展期、项目新增改扩建需求等应对措施。

以上边界条件应明确、清晰、具体,如内容不完善,界定不清晰,导致的直接后果就是合同履约的各种法律风险的出现,从而导致项目的矛盾与纠纷不断，必将严重阻碍和影响项目的顺利推进。对此，将在后面章节中详述，在此不再赘述。

4. 合同履约的法律风险

（1）当事人履约风险。当事人对合同的履约是PPP项目风险防范的重要影响因素，主要集中在当事人诚信、履约能力、政府干预等方面。

（2）合同执行风险，如项目融资（如融资交割、资金到位、利率风险等）、建设风险（如工期问题）、经营风险（如市场价格波动、项目经营收益情况不佳）、项目公司日常经营管理风险等。

（3）法律政策变化、征用及公有化、不可抗力以及情势变更等外部风险。

在PPP合同履约过程中会出现一方或双方的违约行为，直接为项目带来法律风险。其中，常见的政府方违约事件主要包括：

（1）未按合同约定付费或提供补贴达到一定期限或金额的。

（2）违反合同约定转让项目合同项下义务。

（3）发生政府方可控的对项目设施或股份的征收或征用。

（4）发生政府方可控的法律政策变化导致合同无法继续履行的。

（5）其他违反项目合同项下义务，并导致项目公司无法履行合同的。

常见的项目公司违约事件主要包括：

（1）项目公司破产或资不抵债的。

（2）项目公司未在约定时间内完成建设进度或开始运营，且逾期超过一定期限的。

（3）项目公司未按照规定提供产品或服务，行为或后果情节严重的。

（4）项目公司违反合同约定的关于股权变更限制的。

（5）其他违反合同约定的严重违约行为。

（九）PPP项目用地及土地作价入股的法律风险

PPP项目涉及领域范围广，涉及的土地性质较为复杂，既有国有土地又有集体土地，要明确相关用地采用划拨方式、出让方式还是租赁方式提供。目前很多PPP项目中划拨方式占了很大一部分，但是土地储备有限，很难一次性到位。国家层面也在陆续出台各种创新措施,以提高对土地综合利用的效率,积极盘活存量土地。

国土资源部发布的《产业用地政策实施工作指引》中也明确,采用政府和社会资本合作方式(PPP模式)实施项目建设时,相关用地需要有偿使用的,可将通过竞争方式确定项目投资方式和用地者的环节合并实施,但实务操作中存在较大的难度,主要问题有:在项目合作期内,项目公司如何合法拥有项目土地使用权?土地由哪一方去获取?项目公司还是政府方?由政府方拿地报批的话,项目公司相当于代建单位,融资、建设过程中会遇到涉及土地的一系列手续办理问题;如由项目公司拿地的话,项目公司享有所有权,需要把拿地成本算到总成本之中,项目总成本会更高,还会产生一些税费。

《国务院办公厅转发财政部 发展改革委 人民银行关于在公共服务领域推广政府和社会资本合作模式指导意见的通知》(国办发〔2015〕42号)规定:

(二十)多种方式保障项目用地。实行多样化土地供应,保障项目建设用地。对符合划拨用地目录的项目,可按划拨方式供地,划拨土地不得改变土地用途。建成的项目经依法批准可以抵押,土地使用权性质不变,待合同经营期满后,连同公共设施一并移交政府;实现抵押权后改变项目性质应该以有偿方式取得土地使用权的,应依法办理土地有偿使用手续。不符合划拨用地目录的项目,以租赁方式取得土地使用权的,租金收入参照土地出让收入纳入政府性基金预算管理。以作价出资或者入股方式取得土地使用权的,应当以市、县人民政府作为出资人,制订作价出资或者入股方案,经市、县人民政府批准后实施。

财政部《关于联合公布第三批政府和社会资本合作示范项目加快推动示范项目建设的通知》(财金〔2016〕91号)规定:

PPP项目用地应当符合土地利用总体规划和年度计划,依法办理建设用地审批手续。在实施建设用地供应时,不得直接以PPP项目为单位打包或成片供应土地,应当依据区域控制性详细规划确定的各宗地范围、用途和规划建设条件,分别确定各宗地的供应方式:

(一)符合《划拨用地目录》的,可以划拨方式供应;

(二)不符合《划拨用地目录》的,除公共租赁住房和政府投资建设不以盈利为目的、具有公益性质的农产品批发市场用地可以作价出资方式供应外，其余土地均应以出让或租赁方式供应，及时足额收取土地有偿使用收入；

（三）依法需要以招标拍卖挂牌方式供应土地使用权的宗地或地块，在市、县国土资源主管部门编制供地方案、签订宗地出让（出租）合同、开展用地供后监管的前提下，可将通过竞争方式确定项目投资方和用地者的环节合并实施。

PPP项目主体或其他社会资本，除通过规范的土地市场取得合法土地权益外，不得违规取得未供应的土地使用权或变相取得土地收益，不得作为项目主体参与土地收储和前期开发等工作，不得借未供应的土地进行融资；PPP项目的资金来源与未来收益及清偿责任，不得与土地出让收入挂钩。

土地作价入股是政府方希望采取的出资方式之一，在实操中容易出现以下几个风险。

（1）土地属于国有资产，政府不经过招拍挂直接通过评估作价入股项目公司，稍有处理不当，就会造成国有资产流失的法律后果。

（2）土地入股项目公司，根据房随地走原则，项目资产所有权将归属项目公司，这将加大政府对项目资产的监管难度。《关于联合公布第三批政府和社会资本合作示范项目加快推动示范项目建设的通知》（财金〔2016〕91号）明确：不符合《划拨用地目录》的，除公共租赁住房和政府投资建设不以营利为目的，具有公益性质的农产品批发市场用地可作价出资供应外，其余土地均应以出让或租赁方式供应。

（3）对项目建设用地确需采取通过出让方式获取时，如何确保项目采购与土地使用权出让的有效衔接是项目公司最为担心的问题。2016年10月28日国土资源部发布的《产业用地政策实施工作指引》第九条明确规定，采用政府和社会资本合作方式实施项目建设时，相关用地需要有偿使用的，可将通过竞争方式确定项目投资主体和用地者的环节合并实施。但土地招标和项目投资主体招标程序有很大差别，具体两者该如何衔接，实务中尚无明确具体的操作指引，存在着较大的法律风险。

（十）采购价款结算的法律风险

PPP项目工程造价应在PPP合同中明确约定造价结算标准以及价格调整

方式。对于基础设施和公共服务项目价款的最终确定一般需要进行政府审计，但根据相关司法解释，政府审计结果并不当然作为双方结算的依据，若政府与社会资产方没有约定项目工程结算最终以政府审计为准的，可以由第三方造价咨询机构按合同约定的计价计量标准出具的造价结论为准进行结算。如社会资本方不得已接受工程造价以政府审计为准的约定，应在合同中明确约定政府审计应遵循的标准和原则，同时应注意约定在政府审计以外但应计入采购价款的款项的计价计量标准及相关原则。

（十一）项目公司股权融资有关法律风险

PPP项目执行过程中，社会资本可能需要通过项目公司股权融资，相关融资方案可能导致项目公司股权抵押、质押、转让甚至控制权转移。而政府方希望社会资本在合作期限内能够做到稳定持续投资运营，因此对项目公司股权转让，尤其是控股权转移甚为敏感。这就需要在PPP合同中提前预留股权转让、锁定以及为顺利融资留下一定的空间，否则会使股权融资甚至项目融资受阻，进而给整个项目的顺利运行带来风险和麻烦。

（十二）PPP项目绩效考核的法律风险

财政部《关于规范政府和社会资本合作（PPP）综合信息平台项目库管理的通知》（财办金〔2017〕92号）规定"（三）未建立按效付费机制。包括通过政府付费或可行性缺口补助方式获得回报，但未建立与项目产出绩效相挂钩的付费机制的；政府付费或可行性缺口补助在项目合作期内未连续、平滑支付，导致某一时期内财政支出压力激增的；项目建设成本不参与绩效考核，或实际与绩效考核结果挂钩部分占比不足30%，固化政府支出责任的"的项目，属于"不得入库的项目"。显然，在PPP模式应用的过程中，不实行"按效付费"，不进行绩效考核，考核的标准不符合规范性文件的要求，显然都属于违规运作，还有带来政府隐性债务的法律风险。

PPP项目中的政府按项目的可用性、使用量或绩效来确认采购对价，绩效考核关系到社会资本投资回报预期的实现程度，为了使考核更透明、可操作及可预期，应提前明确相关考核标准、方法和程序，并在PPP合同中明确约定。没有约定或约定不明，都会给项目运作带来较大的法律风险。

(十三) PPP 项目移交的法律风险

PPP 项目在移交时常会面临项目资产移交或股权转让的方式选择，资产移交即由项目公司将项目资产移交政府，再由社会资本将项目公司清算解散；股权转让即由社会资本方将其所持项目公司股权全部转让给政府方出资人，社会资本全面退出项目公司。政府和社会资本方都需要结合项目具体情况和财务税收等因素提前做好设计。

财政部《关于印发政府和社会资本合作模式操作指南（试行）的通知》（财金〔2014〕113 号）要求项目合同中应明确约定移交形式、补偿方式、移交内容和移交标准。移交形式包括期满终止移交和提前终止移交；补偿方式包括无偿移交和有偿移交；移交内容包括项目资产、人员、文档和知识产权等；移交标准包括设备完好率和最短可使用年限等指标。实施机构或政府指定的其他机构应组建项目移交工作组，根据项目合同约定与社会资本或项目公司确认移交情形和补偿方式，制定资产评估和性能测试方案。

PPP 项目移交阶段主要存在的法律风险有：事后的信息不对称带来的道德风险——PPP 项目在移交之前一直是由项目公司在进行管理运营，从而导致项目移交阶段的信息不对称；无偿移交使项目公司没有积极性和经济驱动力来保证移交项目的性能和标准等。

七、PPP 项目法律风险案例分析

在我国实行 PPP 模式的主流领域基本都有 PPP 法律纠纷的典型案例，此处仅提到部分有代表性的案例。

1. 法律政策变更导致的项目终止

法律政策变更风险主要是由于颁布、修订新的法律或政策，出现了新规定而导致项目的合法性、市场需求、产品/服务收费、合同协议的有效性等因素均发生重大变化，从而威胁到项目的正常建设和运营，甚至直接导致项目的中止和失败的风险。

PPP 项目涉及的法律法规政策较多，加之我国 PPP 项目还处在起步阶段，相应的法律法规还不够健全，很容易出现这方面的风险。例如，财政部《关于规范政府和社会资本合作（PPP）综合信息平台项目库管理的通知》（财办金〔2017〕92号）的出台，就导致了许多的PPP项目无法入库或因涉及违规运作被清理出项目库。2018年3月28日，财政部发布《关于规范金融企业对地方政府和国有企业投融资行为有关问题的通知》（财金〔2018〕23号），目的是应对地方基础设施和公共服务领域建设中存在的财政金融风险，但直接导致PPP项目融资受到极大限制，很多项目因融资不能到位被迫暂停。

财政部《关于进一步加强政府和社会资本合作（PPP）示范项目规范管理的通知》（财金〔2018〕54号）的出台，导致大量财政部示范项目被直接清理出示范项目库或被责令限期整改。

例如，江苏某污水处理厂采用BOT融资模式，原计划于2002年开工，但由于2002年9月《国务院办公厅关于妥善处理现有保证外方投资固定回报项目有关问题的通知》的颁布，项目公司被迫与政府重新就投资回报率进行谈判。上海的大场水厂和延安东路隧道也遇到了同样的问题，结果是均被政府回购。

2. 政治决策失误和过程冗长导致的项目无法推进

政治决策失误和过程冗长风险是指由于政府决策程序不规范、官僚作风、缺乏PPP项目的运作经验和能力、前期准备不足和信息不对称等导致项目决策失误和过程冗长的风险。

例如，青岛威立雅污水处理项目，由于当地政府对PPP的理解和认识有限，政府对项目态度的频繁转变导致项目合同谈判时间很长。而且，污水处理价格是在政府对市场价格不了解的情况下签订的，价格较高，后来政府了解以后，又要求重新谈判以降低价格。此项目中项目公司利用政府的知识缺陷和错误决策签订不平等协议，从而引起后续谈判拖延。在大场水厂、北京第十水厂供水项目中也存在同样的问题。

3. 市场收益不足导致的项目公司利益损失

市场收益不足风险是指项目运营后的收益不能回收或达到预期水平的风险。例如，天津双港垃圾焚烧发电厂项目中，天津市政府为项目公司提供了许多激励措施，如果由于部分规定导致项目收益不足，天津市政府承诺提供补贴。但是政府所承诺的补贴数量没有明确定义，项目公司就承担了市场收益不足的风险。京通高速公路建成之初，由于相邻的辅路不收费，致使较长一段时间京通高速车流量不足，也出现了项目收益不足的风险。后果是直接引起政府与社会资本方之间的矛盾和纠纷，从而影响整个项目的顺利运行。

4. 融资不足导致的社会资本方违约

融资不足导致的社会资本方违约是指由于融资结构不合理、金融市场不健全、融资的可及性等因素引起的风险，其中最主要的表现形式是资金筹措困难。如果在给定的融资期内发展商未能完成融资，将会被取消中标资格并没收投标保证金。在湖南某电厂的项目中，发展商就因没能完成融资而被没收了投标保函。随着国家对PPP进一步的规范严管，PPP项目的融资也受到越来越多的制约，实务中，已有不少的社会资本中标甚至合同已经签订，项目公司已经成立，但融资却迟迟无法完成，导致社会资本方严重违约，项目搁浅或被政府收回，给政府和社会资本双方都带来较大损失。

5. 收费变更引发的项目公司利益损失

收费变更风险是指由PPP产品或服务收费价格过高、过低或者收费调整不弹性、不自由导致项目公司的运营收入不如预期而产生的风险。例如，由于电力体制改革和市场需求变化，山东中华发电项目的电价收费从项目之初的0.41元/千瓦时变更到了0.32元/千瓦时，使项目公司的收益受到严重威胁，最终导致的结果可能是项目提前终止或双方就合同履行问题的再谈判。

6. 公众反对风险造成的项目无法实现预期利益

公众的反对主要是指由于各种原因导致在项目的实施过程中，公众利益得不到保护或受损，从而引起公众反对，项目无法实施。如一些垃圾处理类项目，就会遭遇到公众的极力反对。还有的如价格上涨问题，如大场水厂和北京第十水厂的水价问题，由于关系到公众利益，遭到来自公众的阻力，政府为了维护社会安定和公众利益也反对涨价，造成项目公司利益受损，项目无法实现预期收益。

第三章

PPP 项目全生命周期各阶段法律咨询服务要点解析

PPP 项目全生命周期主要包括项目识别论证、项目采购、项目执行、项目移交等，是指项目从设计、融资、建造、运营、维护至终止移交的一个完整周期。PPP 项目从开始到结束的时间一般为 10~30 年。在此期间，律师的服务应是对 PPP 项目运作全生命周期各阶段运作和实施的合规合法性进行审核把关，以有效地防范化解 PPP 项目运作过程中的各类法律风险。为此，将 PPP 项目全生命周期法律咨询服务的具体内容解析如下。

一、项目识别论证阶段法律咨询服务要点

在 PPP 项目的识别论证阶段，项目的合规合法性涉及有关项目的手续、性质、资料、流程等方面，律师服务时应参照有关法律和财政部、国家发展改革委等部门对项目在此阶段的有关要求，提出合规合法性意见或建议，律师提供服务时，需要对以下事项的合规合法性审核进行确认。

（一）项目是否已列入年度和中期开发计划

财政部《关于印发政府和社会资本合作模式操作指南（试行）的通知》（财金〔2014〕113 号）第七条规定：

财政部门（政府和社会资本合作中心）会同行业主管部门，对潜在政府和社会资本合作项目进行评估筛选，确定备选项目。财政部门（政府和社会

资本合作中心）应根据筛选结果制定项目年度和中期开发计划。

《政府和社会资本合作项目财政管理暂行办法》（财金〔2016〕92号）第四条规定：

各级财政部门应当加强与行业主管部门的协同配合，共同做好项目前期的识别论证工作。

财政部《关于规范政府和社会资本合作（PPP）综合信息平台项目库管理的通知》（财办金〔2017〕92号）规定，有下列情形之一的项目，不得入库：

（一）不适宜采用PPP模式实施。包括不属于公共服务领域，政府不负有提供义务的，如商业地产开发、招商引资项目等；因涉及国家安全或重大公共利益等，不适宜由社会资本承担的；仅涉及工程建设，无运营内容的；其他不适宜采用PPP模式实施的情形。

（二）前期准备工作不到位。包括新建、改扩建项目未按规定履行相关立项审批手续的；涉及国有资产权益转移的存量项目未按规定履行相关国有资产审批、评估手续的；未通过物有所值评价和财政承受能力论证的。

（三）未建立按效付费机制。包括通过政府付费或可行性缺口补助方式获得回报，但未建立与项目产出绩效相挂钩的付费机制的；政府付费或可行性缺口补助在项目合作期内未连续、平滑支付，导致某一时期内财政支出压力激增的；项目建设成本不参与绩效考核，或实际与绩效考核结果挂钩部分占比不足30%，固化政府支出责任的。

律师在服务过程中应重点关注以下几点问题。

（1）县（区）或县（区）以上人民政府发起：财政部门向各行业主管部门征集潜在的政府和社会资本合作的项目。

（2）社会资本发起：社会资本以项目建议书的方式向财政部门推荐潜在政府和社会资本合作的项目。

（3）本级政府所属融资平台公司及其他控股国有企业以及其他法律禁止的机构（如银行、保险公司）不能作为社会资本方。

（4）由财政部门会同行业主管部门对潜在项目进行筛选，确定备选项目。

（5）入库项目要求：优先在能源、交通运输、水利、环境保护、农业、林业、教育、医疗、体育、文化、市政工程等基础设施和公共服务领域的项目中筛选。

（6）不得入库的项目范围：①不属于公共服务领域，政府不负有提供义务的项目，如商业地产开发、招商引资项目等；②涉及国家安全或重大公共利益等，不适宜由社会资本承担的项目；③仅涉及工程建设，无运营内容的项目；④未按规定履行相关立项审批手续的新建、改扩建项目；⑤未按规定履行相关国有资产审批、评估手续的涉及国有资产权益转移的存量项目；⑥未通过物有所值评价和财政承受能力论证的项目；⑦通过政府付费或可行性缺口补助方式获得回报，但未建立与项目产出绩效相挂钩的付费机制的项目；⑧政府付费或可行性缺口补助在项目合作期内未连续、平滑支付，导致某一时期内财政支出压力激增的项目；⑨项目建设成本不参与绩效考核，或实际与绩效考核结果挂钩部分占比不足30%，固化政府支出责任的项目。

（二）项目前期需办理的手续及准备的资料

财政部《关于规范政府和社会资本合作（PPP）综合信息平台项目库管理的通知》（财办金〔2017〕92号）规定："（二）前期准备工作不到位。包括新建、改扩建项目未按规定履行相关立项审批手续的；涉及国有资产权益转移的存量项目未按规定履行相关国有资产审批、评估手续的；未通过物有所值评价和财政承受能力论证的。"

财政部《关于进一步加强政府和社会资本合作（PPP）示范项目规范管理的通知》（财金〔2018〕54号）规定："夯实项目前期工作。按国家有关规定认真履行规划立项、土地管理、国有资产审批等前期工作程序。"

财政部《关于印发政府和社会资本合作模式操作指南（试行）的通知》（财政部〔2014〕113号）规定："对于列入年度开发计划的项目，项目发起方应按财政部门（政府和社会资本合作中心）的要求提交相关资料。新建、改建项目应提交可行性研究报告、项目产出说明和初步实施方案。"

《政府和社会资本合作项目财政管理暂行办法》（财金〔2016〕92号）第五条规定："新建、改扩建项目的项目实施方案应当依据项目建议书、项目可行性研究报告等前期论证文件编制。"

律师在服务过程中应重点关注以下几点问题。

（1）新建改建项目应提交可行性研究报告、项目产出说明和初步实施方案。

（2）项目前期规划、立项、土地预审、环境评价等前期工作应按规定完成。

（3）项目的工程可行性研究报告具备合法性的前提，是PPP项目通过财政部《PPP物有所值评价指引（试行）》规定的物有所值评价和财政部《政府和社会资本合作项目财政承受能力论证指引》关于财政承受能力的论证，否则，项目不具备开展的合规合法性。

（4）存量项目应当提交资产历史资料、项目产出说明和初步方案。

存量PPP项目的实施方案编制和推行，首先要保证其内容的合规合法性。为此，律师在审核存量PPP项目的实施方案时，对国有资产权益的转移是否做出了合规合法的安排，项目实施机构在此过程中是否按规定履行了相关国有资产审批、评估手续，国有产权交易手续等是否依法履行完毕等一系列问题都要发表专业的法律意见和建议。

财政部《关于印发政府和社会资本合作模式操作指南（试行）的通知》（财政部〔2014〕113号）规定："存量项目应提交存量公共资产的历史资料、项目产出说明和初步实施方案。"《关于印发〈政府和社会资本合作项目财政管理暂行办法〉的通知》（财金〔2016〕92号）要求"存量项目实施方案的编制依据还应包括存量公共资产建设、运营维护的历史资料以及第三方出具的资产评估报告等"。存量PPP项目中涉及存量国有资产、股权转让的，应由项目实施机构会同行业主管部门和财政部门按照国有资产管理相关办法，依法进行资产评估，防止国有资产流失。

《企业国有资产交易监督管理办法》（国务院国资委 财政部32号）第四十八条规定："企业一定金额以上的生产设备、房产、在建工程以及土地使用权、债权、知识产权等资产对外转让，应当按照企业内部管理制度履行相应决策程序后，在产权交易机构公开进行。涉及国家出资企业内部或特定行业的资产转让，确需在国有及国有控股、国有实际控制企业之间非公开转让的，由转让方逐级报国家出资企业审核批准。"

（5）PPP项目用地应当符合土地利用总体规划和年度计划，依法办理建设用地审批手续。

PPP项目涉及领域范围广，涉及的土地性质较为复杂，既有国有土地又有集体土地，要明确由政府采用划拨方式或者出让方式提供项目用地，还是通过租赁方式提供项目用地。目前很多PPP项目中划拨方式占了很大一部分，但是土地储备有限，很难一次性到位。国家层面也陆续出台了各种创新措施，以提高对土地综合利用的效率。但无论采取哪一种用地方式，都应当符合土地利用总体规划和年度计划，依法办理建设用地审批手续。

财政部《关于联合公布第三批政府和社会资本合作示范项目加快推动示范项目建设的通知要求》（财金〔2016〕91号）规定：

PPP项目用地应当符合土地利用总体规划和年度计划，依法办理建设用地审批手续。在实施建设用地供应时，不得直接以PPP项目为单位打包或成片供应土地，应当依据区域控制性详细规划确定的各宗地范围、用途和规划建设条件，分别确定各宗地的供应方式：

（1）符合《划拨用地目录》的，可以划拨方式供应；

（2）不符合《划拨用地目录》的，除公共租赁住房和政府投资建设不以盈利为目的、具有公益性质的农产品批发市场用地可以作价出资方式供应外，其余土地均应以出让或租赁方式供应，及时足额收取土地有偿使用收入；

（3）依法需要以招标拍卖挂牌方式供应土地使用权的宗地或地块，在市、县国土资源主管部门编制供地方案、签订宗地出让（出租）合同、开展用地供后监管的前提下，可将通过竞争方式确定项目投资方和用地者的环节合并实施。

PPP项目主体或其他社会资本，除通过规范的土地市场取得合法土地权益外，不得违规取得未供应的土地使用权或变相取得土地收益，不得作为项目主体参与土地收储和前期开发等工作，不得借未供应的土地进行融资；PPP项目的资金来源与未来收益及清偿责任，不得与土地出让收入挂钩。

（三）物有所值评价、财政承受能力论证的程序及论证的结论是否符合法律规定

物有所值评价、财政承受能力论证在实务中也简称"两评"或"两个论证"，它们是决定政府 PPP 项目值不值得做，有没有能力做的主要参考或决策依据。由于一些地方领导对 PPP 的精髓理解不够，有的依然存在违规运作 PPP 项目的现象，导致在实践中还存在不少 PPP 项目不按照规范性文件要求，及时依规开展"两评"的现象，也直接导致了被认定为"不规范运作"的行为，有的直接被清退出 PPP 项目库，也给政府与社会资本双方带来了巨大的风险和隐患及直接的经济损失。在财政部核查存在问题的 173 个部级示范项目中，其中"运作不规范，未按规定开展财政承受能力论证"的项目就占 37 个。实务中，一些项目不按照规定的程序规范开展"两个论证"的现象还是存在的。

财政部《关于进一步加强政府和社会资本合作（PPP）示范项目规范管理的通知》（财金〔2018〕54 号）对核查存在问题的 173 个示范项目分类进行处置：

（一）将不再继续采用 PPP 模式实施的包头市立体交通综合枢纽及综合旅游公路等 30 个项目，调出示范项目名单，并清退出全国 PPP 综合信息平台项目库（以下简称项目库）。

（二）将尚未完成社会资本方采购或项目实施发生重大变化的北京市丰台区河西第三水厂等 54 个项目，调出示范项目名单，保留在项目库，继续采用 PPP 模式实施。

（三）对于运作模式不规范、采购程序不严谨、签约主体存在瑕疵的 89 个项目，请有关省级财政部门会同有关方面抓紧督促整改，于 6 月底前完成。逾期仍不符合相关要求的，调出示范项目名单或清退出项目库。

《关于印发政府和社会资本合作（PPP）合作模式操作指南（试行）的通知》（财金〔2014〕113 号）的相关规定：

第八条 财政部门（政府和社会资本合作中心）会同行业主管部门，从定性和定量两方面开展物有所值评价工作。定量评价工作由各地根据实际情

况开展。定性评价重点关注项目采用政府和社会资本合作模式与采用政府传统采购模式相比能否增加供给、优化风险分配、提高运营效率、促进创新和公平竞争等。定量评价主要通过对政府和社会资本合作项目全生命周期内政府支出成本现值与公共部门比较值进行比较，计算项目的物有所值量值，判断政府和社会资本合作模式是否降低项目全生命周期成本。

第九条 为确保财政中长期可持续性，财政部门应根据项目全生命周期内的财政支出、政府债务等因素，对部分政府付费或政府补贴的项目，开展财政承受能力论证，每年政府付费或政府补贴等财政支出不得超出当年财政收入的一定比例。

通过物有所值评价和财政承受能力论证的项目，可进行项目准备。

《关于印发〈政府和社会资本合作项目管理暂行办法〉的通知》（财金〔2016〕92号）规定：

政府发起PPP项目的，应当由行业主管部门提出项目建议，由县级以上人民政府授权的项目实施机构编制项目实施方案，提请同级财政部门开展物有所值评价和财政承受能力论证。

为此，律师在为政府PPP项目服务过程中，要严格按照财政部有关文件的要求和规定，认真审核PPP项目的"两评"是否按照规定的程序依法依规开展，结论是否合规，专家意见是否存在缺失或造假等。

1. 关于PPP项目的物有所值评价

《关于推广运用政府和社会资本合作模式有关问题的通知》（财金〔2014〕76号）规定：

认真做好项目评估论证。地方各级财政部门要会同行业主管部门，根据有关政策法规要求，扎实做好项目前期论证工作。除传统的项目评估论证外，还要积极借鉴物有所值（Value for Money, VFM）评价理念和方法，对拟采用政府和社会资本合作模式的项目进行筛选，必要时可委托专业机构进行项目评估论证。评估论证时，要与传统政府采购模式进行比较分析，确保从项目全生命周期看，采用政府和社会资本合作模式后能够提高服务质量和运营效率，或者降低项目成本。项目评估时，要综合考虑公共服务需要、责任风险分担、产出标准、关键绩效指标、支付方式、融资方案和所需要的财政补贴等要素，平衡好项目财务效益和社会效益，确保实现激励相容。

《关于印发〈PPP物有所值评价指引（试行）〉的通知》（财金〔2015〕167号）规定：

第二条 本指引所称物有所值（Value for Money，VfM）评价是判断是否采用PPP模式代替政府传统投资运营方式提供公共服务项目的一种评价方法。

第四条 中华人民共和国境内拟采用PPP模式实施的项目，应在项目识别或准备阶段开展物有所值评价。

第六条 应统筹定性评价和定量评价结论，做出物有所值评价结论。物有所值评价结论分为"通过"和"未通过"。"通过"的项目，可进行财政承受能力论证；"未通过"的项目，可在调整实施方案后重新评价，仍未通过的不宜采用PPP模式。

第七条 财政部门（或PPP中心）应会同行业主管部门共同做好物有所值评价工作，并积极利用第三方专业机构和专家力量。

《政府和社会资本合作项目财政管理暂行办法》（财金〔2016〕92号）规定：

第六条 项目实施机构可依法通过政府采购方式委托专家或第三方专业机构，编制项目物有所值评价报告。受托专家或第三方专业机构应独立、客观、科学地进行项目评价、论证，并对报告内容负责。

第七条 各级财政部门应当会同同级行业主管部门根据项目实施方案共同对物有所值评价报告进行审核。物有所值评价审核未通过的，项目实施机构可对实施方案进行调整后重新提请本级财政部门和行业主管部门审核。

《国务院办公厅转发财政部 发展改革委 人民银行关于在公共服务领域推广政府和社会资本合作模式指导意见的通知》（财金〔2018〕54号）规定：

规范开展物有所值评价和财政承受能力论证。不得突破10%红线新上项目，不得出现"先上车、后补票"、专家意见缺失或造假、测算依据不统一、数据口径不一致、仅测算单个项目支出责任等现象。

物有所值评价法律咨询服务要点包括以下几方面。

（1）PPP项目是否开展了物有所值评价。

（2）PPP项目通过物有所值评价的程序是否合法合规。

（3）专家意见是否真实。

（4）定性评价是否符合以下要求：PPP模式与传统采购模式相比能否增加供给、优化风险分配、提高运营效率、促进创新和公平竞争等，并根据指标进行专家打分。

（5）定量评价是否把握了以下重点：①评价指标。包括全生命周期整合程度、风险识别与分配、绩效导向与鼓励创新、潜在竞争程度、政府机构能力、可融资性等六项基本评价指标。②全生命周期整合程度指标。主要考核在项目全生命周期内，项目设计、投融资、建造、运营和维护等环节能否实现长期、充分整合。③风险识别与分配指标。主要考核在项目全生命周期内，各风险因素是否得到充分识别并在政府和社会资本之间进行合理分配。④绩效导向与鼓励创新指标。主要考核是否建立以基础设施及公共服务供给数量、质量和效率为导向的绩效标准和监管机制，是否落实节能环保、支持本国产业等政府采购政策，能否鼓励社会资本创新。⑤通过对PPP项目全生命周期内政府支出成本现值与公共部门比较值进行比较，计算项目的物有所值量值与物有所值指数，判断PPP模式是否降低项目全生命周期成本。

2. 关于PPP项目的财政承受能力论证

《国务院办公厅转发财政部　发展改革委　人民银行关于在公共服务领域推广政府和社会资本合作模式指导意见的通知》（国办发〔2015〕42号）规定：

PPP项目要健全财政管理制度。开展财政承受能力论证，统筹评估和控制项目的财政支出责任，促进中长期财政可持续发展。建立完善公共服务成本财政管理和会计制度，创新资源组合开发模式，针对政府付费、使用者付费、可行性缺口补助等不同支付机制，将项目涉及的运营补贴、经营收费权和其他支付对价等，按照国家统一的会计制度进行核算，纳入年度预算、中期财政规划，在政府财务报告中进行反映和管理，并向本级人大或其常委会报告。存量公共服务项目转型为政府和社会资本合作项目过程中，应依法进行资产评估，合理确定价值，防止公共资产流失和贱卖。项目实施过程中政府依法获得的国有资本收益、约定的超额收益分成等公共收入应上缴国库。

财政部《关于推广运用政府和社会资本合作模式有关问题的通知》（财金〔2014〕76号）规定：

（六）健全债务风险管理机制。地方各级财政部门要根据中长期财政规划和项目全生命周期内的财政支出，对政府付费或提供财政补贴等支持的项目进行财政承受能力论证。在明确项目收益与风险分担机制时，要综合考虑政府风险转移意向、支付方式和市场风险管理能力等要素，量力而行，减少政府不必要的财政负担。省级财政部门要建立统一的项目名录管理制度和财政补贴支出统计监测制度，按照政府性债务管理要求，指导下级财政部门合理确定补贴金额，依法严格控制政府或有债务，重点做好融资平台公司项目向政府和社会资本合作项目转型的风险控制工作，切实防范和控制财政风险。

财政部《关于印发〈政府和社会资本合作项目财政承受能力论证指引〉的通知》（财金〔2015〕21号）规定：

第二条　本指引所称财政承受能力论证是指识别、测算政府和社会资本合作（Public－Private Partnership，以下简称PPP）项目的各项财政支出责任，科学评估项目实施对当前及今后年度财政支出的影响，为PPP项目财政管理提供依据。

第三条　开展PPP项目财政承受能力论证，是政府履行合同义务的重要保障，有利于规范PPP项目财政支出管理，有序推进项目实施，有效防范和控制财政风险，实现PPP可持续发展。

第七条　财政部门（或PPP中心）应当会同行业主管部门，共同开展PPP项目财政承受能力论证工作。必要时可通过政府采购方式聘请专业中介机构协助。

第八条　各级财政部门（或PPP中心）要以财政承受能力论证结论为依据，会同有关部门统筹做好项目规划、设计、采购、建设、运营、维护等全生命周期管理工作。

《政府和社会资本合作项目财政管理暂行办法》（财金〔2016〕92号）规定：

第八条　经审核通过物有所值评价的项目，由同级财政部门依据项目实施方案和物有所值评价报告组织编制财政承受能力论证报告，统筹本级全部已实施和拟实施 PPP 项目的各年度支出责任，并综合考虑行业均衡性和 PPP 项目开发计划后，出具财政承受能力论证报告审核意见。

财政承受能力论证法律咨询服务要点包括以下几方面。

（1）是否按照财政部范性文件的要求开展了财政承受能力论证。

（2）通过财政承受能力论证的程序是否规范。

（3）财政承受能力论证的结果是否真实。

（4）每一年度当地政府全部 PPP 项目需要从预算中安排的支出责任占一般公共预算支出比例是否真正控制在 10% 以内。

二、项目准备阶段法律咨询服务要点

在该阶段政府作为 PPP 项目的发起方，需要完成以下工作：政府对项目实施机构进行授权；经授权后由实施机构进行具体的项目操作及签约；编制项目实施方案；完成 PPP 项目实施方案的审批。

（一）政府对项目实施机构的授权

PPP 项目通常由市（区）政府发起，授权行业或行政主管部门（交通局、卫生局、住建局、管委会等）为项目实施机构。

我国对 PPP 项目实施机构的政策规定最早是财政部《关于印发政府和社会资本合作模式操作指南（试行）的通知》（财金〔2014〕113 号），其第十条规定："县级（含）以上地方人民政府可建立专门协调机制，主要负责项目评审、组织协调和检查督导等工作，实现简化审批流程、提高工作效率的目的。政府或其指定的有关职能部门或事业单位可作为项目实施机构，负责项目准备、采购、监管和移交等工作。"据此规定，有三类主体可以作为 PPP 项目实施机构：一是政府；二是政府指定的有关职能部门；三是政府指定的事业单位。

关于 PPP 项目实施机构主体问题，律师咨询服务的重点包括以下几方面。

（1）政府对 PPP 项目实施机构是否授权。

（2）是否有书面的授权证明。

(3) 授权的主体是否合规，是否有规范性文件明令禁止作为实施机构的授权现象。

授权是基于政府做出的具体内部行政行为，这种授权行为必须按照程序正当的原则对社会进行公示公开，并且公布具体的 PPP 项目的实施机构的信息，这样才真正符合政府关于行政合法性的要求。实务中有的政府是口头承诺给实施机构，有的是通过政府会议纪要的形式，让实施机构代替政府进行具体的 PPP 项目操作，并没有出具相关的书面授权，还有的是在 PPP 项目已经落地后才补办的书面授权手续。对此，律师的建议是政府在出具授权时应以书面授权为准，而且应是事前的授权。从法律意义上来说，实施机构具备签订 PPP 项目合同或实施 PPP 项目相关活动的合法性的前提是已经取得政府书面授权。如果实施机构在没有取得书面授权的情况下进行了相关活动，事后应尽快取得政府的书面授权，以追认前述行为的合法效力，才能满足 PPP 合同关于实施机构授权上的合法性。

实践中存在两个有争议的问题。

(1) 国有企业能否作为项目实施机构。

迄今为止我国对 PPP 项目实施机构主体性规定的最高法律效力层级文件是 2015 年 4 月 25 日发布的国家发展改革委、财政部、住房城乡建设部、交通运输部、水利部、人民银行六部委令第 25 号文《基础设施和公用事业特许经营管理办法》。其中对特许经营项目的实施机构界定体现在第十四条："县级以上人民政府应当授权有关部门或单位作为实施机构负责特许经营项目有关实施工作，并明确具体授权范围。""有关部门或单位"是一个基本没有边界的概念。

《国家发展改革委关于开展政府和社会资本合作的指导意见》（发改投资〔2014〕2724 号）规定："按照地方政府的相关要求，明确相应的行业管理部门、事业单位、行业运营公司或其他相关机构，作为政府授权的项目实施机构，在授权范围内负责 PPP 项目的前期评估论证、实施方案编制、合作伙伴选择、项目合同签订、项目组织实施以及合作期满移交等工作。"据此规定，有四类主体可以作为 PPP 项目实施机构：一是行业管理部门；二是事业单位；三是行业运营公司；四是其他相关机构。可以理解为，国有企业中的行业运营公司或者其他国有平台公司作为实施机构是符合国家发展改革委对实施机构的界定的。

从现阶段涉及PPP模式的有关政策法律法规文件的效力等级上看，应当以六部委令第25号文的规定为准，即县级人民政府委托的有关部门或单位可以作为实施单位，但能否理解为县级人民政府委托的国有行业运营公司或政府投融资平台公司也可以作为实施单位？我们认为，由于行业运营公司（国有企业或融资平台公司）的企业身份，由其作为项目实施机构存在利益交叉、协调能力不足、无法代表政府主体履行相关职权等问题，不利于项目的顺利实施。同时，从现阶段化解地方政府债务、防范地方政府隐性债务风险的角度来看，显然，也不宜把国有公司作为PPP项目的实施机构。

（2）开发区管理委员会是否可以作为项目实施机构。

在我国行政机构序列中，并没有开发区管理委员会这样一个机构。开发区管理委员会并非宪法规定的一级政府，其作为市政府的派出机构，经县级以上政府授权，是可以作为项目实施机构的。但问题是按照财金〔2016〕92号的规定，行业主管部门应当根据预算管理要求，将PPP项目合同中约定的政府跨年度财政支出责任纳入中期财政规划，经财政部门审核汇总后，报本级人民政府审核，保障政府在项目全生命周期内的履约能力；本级人民政府同意纳入中期财政规划的PPP项目，由行业主管部门按照预算编制程序和要求，将合同中符合预算管理要求的下一年度财政资金收支纳入预算管理，报请财政部门审核后纳入预算草案，经本级政府同意后报本级人民代表大会审议。

由此看来，开发区管理委员会作为项目实施机构的PPP项目，财政预算的审批需要报区财政部门审核、经区政府同意后报区人民代表大会进行审批。当然把开发区预算作为区政府预算的一部分，开发区财政部门应一同参与审核预算，开发区管理委员会和区政府亦可一同审批项目实施方案和所有项目文件。为此建议，最好由开发区管理委员会的下属部门作为项目实施机构，向开发区管理委员会或区政府（一般直接向开发区管理委员会）提出实施PPP项目的申请，在实务中较为可行。

（二）关于 PPP 项目实施方案

PPP 项目实施方案是为实施政府和社会资本合作项目而事先编制的计划性、纲领性文件，是整个 PPP 项目的灵魂和顶层设计，是整改项目依法合规顺利实施的基础和前提，也是政府最终决策的依据，PPP 项目实施方案同时决定了 PPP 合同主要实质性内容。

要为 PPP 项目制作一份科学合理、合规合法又充分体现 PPP 项目实施机构意愿和目标的方案，首先，要遵循"实事求是、全面客观、数据说话"的三项基本原则，全面收集包括项目可行性研究报告、项目规划、设计资料等在内的所有基础资料，对行业专家进行调研和走访，对当地政策、法规文件进行收集整理等。其次，要对国家法律法规、规范性文件对 PPP 项目规范运作、实施方案制作内容的要求有充分领会和掌握。最后，为 PPP 项目编制实施方案的咨询服务人员要有丰富的经验、专业的判断和精准的设计。

通过编制一个好的 PPP 项目实施方案，政府和社会资本可以比较清晰地把握项目的基本概况、合理分配项目风险、选择恰当的项目运作方式、建立合理的交易结构、构建项目的监管架构以及进行初步的财务测算，为 PPP 项目的实施做好切实的准备。而一个质量低劣的实施方案将会给政府实施 PPP 项目带来巨大的风险和隐患，同时也会带来地方政府隐性债务的风险和隐患。为此，律师在为 PPP 项目提供法律服务时，要对项目实施方案的合规合法性进行认真审核。

律师审核 PPP 项目实施方案时应重点关注以下几方面内容。

（1）PPP 项目实施方案的内容是否合法，是否涉及固定回报、明股实债、到期回购。

（2）实施方案的内容是否完整。主要包括：风险分配基本框架、项目运作方式、项目投融资结构、回报机制、相关配套安排是否明确且合法合规；项目合同的权利义务、交易条件、履约保障和调整衔接等边界是否明确且合法合规；对潜在风险分配、争议的处置安排是否合法合规。

（3）实施方案中是否存在 BT 运作方式。

（4）风险分配是否恰当，是否在政府社会资本之间合理最优分配风险。

风险分配的设计按照风险分配优化、风险收益对等和风险可控等原则，将风险的类型以列举式说明，并明确哪类风险由哪一方承担。

（5）涉及存量项目的实施方案中，对涉及国有资产权益转移的，是否做了合规合法的安排，项目实施机构是否按规定履行了相关国有资产审批、评估手续。

（6）是否设置绩效考核条款，是否按照PPP相关管理规定设置建设期和运营期绩效考核指标，绩效考核条款对项目公司、社会资本方是否能够起到激励约束作用，绩效考核结果是否与政府付费、可行性缺口补助合理挂钩，绩效考核程序是否明确等。

（7）PPP项目实施方案中对项目公司的股权结构设置、决策机制、股权转让、合同权利义务转让等重大事项安排的表述是否清晰且合法合规，是否既有利于项目建设运营的推进又兼顾政府方和社会资本方的利益。

（8）是否对政府方在项目实施过程中事关公共利益的决定权（一票否决权）给予了充分保障。

（9）项目用地的取得及使用是否合法合规，是否存在"土地一级开发"的内容。

（10）实施方案中监管架构是否健全完整且合法合规。

（11）实施方案是否按照《政府采购法》等政府采购法律法规和政策制度的规定设计，采购方式选择是否明确且合法合规。

（12）项目采购对社会资本方的资格条件要求是否清晰，是否明确要求社会资本方具备投资权限，项目资本金设置是否合法合规，资本金出资及后端融资安排是否具有可行性且合法合规，是否设置不合理门槛、歧视或排斥竞争对手，是否有鼓励支持民营资本参与的表述。

（13）实施方案的内容是否涉及违规举债等违法内容。《关于规范政府和社会资本合作（PPP）综合信息平台项目库管理的通知》（财办金〔2017〕92号）规定："三、集中清理已入库项目……（四）构成违法违规举债担保。包括由政府或政府指定机构回购社会资本投资本金或兜底本金损失的；政府向社会资本承诺固定收益回报的；政府及其部门为项目债务提供任何形式担保的；存在其他违法违规举债担保行为的。"财政部《关于做好2018年地方政府债务管理工作的通知》（财预〔2018〕34号）要求坚决制止和查处各类违法违规或变相举债行为。

（14）对相关违约事项的处理安排是否合法合规，是否既有利于项目建设运营的推进又兼顾政府方和社会资本方的利益。

（15）财政部门是否对PPP项目实施方案进行了物有所值和财政承受能力验证。《政府和社会资本合作项目财政管理暂行办法》（财金〔2016〕92号）第十条规定："对于纳入PPP项目开发目录的项目，项目实施机构应根据物有所值评价和财政承受能力论证审核结果完善项目实施方案，报本级人民政府审核。本级人民政府审核同意后，由项目实施机构按照政府采购管理相关规定，依法组织开展社会资本方采购工作。"

（16）通过验证的PPP项目实施方案是否报送并通过政府审核，并有政府出具的书面审核通过意见。

律师作为为PPP项目提供法律服务的专业人士，在审核PPP项目实施方案时要真正做到对其合规合法性负责，应重点了解和掌握以下有关实施方案的重点问题。

1. 实施方案组织的编制主体

《基础设施和公用事业特许经营管理办法》（六部委第25号令）第九条规定："县级以上人民政府有关行业主管部门或政府授权部门（以下简称项目提出部门）可以根据经济社会发展需求，以及有关法人和其他组织提出的特许经营项目建议等，提出特许经营项目实施方案。"第十四条规定："县级以上人民政府应当授权有关部门或单位作为实施机构负责特许经营项目有关实施工作，并明确具体授权范围。"《关于印发政府和社会资本合作模式操作指南（试行）的通知》（财金〔2014〕113号）第十条规定："政府或其指定的有关职能部门或事业单位可作为项目实施机构，负责项目准备、采购、监管和移交等工作。"财政部《关于印发〈政府和社会资本合作项目财政管理暂行办法〉的通知》（财金〔2016〕92号）第四条规定："政府发起PPP项目的，应当由行业主管部门提出项目建议，由县级以上人民政府授权的项目实施机构编制项目实施方案。社会资本发起PPP项目的，应当由社会资本向行业主管部门提交项目建议书，经行业主管部门审核同意后，由社会资本方编制项目实施方案。"《传统基础设施领域实施政府和社会资本合作项目工作导则》(发改投资〔2016〕2231号)第八条规定:"对于列入年度实施计划的PPP项目,应根据项目性质和行业特点,由当地政府行业主管部门或其委托的相关单位作为PPP项目实施机构,负责项目准备及实施等工作。"《国家发展改革委关于开展政府和社会资本合作的指导意见》(发改投资〔2014〕2724号)规定:"按照地方政府的相关要求,明确相应的行业管理部门、事业单位、行业运营公司或其他相关机构,作为政府授权的项目实施机构,在授权范围内负责PPP项目的前期评估论证、实施方案编制、合作伙伴选择、项目合同签订、项目组织实施以及合作期满移交等工作。"

综上,按照财政部政策要求,PPP项目实施方案组织编制的主体有两种:一是项目实施机构,二是社会资本。但实操中多为政府发起PPP项目,几乎很少有社会资本发起PPP项目,即PPP项目还是多由政府发起,由政府授权的项目实施机构进行编制。从国家发展改革委的相关规定以及特许经营管理办法的规定也不难看出,也要求项目实施机构来组织编制项目实施方案。

对于PPP项目而言,无论是政府发起的PPP项目由实施机构组织编制项目实施方案,还是由社会资本发起的PPP项目由社会资本编制项目实施方案,都应委托专业的第三方咨询机构来具体负责编制工作。目前各省多建立了省级的PPP项目咨询机构库,《财政部关于印发〈政府和社会资本合作(PPP)咨询机构库管理暂行办法〉的通知》(财金〔2017〕8号)也对PPP项目如何选择咨询机构进行了具体的规定。

2. PPP项目实施方案的内容

六部委第25号令第十条规定:"特许经营项目实施方案应当包括以下内容:(一)项目名称;(二)项目实施机构;(三)项目建设规模、投资总额、实施进度,以及提供公共产品或公共服务的标准等基本经济技术指标;(四)投资回报、价格及其测算;(五)可行性分析,即降低全生命周期成本和提高公共服务质量效率的分析估算等;(六)特许经营协议框架草案及特许经营期限;(七)特许经营者应当具备的条件及选择方式;(八)政府承诺和保障;(九)特许经营期限届满后资产处置方式;(十)应当明确的其他事项。"

财金〔2016〕92号第五条规定："……项目实施方案应当包括项目基本情况、风险分配框架、运作方式、交易结构、合同体系、监管架构、采购方式选择等内容。"

发改投资〔2016〕2231号第九条规定："PPP项目实施方案由实施机构组织编制，内容包括项目概况、运作方式、社会资本方遴选方案、投融资和财务方案、建设运营和移交方案、合同结构与主要内容、风险分担、保障与监管措施等。"

上述三个政策文件规定的实施方案的框架虽不相同，但主要内容还是大致相同的，但其只是对实施方案的内容进行概括性的叙述，并未对实施方案每一板块的内容进行详细表述。

对实施方案内容表述最为详细的是财金〔2014〕113号，其将实施方案的内容分为项目概况、风险分配基本框架、项目的运作方式、项目的交易结构、合同体系、监管架构和采购方式选择七个板块，但实操中通常还会将财务测算作为一个板块进行分析。下面就实施方案这八个方面的内容进行简要的分析。

（1）项目概况。

项目概况主要包括基本情况、经济技术指标和项目公司股权情况等。项目概况中的重点内容是项目的范围，即项目的合作周期内政府与社会资本合作的范围和主要合作的内容，项目从立项到移交的整个生命周期内的设计、投融资、建设、运营维护等工作内容，项目实施机构在编制项目实施方案时必须结合具体情况确定项目的范围。

1）基本情况。

基本情况主要明确项目提供的公共产品和服务内容、项目采用政府和社会资本合作模式运作的必要性和可行性，以及项目运作的目标和意义。实操中，通常还会对项目背景、方案编制的目的和依据、项目进展等做简单说明。至于项目为什么要采用PPP模式运作，国办发〔2015〕42号已明确指出，PPP模式有利于加快转变政府职能，实现政企分开、政事分开；有利于打破行业准入限制，激发经济活力和创造力；有利于完善财政投入和管理方式，提高财政资金使用效益。而PPP模式是否可行，要看项目是否属于相关规范性文件规定的基础设施和公共服务领域范畴、是否能吸引社会资本等。

需要指出的是很多方案缺少项目的进展情况,如立项是否完成、设计工作进展到何阶段、征地拆迁工作是否已开始等,而这些内容不明确将会影响后续整个方案的内容设计,如设计工作由项目实施机构承担还是由社会资本承担,无论是费用承担还是各方权利义务都将有很大的区别。

2)经济技术指标。

经济技术指标主要明确项目区位、占地面积、建设内容或资产范围、投资规模或资产价值、主要产出说明和资金来源等。如果不是单体项目,如片区开发项目,项目的建设内容、占地面积和建设投资金额等应分子项目进行列表,如有部分子项目已招标,在建工程部分也应予以明确以便后续安排其如何转为PPP模式等。

3)项目公司股权情况。

项目公司股权情况主要明确是否要设立项目公司以及公司股权结构。实操中,在设立项目公司的情形下,通常还要对项目公司如何设立进行阐述,如是与政府方出资代表合资成立还是社会资本独资成立,是由政府方出资代表先成立项目公司后由社会资本增资扩股还是在社会资本采购结束后再成立项目公司等;对项目公司的组织形式,项目公司的董事、监事、高级管理等人员的提名等也要做出相应的约定。

至于项目公司的股权比例,根据目前的相关规范性文件要求及PPP项目"公私合作"的本意,政府方在项目公司中参股比例应不超过50%,即不控股、不具有实际控制力和管理权。实践中,项目公司中政府方出资代表持股比例通常为10%~40%不等,当然也有因为政府方考虑资金量需求而将股权比例设置为低于10%,甚至只有1%~3%的。这样的设置均没有问题,但最好的比例设置是与社会资本方有效地沟通,同时征求金融机构的意见或建议后,看其是否对政府的出资比例有所要求,以保证项目的顺利落地。

(2)风险分配基本框架。

PPP项目合作期长达30年左右,涵盖周期长,合作期内城市的发展、人口结构的变化等都有较大的不确定性。如何在如此长的项目全生命周期内建立科学合理的风险分配机制,是政府和投资人关注的核心问题。合理的风险

第三章　PPP项目全生命周期各阶段法律咨询服务要点解析

分配是PPP项目的目标，也是项目成功的一个关键因素。

1）风险分配的基本原则。

PPP项目要按照风险分配优化、风险收益对等和风险可控等原则，综合考虑政府风险管理能力、项目回报机制和市场风险管理能力等要素，在政府和社会资本间合理分配项目风险。所谓风险分配优化主要是在遵守法律、法规之规定和考虑公共利益的前提下，风险应分配给能够以最小成本（对政府而言）、最有效管理它的一方，并且给予风险承担方选择如何处理和最小化该等风险的权利，即谁最有能力控制风险就由谁承担，他自然会想方设法去控制风险，从而降低风险发生的概率和风险发生的成本。所谓风险收益对等是指既关注社会资本对于风险管理成本和风险损失的承担，又尊重其获得与承担风险相匹配的收益水平的权利，这样才能够有效调动风险承担方的积极性。所谓风险可控是指应按项目参与方的财务实力、技术能力、管理能力等因素设定风险损失承担上限，不宜由任何一方承担超过其承受能力的风险，以保证双方合作关系的长期持续稳定，即各方承担风险要有上限。

2）风险分配的机制。

原则上，项目设计、建造、财务和运营维护等商业风险由社会资本承担，法律、政策和最低需求等风险由政府承担，不可抗力等风险由政府和社会资本合理共担。虽然有该原则性规定，但是，在实际分配风险时，不宜完全遵照。比如政府方通常为了成本控制的目的在进行社会资本采购前就完成了项目的设计，而社会资本方最多只是负责项目的设计优化工作，且方案、建议还要经政府审核同意，那么此时设计的风险就应由政府方承担。再比如法律和政策风险，如是项目本级政府不可控的法律、政策等，建议作为政治不可抗力，而本级政府可控的政策等作为政府方应承担的风险，才更合理。

实操中，风险分配一般分两个阶段来做，一是项目风险识别，二是风险分担机制设计。在风险识别时，有的按照上述原则中表述的风险种类进行每类风险的细分，如设计风险分为规划变更风险和设计不当风险，建设风险分为成本超支风险、工程质量风险、工期延误风险、安全风险、环境保护风险等，运营风险分为运营维护成本超支和运营质量风险等，不再一一赘述。有的则会从政府、市场、项目、不可抗力四个层面来进行风险识别，如政府层面的风险分为政府征收、政府信用、公众反对、政府干预、决策审批延误等风险,市场层面的风险主要来自利率风险、融资风险、通货膨胀风险、项目需求变化等风险,项目层面风险则包括了项目建设、运营和移交各个阶段的具体风险,也是四个层面中最为重要的风险分配部分。

(3) 项目的运作方式。

项目运作模式的确定将直接决定项目交易结构和项目主要边界条件的设计,直接影响社会资本的投资回报机制,进而影响政府在合作期内的支出责任。合理项目运作模式的选择可以最大限度地降低项目风险,提高项目的可实施性,进而满足政府方采用PPP模式的实施目标。

1) 项目运作方式的种类。

财金〔2014〕113号提出:"项目运作方式主要包括委托运营、管理合同、建设–运营–移交、建设–拥有–运营、转让–运营–移交和改建–运营–移交等。"发改投资〔2016〕2231号提出:"政府和社会资本合作模式主要包括特许经营和政府购买服务两类。新建项目优先采用建设–运营–移交(BOT)、建设–拥有–运营–移交(BOOT)、设计–建设–融资–运营–移交(DBFOT)、建设–拥有–运营(BOO)等方式。存量项目优先采用改建–运营–移交(ROT)方式。"六部委第25号令第五条提出:"基础设施和公用事业特许经营可以采取以下方式:(一)在一定期限内,政府授予特许经营者投资新建或改扩建、运营基础设施和公用事业,期限届满移交政府;(二)在一定期限内,政府授予特许经营者投资新建或改扩建、拥有并运营基础设施和公用事业,期限届满移交政府;(三)特许经营者投资新建或改扩建基础设施和公用事业并移交政府后,由政府授予其在一定期限内运营;(四)国家规定的其他方式。"鉴于实操中所有的PPP项目可以说都是特许经营,即授予项目公司在一定期限、一定范围内的经营权,所以PPP项目已不再分特许经营和政府购买服务类,而是直接对项目的具体运作方式做描述。

实操中,PPP项目的运作方式主要包括建设–运营–移交(BOT)、建设–拥有–运营(BOO)、改建–运营–移交(ROT)、转让–运营–移交(TOT)、建设–移交–运营(BTO)、建设–拥有–运营–移交(BOOT)、设计－建设－融资－运营－移交（DBFOT）等多种方式。实操中最为常见的运作方式是新建项目的 BOT 模式、存量项目的 ROT 和 TOT 模式。

BOT 模式，是指由社会资本或项目公司承担新建项目设计、融资、建造、运营维护职责，合同期满后项目资产及相关权利等移交给政府的项目运作方式。TOT 模式，是指政府将存量资产所有权有偿转让给社会资本或项目公司，并由其负责运营维护，合同期满后资产及其所有权等移交给政府的项目运作方式。ROT 模式，是指政府在 TOT 模式的基础上，增加改扩建内容的项目运作方式。而对于新建项目 BOT 模式，如项目公司拥有资产所有权，就应采用 BOOT 运作模式。

2）项目运作方式的选择。

具体运作方式的选择主要由收费定价机制、项目投资收益水平、风险分配基本框架、融资需求、改扩建需求和期满处置等因素决定。PPP 项目没有最佳的运作方式，具体的项目应具体分析，每个 PPP 项目都应该根据项目所在地的实际情况、项目的自身特点和参与者的管理、技术、资金实力，选择合适的运作方式并对之进行优化调整。

另外需要指出的是，财政部《关于进一步做好政府和社会资本合作项目示范工作的通知》（财金〔2015〕57 号）第六条规定，如果采用 BT 方式，财政部将不能将该项目作为示范项目，进而政府无法获得财政部的奖励。实践当中，因为解决存量资产等因素，一部分 PPP 项目项下的 BOT 方式有可能被认定为 BT 方式。

（4）项目的交易结构。

交易结构是指实施 PPP 项目所设定的交易体系，主要包括项目投融资结构、回报机制和相关配套安排。

1）投融资结构。

项目投融资结构属于 PPP 交易结构的重要组成部分，主要说明项目资本性支出的资金来源、性质和用途，项目资产的形成和转移等，其有时甚至决定着 PPP 项目运作的成败。

项目资本金比例安排：对于新建类型的 PPP 项目，应按照《国务院关于固定资产投资项目试行资本金制度的通知》（国发〔1996〕35 号）、《国务院关于调整固定资产投资项目资本金比例的通知》（国发〔2009〕27号）、《国务院关于调整和完善固定资产投资项目资本金制度的通知》（国发〔2015〕51号）等对固定资产投资项目的资本金比例的规定进行PPP项目资本金比例的安排。在具体设计时，应根据项目所属的行业领域确定项目的资本金，除此之外，还应考虑各种融资方式的实际可能性以及不同融资方式的成本，应尽量采取融资成本更低的融资方式。

项目公司的股权结构安排：关于项目公司的股权结构，实操中存在两种情形，一是成立项目公司，由政府方出资代表和中标社会资本组建项目公司负责项目的建设和运营，此时需要考虑政府方不控股的原则、政府方的资金需求量等来设置双方的股权比例，或者是由中标社会资本独资成立项目公司，中标社会资本享有项目公司100%股权；二是不成立项目公司，由中标社会资本具体负责项目等建设和运营，此时还要考虑中标社会资本的股权结构问题。

项目的融资安排：实操中，PPP项目的融资通常指除项目资本金外的债权融资。PPP项目融资方式多种多样，国务院及其部委发布的相关规范性文件中对PPP项目债权融资方式做了规定，如《国务院关于加强地方政府性债务管理的意见》（国发〔2014〕43号）提出"投资者或特别目的公司可以通过银行贷款、企业债、项目收益债券、资产证券化等市场化方式举债并承担偿债责任"。发改投资〔2014〕2724号提出"鼓励项目公司或合作伙伴通过成立私募基金、引入战略投资者、发行债券等多种方式拓宽融资渠道"。《国务院关于创新重点领域投融资机制　鼓励社会投资的指导意见》（国发〔2014〕60号）提出"探索创新信贷服务。支持开展排污权、收费权、集体林权、特许经营权、购买服务协议预期收益、集体土地承包经营权质押贷款等担保创新类贷款业务。探索利用工程供水、供热、发电、污水垃圾处理等预期收益质押贷款，允许利用相关收益作为还款来源。鼓励金融机构对民间资本举办的社会事业提供融资支持"。六部委第25号令也做出了相应的规定，不再一一赘述。

实操中，PPP项目的债权融资通常包括银行等金融机构贷款、发行企业债券、融资租赁以及近期推出的资产证券化等。其中，银行等金融机构贷款方式又包括银团贷款、政策性银行贷款和预期收益质押贷款等。《国家发展改革委 中国证监会关于推进传统基础设施领域政府和社会资本合作（PPP）项目资产证券化相关工作的通知》（发改投资〔2016〕2698号）提出"PPP项目资产证券化是保障PPP持续健康发展的重要机制"，并对可以采取资产证券化的PPP项目提出了具体的条件要求："一是项目已严格履行审批、核准、备案手续和实施方案审查审批程序，并签订规范有效的PPP项目合同，政府、社会资本及项目各参与方合作顺畅；二是项目工程建设质量符合相关标准，能持续安全稳定运营，项目履约能力较强；三是项目已建成并正常运营二年以上，已建立合理的投资回报机制，并已产生持续、稳定的现金流；四是原始权益人信用稳健，内部控制制度健全，具有持续经营能力，最近三年未发生重大违约或虚假信息披露，无不良信用记录。"鉴于资产证券化要求项目正常运营2年以上才可实施，所以对于项目建设期的融资需求无益，但对于基金的财务退出、社会资本的股权结构优化还是有实践意义的。收益权的质押是目前PPP项目实现项目融资主要运用的增信手段。

　　项目资产的形成和转移：实操中大多数PPP项目资产归政府方所有，一是因为PPP项目为基础设施和公用事业，关乎国家安全和社会公共利益，政府方拥有所有权有利于保障国家安全和社会公共利益。二是因为涉及期末资产移交，通常项目公司在合作期内并不拥有资产所有权，即便是存量项目所采取的ROT和TOT模式也因为在现行税收管理体系下，初始所有权归属于项目公司将导致移交手续复杂、税务负担沉重等问题。尤其是存量项目TOT模式，将导致二次交易，双重征税，涉税金额巨大，削弱社会资本参与的积极性。三是因为PPP项目中的资产为公共设施，而按照《中华人民共和国担保法》第三十七条规定，"下列财产不得抵押：……学校、幼儿园、医院等以公益为目的的事业单位、社会团体的教育设施、医疗卫生设施和其他社会公益设施"，因此PPP项目中的公共设施无法抵押。四是因为《中华人民共和国物权法》（以下简称《物权法》）规定，"因合法建造、拆除房屋等事实行为设立或者消灭物权的，自事实行为成就时发生效力"，"建设用地使用权人建造的建筑物、构筑物及其附属设施的所有权属于建设用地使用权人，但有相反证据证明的除外"，而PPP项目的建设用地往往由政府融资平台公司获取,所以政府方基于建造这一事实行为而原始取得了 PPP 项目的资产所有权。

2）回报机制。

项目回报机制是政府和社会资本合作的重要基础,不同的回报机制风险分配方案和收益回报存在差异。可以说,投融资结构和回报机制是 PPP 项目最为重要的两个内容。项目回报机制主要说明社会资本取得投资回报的资金来源,包括政府付费、可行性缺口补助和使用者付费等支付方式。

政府付费:由政府直接付费购买公共产品或服务,付费主体是政府而非项目的最终使用者。在政府付费机制下,政府可以依据项目设施的可用性、产品或服务的使用量以及质量向项目公司付费。政府付费是公用设施类和公共服务类项目中较为常用的付费机制,在一些公共交通项目中也会采用这种机制。

可行性缺口补助:使用者付费不足以满足项目公司成本回收和合理回报时,由政府给予项目公司一定的经济补助,以弥补使用者付费之外的缺口部分。可行性缺口补助是在政府付费机制与使用者付费机制之外的一种折中选择。实践中,可行性缺口补助的形式多种多样,具体可能包括土地划拨、投资入股、投资补助、优惠贷款、贷款贴息、放弃分红权、授予项目相关开发收益权等其中的一种或多种。但应注意的是,可行性缺口补助补的是缺口,目的是让社会资本收回成本并获得合理收益,而不是通过补助让社会资本获得超额收益。所以 PPP 项目采用可行性缺口补助回报机制的,一般要设置超额收益分享机制,如发生使用者需求激增或收费价格上涨等情况,项目公司通过经营管理获得的净利润超出约定的投资回报率或投资回报率的一定比例时,超出的部分由项目实施机构和项目公司按照超额累进的原则进行分成等,以体现风险共担、互利共享的合作机制。

使用者付费:由最终消费用户直接付费购买公共产品和服务。项目公司直接从最终用户处收取费用,以回收项目的建设和运营成本并获得合理收益。高速公路、桥梁、地铁等公共交通项目以及供水、供热等公用设施项目通常可以采用使用者付费机制。

不同 PPP 项目适合采用的付费机制可能完全不同,一般而言,在设置项目付费机制时需要遵循以下基本原则：既能够激励项目公司妥善履行其合同义务，又能够确保在项目公司未履行合同义务时，政府能够通过该付费机制获得有效的救济。在设置回报机制时，应考虑以下因素：一是项目所提供的公共产品或服务的数量和质量是否可准确计量；二是能否保证项目公司获得合理的回报；三是如何设置一定的变更或调整机制；四是该付费机制在融资上的可行性以及对融资方的吸引力；五是财政承受能力是否能通过，尤其是采用政府付费和可行性缺口补助机制的项目中，财政承受能力关系到项目公司能否按时足额地获得付费。

3）相关配套安排。

相关配套安排主要说明由项目以外相关机构提供的土地、水、电、气和道路等配套设施和项目所需的上下游服务。相关配套安排是为了保证PPP项目的顺利实施，而由政府方提供的配套政策。

项目用地：PPP项目一般要求政府负责或协助项目公司获取项目相关土地权利。实操中，对于新建项目，项目用地取得的主体一般有两种情形，一是政府融资平台公司获取项目用地，二是项目公司获取项目用地。按照《中华人民共和国土地管理法》（以下简称《土地管理法》）的规定，从用途管制方面来看，土地分为农用地、建设用地和未利用地。PPP项目基本为建设项目，一般只能使用建设用地，使用其他类型用地必须办理相关审批手续。在土地的社会主义公有制方面，分为全民所有制和劳动群众集体所有制。PPP项目一般只能使用国家所有的土地，乡镇的PPP项目一部分涉及集体土地的问题，但大部分涉及的仍是国有土地问题。然而国有土地实行的是所有权与使用权分离制度。

PPP项目土地使用权取得的方式分为无偿供应和有偿供应，主要有四种。一是无偿供应，即划拨方式取得项目用地。对于哪些项目可以使用划拨土地，《中华人民共和国城市房地产管理法》第二十四条和《土地管理法》第五十四条均有相关规定，具体操作目前按照国土资源部2001年9号令中列举的《划拨用地目录》。对于哪些主体可以取得划拨土地并没有限制。实操中，PPP项目中使用的划拨土地更多的是登记在政府平台公司（多数为平台公司，少数为政府某机关单位）名下，无偿给社会资本方或项目公司使用；当然也有少数登记在项目公司名下。二是有偿供应，按照《中华人民共和国土地管理法实施条例》规定，有偿供应包括出让、租赁、作价出资或入股。实操中出让是供应国有建设用地的最主要方式，租赁和作价入股均作为补充方式。出让的方式又包括协议出让和招拍挂方式。相关部委对PPP项目如何获取项目用地也做出了相关的规定，如《关于联合公布第三批政府和社会资本合作示范项目加快推动示范项目建设的能知》（财金〔2016〕91号）指出："（一）符合《划拨用地目录》的，可以划拨方式供应；（二）不符合《划拨用地目录》的，除公共租赁住房和政府投资建设不以盈利为目的、具有公益性质的农产品批发市场用地可以作价出资方式供应外，其余土地均应以出让或租赁方式供应，及时足额收取土地有偿使用收入；（三）依法需要以招标拍卖挂牌方式供应土地使用权的宗地或地块，在市、县国土资源主管部门编制供地方案、签订宗地出让（出租）合同、开展用地供后监管的前提下，可将通过竞争方式确定项目投资方和用地者的环节合并实施。"此规定对作价出资方式做出了一定的限制，即只有两类项目是可以以作价出资方式获取项目用地的，但作价出资方式虽符合《中华人民共和国公司法》（以下简称《公司法》）相关规定，实际上还是有问题的，比如不经过招拍挂流程，对土地作价出资或入股，如何确定土地价格，是否会造成国有资产流失等。以租赁方式取得土地使用权的，租金收入参照土地出让收入纳入政府性基金预算管理，未来逐渐在鼓励以租赁方式供地，如《养老服务设施用地指导意见》规定：营利性养老服务设施用地，应当以租赁、出让等有偿方式供应，原则上以租赁方式为主。

上述项目用地取得方式中，四种方式在法律层面都没什么障碍：划拨方式不用支付出让金，对社会资本和项目公司最有利；出让方式可以收取出让金，对地方政府有利；租赁方式比较灵活，但难以抵押融资；出让金作价入股可以暂时缓解地方政府的资金压力。

具体采取哪种取得方式既要符合PPP相关政策要求，也要符合《土地管理法》等相关法律规定，且在实施方案中还应明确土地获取费用，包括土地出让金、征地补偿费用、土地恢复平整费用以及临时使用土地补偿费等，鉴于实操中项目用地的获取主体和费用支付的主体有可能不是同一主体，故还要明确相关费用是由政府方先出、项目公司成立后返还，还是由政府方承担，不再纳入总投资。

而且对不同获取方式下，土地使用权的相关限制在PPP项目合同中还应进行具体约定。

对于水、电、气和道路等配套设施和项目所需的上下游服务：PPP项目的实施，社会资本通常无法独自完成，需要政府给予一定的配套支持，包括建设部分项目配套设施，完成项目与现有相关基础设施和公用事业的对接等。当然上述工作可以由政府方全部负责建设，也可以由政府方和项目公司共同负责建设，但相关的建设费用如何承担应予以明确。而且在实施方案中如果约定政府方完成上述工作，通常还要求明确政府方完成相关建设的标准，如政府方负责将本项目的供电、供水、进场道路等各项前期配套设施建设至项目施工区红线外一米处；当然在合同中还应明确上述工作完成的时间及相应的违约责任，以及项目公司对此的协助工作和费用的承担方式等。如果是双方共同负责完成上述工作，还要对双方各自的工作职责以及双方如何沟通等进行细分，以保证项目工程进度的统一和顺利实施。

(5) 合同体系。

合同体系是指项目实施机构在编制项目实施方案时对构建政府和社会资本合作关系的安排设想，即如何通过一系列的合同，主要包括项目合同、股东合同、融资合同、工程承包合同、运营服务合同、原料供应合同、产品采购合同和保险合同等合理构建双方的权利义务关系。项目合同是其中最核心的法律文件。而项目边界条件是项目合同的核心内容，主要包括权利义务、交易条件、履约保障和调整衔接等边界，实施方案中应重点对这四个边界条件进行拟定，以便为后续PPP项目实施工作确定框架，尤其是为PPP项目合同编制奠定基础。

1) 权利义务边界。

权利义务边界主要明确项目资产权属、社会资本承担的公共责任、政府支付方式和风险分配结果等。

关于双方权利义务：实操中，实施方案在此部分主要对政府方和项目公司的权利和义务做概括性约定，另外对项目设计建设运营和移交等不同阶段中双方的权利义务进行细化。如项目设计会约定设计主体、设计费用的承担及设计责任等；项目建设会约定工程验收、工程变更、工程监理和审计、建设期绩效考核等如何实施；项目运营会约定运营维护的内容、运营维护的费用如何计取、运营期绩效考核等，政府支付方式也会在此部分进行概括性约定，细节安排需要在项目合同中细化；项目移交会约定移交的方式、程序等。

鉴于在PPP项目公司设立之前还有许多前期工作要做，如项目的立项，土地使用权的获取、咨询、采购甚至监理等，这些工作是否已完成，相关的费用是否已由政府方承担，将来是否要纳入总投资等也要在权利义务边界中予以明确。

关于股权锁定期：鉴于社会资本基于融资和退出等原因的考虑，通常希望在合作期间能自由地转让股权，而政府方通过采购程序采购社会资本来和政府方出资代表成立项目公司，就是想确保实施项目的社会资本符合项目采购阶段对社会资本融资能力、技术能力、管理能力的要求，或至少应具备项目建设、运营维护相应阶段的相应能力，所以往往会要求设置股权锁定期。双方之间的博弈就体现在股权锁定的边界条件的设定上。对政府方而言，股权变更限制是实现其监管职能的重要抓手，通常会设置一个固定期限，一般为自项目合同生效之日起至项目运营后的一段时间，如2年、5年等。

2）交易条件边界。

交易条件边界主要明确项目合同期限、项目回报机制、收费定价调整机制和产出说明等。

项目合同期限：指合同的有效期，通常自PPP项目合同签署时开始至合同期满或提前终止时结束。《关于组织开展第三批政府和社会资本合作示范项目申报筛选工作的通知》（财金函〔2016〕47号）指出"PPP示范项目的合作期限原则上不低于10年"。六部委的第25号令指出，"合同期限最长不超过30年；对于投资规模大、回报周期长的项目，可以根据项目实际情况、约定超过前期规定的特许经营期限"。财金〔2014〕113号指出，"转让－运营－移交（TOT）、建设－运营－移交（BOT）、改建－运营－移交（ROT）运作方式合同期限一般为20~30年；委托运营（O&M）运作方式合同期限一般不超过8年；管理合同（MC）运作方式合同期限一般不超过3年。建设－拥有－运营（BOO）运作方式则不涉及合同期限"。实操中，PPP项目合同期限一般介于 10 年至 30 年之间。需要注意的是，具体 PPP 项目合作期限的设置是综合考虑多方面因素的结果，《PPP 项目合同指南（试行）》中列举了影响期限设置的因素，"(1) 政府所需要的公共产品或服务的供给期间；(2) 项目资产的经济生命周期以及重要的整修时点；(3) 项目资产的技术生命周期；(4) 项目的投资回收期；(5) 项目设计和建设期间的长短；(6) 财政承受能力；(7) 现行法律法规关于项目合作期限的规定；等等"。实践操作中，项目本身的财务情况、政府的付费能力和项目所处的行业特征等是决定期限的重要因素。当然，项目合同期限并不是绝对不变的，项目合同中会详细约定合同期限延长和续期等事项。

收费定价调整机制：在长达 10~30 年的 PPP 项目周期中，市场环境的波动会直接引起项目成本的变化（包括利率成本、人工成本等），进而影响项目公司的收益情况。在实施方案中要根据相关法律法规规定、结合项目自身特点，设置合理的定价和调价机制，以明确项目定价的依据、标准，调价的条件、方法和程序，以及是否需要设置唯一性条款和超额利润限制机制等内容。通过收费定价调整机制的设置，可以将政府付费金额、使用者付费金额维持在合理的范围，防止过高或过低付费导致项目公司超额利润或亏损。实操中常用的是公式调整机制，当然还有基准比价机制和市场测试机制，但这两种调价机制尚不成熟。

3）履约保障边界。

履约保障边界主要明确强制保险方案以及由投资竞争保函、建设履约保函、运营维护保函和移交维修保函组成的履约保函体系。

强制保险方案：在某种意义上，项目风险的合理分配及转移是 PPP 项目实施过程中的主线，而 PPP 项目中购买保险并维持其效力是转移风险的重要一环。PPP 项目合作期内各方对购买并维持保险的责任分工、各方在保险中所占的角色分配、应购买的合理保险种类、保险覆盖的项目范围、保险获得的风险等问题都是与项目风险密切相关的问题。实施方案中一般要求项目公司购买建设期保险和运营期保险，并对各个阶段保险的内容做概括性约定。

履约保函体系：财金〔2014〕156 号将履约担保界定为"为了保证项目

公司按照合同约定履行合同并实施项目所设置的各种机制",这是对"履约担保"的广义解释,而通常在实施方案中所涉及的主要是中选社会资本、项目公司与政府方之间的履约保障体系。履约担保并非必需,如果项目公司的资信水平和项目本身的机制足以确保项目公司不提供履约担保同样能够按照合同约定履约,且在项目公司违约的情形下,政府有足够的救济手段,则可以不需要项目公司提供履约担保。而实操中由于项目公司是采购社会资本后才设立的,其资信能力尚未得到验证,故而政府方多会要求社会资本或项目公司提供履约担保。履约担保的方式通常包括履约保证金、履约保函以及其他形式的保证等。实操中最常用的履约担保方式是保函。政府方会根据项目的实际情况,要求项目公司在不同时期提供不同的保函,常见的保函包括建设期履约保函、运营期履约保函、移交保函以及投标保函。实施方案中会对各阶段保函的金额、提交的时间和担保的范围等做出约定。而项目合同中则会对保函的形式提出具体要求、对未按约定提交保函的违约责任承担方式以及保函被提取后的补足责任等做出约定。

　　实务中应注意的问题:一是保函的缴纳时间。履约保函按照 PPP 项目全生命周期管理的特点,要求前期、建设期、运维期、移交期首尾相连。因此在保函有效期的设置上,应要求下一阶段保函的提交是上一阶段保函解除的前提条件。出于风险和成本的考量,社会资本或项目公司在实践中往往会提出一份保函分期提交或到期再延展的请求。对此法律及相关政策并没有明确的禁止,可以政府方和社会资本之间的合意为准。但需注意分期提交不能保证社会资本或项目公司在保函到期后及时提交替换保函或进行保函展期,一定程度上会加大项目的履约风险。二是违约金的支付与保函提取的关系。PPP 项目履约保函相当于一种"兜底"的担保形式,即在社会资本或项目公司发生违约时,应当优先选择其他的救济渠道,在其他渠道救济不能的情况下再提取保函。因为保函的开具成本较高,且提取金额后还面临补足和恢复,涉及的流程较为烦琐,一旦不能按约提取或及时恢复,又会面临新的纠纷。

　　4)调整衔接边界。
　　调整衔接边界主要应明确应急处置、临时接管和提前终止、合同变更、合同展期、项目新增改扩建需求等应对措施。

应急处置：项目公司应针对自然灾害、重特大事故、环境公害及人为破坏等各类可能发生的事故和所有危险源制定应急预案和现场处置方案，明确事前、事中、事后的各个过程中相关部门和有关人员的职责。项目公司制定的应急预案应征求政府方的意见并报经政府同意后实施。

临时接管：按照财金〔2016〕92号第二十六条规定，社会资本方违反PPP项目合同约定，导致项目运行状况恶化，危及国家安全和重大公共利益，或严重影响公共产品和服务持续稳定供给的，本级人民政府有权指定项目实施机构或其他机构临时接管项目，直至项目恢复正常经营或提前终止。临时接管项目所产生的一切费用，根据合作协议约定，由违约方单独承担或由各责任方分担。实施方案中一般会对临时接管的情形予以约定。

提前终止：按照财金〔2016〕92号规定，项目因故提前终止的，除履行相应的移交工作外，如因政府原因或不可抗力原因提前终止的，应当依据合同约定给予社会资本相应补偿，并妥善处置项目公司存续债务，保障债权人合法权益；如因社会资本原因提前终止的，应当依据合同约定要求社会资本承担相应赔偿责任。但在实施方案中，一般会对引起提前终止的情形和终止补偿的机制予以明确约定。

合同变更：实施方案中一般会约定，在项目合作期内，如果由于项目边界条件发生重大变化、不可抗力事件、法律变更或其他事项，如需求量增加等，项目合同无法按照原有内容继续履行，签约双方经协商一致，可对项目合同内容进行变更。PPP项目合同中则会对合同变更的程序与变更后的处理机制做出详细约定。

合同展期：如果项目实施机构在临近合作期满时仍决定采用PPP方式进行项目设施的运营、维护和管理，则项目公司可向实施机构发出书面申请，请求实施机构再次授予其运营、维护和管理本项目设施的权利和义务。而这样的请求如被批准则需要约定项目公司在同等条件下的优先权。

项目新增改扩建需求：实施方案中通常会对项目新增改扩建需求做出安排，例如，因社会经济发展需要，项目实施机构对于项目产生改扩建需求，则优先向项目公司发出谈判邀请，若双方达成一致，则将扩建项目的经营权继续授予项目公司，双方的权利和义务以届时补充协议约定为准；若双方未能达成一致，则重新公开招标遴选社会资本方等。

(6) 监管架构。

监管架构主要包括授权关系和监管方式。授权关系主要是政府对项目实施机构的授权，以及政府直接或通过项目实施机构对社会资本的授权；监管方式主要包括履约监管、行政监管和公众监督等。履约监管主要指项目实施机构或其指定机构对项目实施各阶段项目公司是否按照项目合同约定履行相应的义务进行监督管理。行政监管主要是相关职能部门依据职责范围对项目进行项目监管和行业监管。公众监督主要是让实施机构和项目公司向公众充分披露项目实施和运行的相关信息，以保障公众知情权。政府监督管理的主要目的是保证项目的顺利进行，规范有效地提供公共产品或服务。

(7) 采购方式选择。

1) PPP 采购社会资本的方式。

财金〔2014〕113 号明确指出，"项目采购应根据《中华人民共和国政府采购法》及相关规章制度执行，采购方式包括公开招标、竞争性谈判、邀请招标、竞争性磋商和单一来源采购。项目实施机构应根据项目采购需求特点，依法选择适当采购方式"。但关于 PPP 项目选择社会资本的相关政策，国家发展改革委、财政部存在争议。财金〔2014〕76 号规定 "地方各级财政部门要会同行业主管部门，按照《政府采购法》及有关规定，依法选择项目合作伙伴"，财政部后续的系列文件对此也有类似规定，不再一一列举。即财政部的政策倾向于认为 PPP 项目选择社会资本的实质是 PPP 项目采购，那么选择社会资本适用《政府采购法》是毋庸置疑的。而发改投资〔2014〕2724 号规定 "实施方案审查通过后，配合行业管理部门、项目实施机构，按照《招标投标法》、《政府采购法》等法律法规，通过公开招标、邀请招标、竞争性谈判等多种方式，公平择优选择具有相应管理经验、专业能力、融资实力以及信用状况良好的社会资本作为合作伙伴"，即国家发展改革委未明确将 PPP 项目选择社会资本纳入政府采购范畴。另外，关于 PPP 的政策文件目前效力层级最高的是六部委的第 25 号令，但其只是指出 "实施机构根据经审定的特许经营项目实施方案，应当通过招标、竞争性谈判等竞争方式选择特许经营者"，并未对特许经营项目的服务采购做出明确规定。但无论哪个部委的政策，均认同 PPP 是指在基础设施及公共服务领域，政府和社会资本基于合同建立的一种合作关系，旨在利用市场机制合理分配风险，提高公共产品和服务的供给数量、质量和效率。那么从定义的特点可以看出，PPP 项目指向的标的物为公共产品和公共服务的供给，即 PPP 项目采购属于政府采购。故 PPP 项目的采购方式应包括公开招标、邀请招标、竞争性谈判、单一来源采购、询价和国务院政府采购监督管理部门认定的其他采购方式。当然实操中，还包括财政部规范性文件中规定的竞争性磋商采购方式。

2）社会资本的资格条件。

除采购方式外，实施方案中还会对社会资本的资格条件进行相应的约定，有的只简单约定一些《政府采购法》中所要求的共性条件，有的鉴于已进行了市场测试，故会约定较为详细的资格要求，但无论是否约定详细，需要指出的是，《政府采购货物和服务招标投标管理办法》（财政部令第 87 号）于 2017 年 10 月 1 日起施行，应注意"采购人、采购代理机构不得将投标人的注册资本、资产总额、营业收入、从业人员、利润、纳税额等规模条件作为资格要求或者评审因素，也不得通过将除进口货物以外的生产厂家授权、承诺、证明、背书等作为资格要求，对投标人实行差别待遇或者歧视待遇"，即资格条件中不要设置差别待遇或歧视待遇的资格要求。

(8) 财务测算。

财务测算主要是以项目的相关调研资料及合理假设为基础，评估项目的经济状况，确定合理的价格机制，加强政府相关领导对项目的了解，便于项目实施机构做出合理决策，为社会资本方采购和谈判工作提供基础。通常实施方案在此部分中会约定测算的依据、测算的分析方法、测算的分析边界、测算的核算方法和条件假设，以及测算的结果等。财务测算是物有所值的定量评价与财政承受能力论证的前提条件，也是实施方案的必备内容。实操中，财务测算中出现的问题主要是基本成本不清、财务假定不明、回报率取定不明以及基本财务指标缺失等问题。

(三) PPP 项目实施方案的几个关键点

1. 如何合理选择 PPP 项目的运作模式

项目运作模式的确定将直接决定项目交易结构和项目主要边界条件的设

计,直接影响社会资本的投资回报机制,进而影响政府在合作期内的支出责任。合理的项目运作模式可以最大限度地降低项目风险,提高项目的可实施性,进而满足政府方采用PPP模式的实施目标(包括减轻财政压力,提高项目建设速度,提升项目建设管理和运营管理效率和水平等)。

2. 如何依法有效地处理存量资产

在存量项目或项目建设范围包含存量资产的情况下,政府方需将存量资产转让给社会资本或项目公司,社会资本或项目公司向政府方支付资产转让相应的对价款。

在此资产转让方式下,需要履行必要的法定程序,包括清产核资、资产评估和财务审计等工作,还需要进行职工安置、履行进场交易程序等。这涉及国有资产是否流失,转让程序是否合法等问题,是实施PPP项目的关键,也是PPP项目实施方案论证和设计的关键。

3. 社会资本的融资担保责任是否必要

实操中,项目的融资通常由项目公司负责,但鉴于政府方在采购社会资本时,看中的是社会资本的实力,而项目公司又多不享有资产的所有权等,所以政府方通常会要求中标社会资本协助项目公司获得项目建设所需要的资金,在项目公司融资困难的情况下为项目融资提供担保或自行补足资金不足的部分。当然,鉴于在PPP项目中融资方提供融资通常是有必要条件的,例如,项目政府付费纳入中期财政规划的批文及纳入预算的人大决议、项目的立项文件、土地使用权属证书、规划许可证、施工许可证等,以上种种文件或批文都需要政府方负责提供或协助提供,并提供一定的便利条件。但发改投资〔2016〕2231号规定"PPP项目融资责任由项目公司或社会资本方承担,当地政府及其相关部门不应为项目公司或社会资本方的融资提供担保"。所以,政府方绝不能为项目融资提供担保。

4. 项目的资产权属如何设置

PPP项目资产,根据项目类型不同,分为存量资产、新建资产以及更新和重置资产。实操中应注意以下三方面问题。一是特殊资产权属的确定。《物权法》第五十二条第二款规定:"铁路、公路、电力设施、电信设施和油气管道等基础设施,依照法律规定为国家所有的,属于国家所有。"铁路方面，2014 年 11 月，《国务院关于创新重点领域投融资机制 鼓励社会投资的指导意见》（国发〔2014〕60 号）提出向地方政府和社会资本放开城际铁路、市域（郊）铁路、资源开发性铁路和支线铁路的所有权、经营权。2015 年 7 月，国家发展改革委发布《关于进一步鼓励和扩大社会资本投资建设铁路的实施意见》（发改基础〔2015〕1610 号），标志着国内铁路经营权、所有权向社会资本的全面放开。而其他领域尚未有法律方面的明文界定。二是存量 PPP 项目资产转让。按照《物权法》第一百四十六条规定："建设用地使用权转让、互换、出资或者赠与的，附着于该土地上的建筑物、构筑物及其附属设施一并处分。"一百四十七条规定："建筑物、构筑物及其附属设施转让、互换、出资或者赠与的，该建筑物、构筑物及其附属设施占用范围内的建设用地使用权一并处分。"一百八十二条规定："以建筑物抵押的，该建筑物占用范围内的建设用地使用权一并抵押。以建设用地使用权抵押的，该土地上的建筑物一并抵押。"即房地一体主义，存量 PPP 项目中，如转让建设用地使用权，则项目资产一并转让；如转让项目资产，则占用范围内的建设用地使用权应一并转让。三是建设用地使用权人是基于建造这一事实行为而以原始取得的方式取得 PPP 资产所有权是可以有例外情形的，如在涉及棚改的 PPP 项目中，安置小区公共配套设施中的非经营性配套设施可以在建成后移交给政府或其指定的机构，也就是说，即便项目公司通过出让方式取得项目建设用地使用权，但一部分市政公共设施，仍可约定由项目公司在项目开发中配套建设，但是所有权归政府。

5. 如何降低项目建设投资成本和减轻政府财政支付负担

PPP 项目如何降低项目建设投资成本和减轻政府财政支付负担，一直是政府方最为关注的问题，欲实现上述目标，不妨从下述四方面考虑。

一是降低项目融资成本。金融政策宽松时，通常可以以银行同期基本贷款利率甚至更低的水平获得项目融资贷款，那么此时政府方也积极联系金融机构，争取较低融资成本的贷款机会，未来在项目实际融资过程中，将在政府方推荐的融资方案、社会资本的融资方案和银行同期贷款利率下的融资方案三者之间择优选择。但实操中政府方推荐的融资方案通常不会比社会资本的融资方案更优。融资环境较为严峻时，往往需要以银行同期基本贷款利率上浮一定比例来进行融资,那么此时可以分阶段设置不同的处理机制,如上浮10%～20%不奖不罚,上浮20%～30%政府方承担一半等。

二是科学地确定项目投资额。以工程量清单综合单价作为项目的投资额,在采购前予以明确(采用单价合同而非总价合同)。

三是选择合理的采购标的,通过充分竞争有效降低项目投资成本。设置时应结合PPP项目社会资本的投资回报方式,如将社会资本资本金投资回报水平、工程量清单综合单价下浮率、运营维护的成本等作为采购标的。实操中,社会资本对其资本金投资回报水平要求并不高,同时结合其工程施工能力和水平,可以让渡较多的工程造价下浮比例,以此通过充分市场竞争有效降低项目建设投资成本。

四是通过建立科学合理的退出机制平滑政府财政支出。如期满移交采取股权退出方式,因项目公司继续存续,仅需考虑社会资本的实际股权对价,不需考虑项目资产剩余价值,从而在选择资产折旧年限等方面比较自由,不同的退出机制会对应不同的财务测算模型,从而导致不同退出方式下政府整体财政支出的不同。

6. 土地一级开发是否可以纳入PPP运作模式

关于土地一级开发是否可以纳入PPP运作模式中,各部委对此也做出了相关规定。财金〔2016〕91号规定,"PPP项目主体或其他社会资本,除通过规范的土地市场取得合法土地权益外,不得违规取得未供应的土地使用权或变相取得土地收益,不得作为项目主体参与土地收储和前期开发等工作"。即已明确,土地收储与前期开发工作不得以PPP模式进行,所以PPP项目中不得包含土地收储及前期开发工作。当然也有观点认为,单纯的土地一级开发因为不具备运营性质,而PPP要求必须有运营,所以单纯的土地一级开发不能运用PPP模式。但根据上述政策,即便是将土地一级开发和运营内容搭配起来仍然是不可以的。《土地储备管理办法》(国土资发〔2007〕277号)指出:"土地储备工作的具体实施,由土地储备机构承担。""土地储备机构应对储备土地进行必要的前期开发,使之具备供应条件。""前期开发涉及道路、供水、供电、供气、排水、通讯、照明、绿化、土地平整等基础设施建设的,要按照有关规定,通过公开招标方式选择工程实施单位。"《关于规范土地储备和资金管理等相关问题的通知》（财综〔2016〕4号）指出，"地方国土资源主管部门应当积极探索政府购买土地征收、收购、收回涉及的拆迁安置补偿服务。土地储备机构应当积极探索通过政府采购实施储备土地的前期开发，包括与储备宗地相关的道路、供水、供电、供气、排水、通讯、照明、绿化、土地平整等基础设施建设"。通过以上规定可以看出，土地一级开发不能纳入PPP项目运作模式中，其中的土地收储和前期开发的相关工作，主要指征收拆迁安置补偿工作应由土地储部门承担或以政府采购服务的方式进行，而前期开发中的基建工作还需通过公开招标的方式选择有资质的第三方单位进行。

7. 是否必须进行资格预审

在PPP项目采购的具体实施过程之中，一些项目未经过资格预审就进入社会资本的采购程序，或者并未严格实施资格预审，而是采用资格后审或者模糊用语的"资格审查"。而按照《政府和社会资本合作项目政府采购管理办法》（财库〔2014〕215号）第五条的规定："PPP项目采购应当实行资格预审。项目实施机构应当根据项目需要准备资格预审文件，发布资格预审公告，邀请社会资本和与其合作的金融机构参与资格预审，验证项目能否获得社会资本响应和实现充分竞争。"这表明，按照财政部的规定，PPP项目采购必须实行资格预审，资格预审为"规定动作"，必不可少，且强制使用。PPP项目到底是否必须强制进行资格预审，还要看PPP上位法的依据。前面已经分析了，PPP项目采购属于政府采购服务，按照《政府采购法》及配套政策的相关规定来看，《政府采购法》只规定了资格审查，与《政府采购法实施条例》对此的规定基本一致，即虽然明确规定了"资格预审"，但并没有规定采购人必须强制实施资格预审，而是将是否实施资格预审的权力和权利赋予了采购人；《政府采购非招标采购方式管理办法》（财政部令第74号）并无"资格预审"一词；《政府采购货物和服务招标投标管理办法》（财政部令第87号）明确规定了"资格预审"，但也只是要求政府采购货物和服务采用邀请招标的方式时，才必须强制实施资格预审，对于公开招标采购货物和服务，则并无强制实施资格预审的要求。即便按照国家发展改革委的政策文件要求，按照《招标投标法》招选社会资本，《招标投标法》及《招标投标法实施条例》也并未规定要进行强制资格预审。综上，财库〔2014〕215号属于规范性文件，效力较低，其关于资格预审的规定和上位法有冲突，但在PPP条例尚未颁布前，建议还是按照财库〔2014〕215号规定进行资格预审，毕竟财库〔2014〕215号是专为PPP项目采购所制定的采购管理办法。且通过资格预审，能够确保招标投标活动的竞争效率，避免履约能力不佳的企业中标，降低履约风险，减少评标工作量等。

8. 公开招标是否优先适用

财政部《关于印发〈政府和社会资本合作项目政府采购管理办法〉的通知》（财库〔2014〕215号）对于公开招标的适用问题是这样规定的，"公开招标主要适用于采购需求中核心边界条件和技术经济参数明确、完整、符合国家法律法规及政府采购政策，且采购过程中不作更改的项目"，于是有观点认为PPP项目投资额大、合作期长、项目复杂，所以核心边界条件和技术经济参数不那么明确完整、采购过程中也不可能不做更改，所以PPP项目采购公开招标采购方式不应优先适用，财库〔2014〕215号的规定也似乎隐含了这个意思。而《政府采购法》则明确规定"公开招标应作为政府采购的主要采购方式"，"采购人采购货物或者服务应当采用公开招标方式的，其具体数额标准，属于中央预算的政府采购项目，由国务院规定；属于地方预算的政府采购项目，由省、自治区、直辖市人民政府规定"。而国务院办公厅印发的《中央预算单位2015—2016年政府集中采购目录及标准》规定的政府采购货物和服务项目公开招标数额标准为：单项或批量采购金额一次性达到120万元以上；政府采购工程项目在200万元以上。地方政府一般会规定更严的标准，所以公开招标对政府是最好的保护。综上，考虑到财库〔2014〕215号的效力层级，考虑到公开招标是最透明、最公正、最公平的方式，不管是对政府还是对社会资本来说，公开招标均是一种法律保护。通过此方式，政府能够最大范围地扩散PPP项目的招标信息，在更大的范围内寻求适合的社会资本，并促进其之间的竞争，也能够在相对的程度上避免因竞争性谈判、邀请招标、竞争性磋商等方式所带来的道德风险和法律风险。

9. 如何通过建立科学合理的退出机制平滑政府财政支出

在PPP项目中，不同的退出机制（股权、债权等）会对应不同的财务测算模型，从而带来不同退出方式下政府整体财政支出的不同。咨询服务机构应为项目建立科学、合理和可操作的项目交易结构和退出方式，在保障和提高项目整体运作效率的基础上，最大限度降低政府财政支出责任。

10. 如何合理安排使用政策性资金

项目在建设期和运营维护期，可能会取得不同类型的政策性资金，包括专项建设资金、省级PPP融资支持资金、省级通过争取得到的国家专项金融债券和新增债权转贷资金以及公路养护资金等。可用于项目前期费用的支付；作为政府方出资；项目的建设；政府可行性缺口补助的支付等。

11. 如何建立合理的绩效考核体系

《国务院办公厅转发财政部　发展改革委　人民银行关于在公共服务领域推广政府和社会资本合作模式指导意见的通知》（国办发〔2015〕42号）明确提出："政府以运营补贴等作为社会资本提供公共服务的对价，以绩效评价结果作为对价支付依据。"合理有效的绩效考核体系能够进一步促进社会资本提供建设和运营管理效率和水平，提升整体服务质量，进一步实现公共利益的最大化。

12. 如何合理确定项目的主要边界条件

项目边界条件是项目实施的关键点以及项目合同的核心内容，主要包括权利义务、交易条件、履约保障和调整衔接等边界。

其中，权利义务边界主要明确项目资产权属、社会资本承担的公共责任、政府支付方式和风险分配结果等。

交易条件边界主要明确项目合同期限、项目回报机制、收费定价调整机制和产出说明等。

履约保障边界主要明确强制保险方案以及由投资竞争保函、建设履约保函、运营维护保函和移交维修保函组成的履约保函体系。

调整衔接边界主要明确应急处置、临时接管和提前终止、合同变更、合同展期、项目新增改扩建需求等应对措施。

13. 如何把好财务测算关

财务预测算主要是以项目的相关调研资料及合理假设为基础，评估项目的经济状况，确定合理的价格机制，加强政府相关领导对项目的了解，便于项目实施机构做出合理决策，为社会资本方采购和谈判工作提供基础。

财务测算不仅可反映项目财务可行性，还是政府进行项目决策的关键参考基础，也是与潜在社会投资人进行财务谈判的依据。财务基本假设条件的任一参数和要素的微小变化，都可能会对运营收益和项目资金缺口产生重大影响。

通常实施方案在此部分中会约定测算的依据、测算的分析方法、测算的分析边界、测算的核算方法和条件假设，以及测算的结果等。财务测算是物有所值的定量评价与财政承受能力论证的前提条件，也是实施方案的必备内容。实操中，财务测算中出现的问题主要是基本成本不清、财务假定不明、回报率取定不明以及基本财务指标缺失等问题。

尤其当面对具备丰富项目投资和运营经验的社会投资人时，因其多年的实践积累了数量庞大的第一手数据，为保护政府方的利益，取得预期的融资效果，政府须重视项目财务测算工作。在进行财务测算时应注意以下几点。

第一，财务基本假设数据应从以下几个来源取得：以国家各部委颁发的准则、方法及其他相关法律法规等文件为基础；参照工程可行性研究报告、初步设计文件等项目技术文件；结合国内、国外同类项目投资、建设和运营经验数据；并从多个来源、维度对基本假设数据参数进行筛选、交叉佐证，以作为项目的财务测算和谈判依据。

第二，国内、国外通用的财务测算方法包括现金流量法（包括自有资金现金流量和全投资现金流量）和静态收益率法，实施机构应根据项目的实际情况分别采用不同的测算方法进行财务测算，并对不同财务测算方法进行研究和论证以便得出相对合理的财务分析结论。

第三，在建立财务模型时，一定要充分结合本项目的具体情况和风险分担情况，而不能简单照搬通用财务软件或模型，或在其基础上简单修改引用，避免财务漏洞和风险。

（四）PPP项目实施方案编制实务中存在的问题

如前所述，对于PPP项目而言，无论是政府发起还是由社会资本发起，

第三章 PPP项目全生命周期各阶段法律咨询服务要点解析

PPP项目实施方案的编制都应委托专业的第三方咨询机构来具体负责编制工作。笔者在参与百余起PPP项目服务、评审、论证等业务过程中发现，大多数咨询机构的服务质量和水平不容乐观，存在的主要问题有以下几方面。

（1）咨询机构业务增长过快与人员配备不足相冲突。2016年和2017年PPP项目数量急增，咨询业务也急剧增长，部分咨询机构为应对业务快速增长而盲目扩张，为了抢占市场而进行恶性竞争，导致一些从未进行过PPP专业理论学习和培训的人员作为实际意义上的项目负责人直接参与项目服务，进行实施方案、项目合同的编制等，而所谓的项目负责人或项目经理只不过是挂名而已，其忙于去各地洽谈业务根本兼顾不了实施方案等咨询成果的质量。而上述具体做业务的人员对PPP的相关法律或政策依据又不清楚，其编制的实施方案又如何能保证项目后续合法合规地实施？

（2）咨询机构中缺少专业的法律人与项目必需的合法合规相冲突。第三方咨询机构参与PPP全流程服务已经成为地方政府推进PPP项目的标准配置，但咨询机构中法律专业人员的参与明显不足或缺失，这显然与PPP项目本身应该有的法律需求不相符。很少会有从业多年的律师转行至综合类咨询机构中，所以即便咨询机构声称其服务人员是拥有司法职业资格的，但却没有丰富的执业经验，甚至从未有过执业经历。比如有着丰富执业经验的律师，尤其是PPP专业律师对于PPP法律和政策的把握可以说是信手拈来，而仅仅通过司法考试、未真正做过律师的，对《公司法》《土地管理法》《招标投标法》《政府采购法》《物权法》等PPP所涉及的上位法因缺少案例的实践积累，往往很难与PPP相关政策相衔接进行专业的把握。

（3）咨询机构大包大揽与项目涉及的其他专业人员缺失相冲突。PPP项目的实施涉及工程、财务、税务、法务、商务等各领域的专业知识，目前我国多数咨询机构只有工程技术和财务测算专业人员，还有的本来就是招标代理机构的转型，人员的配备远远不能满足投资量大、涉及面广又领域不同的PPP项目。但多数的咨询机构在承接PPP咨询服务时都会大包大揽地告诉客户，什么专业知识都懂，各种专业人才都具备，以获取政府方的信任。只有在实施方案无法通过专家的评审和专业的论证之后，才发现很多咨询机构的服务水平不是像他们一开始"吹嘘"得那样高，但此时，后悔晚矣！

PPP项目实施方案中容易出现的问题主要有以下几方面。

（1）实施方案篇章结构较为混乱，概念理解不清。

（2）整体内容表述过于简单，缺项漏项现象严重。

（3）交易结构设计不够合理。

（4）采购标的不明确。

（5）绩效考核等各类机制不具有可操作性。

（6）边界条件的约定含混不清。

（7）风险识别不够全面，权责分配不够合理。

（8）财务测算缺少依据，且不够精准全面等。

以上PPP项目实施方案存在的问题不但为PPP项目全生命周期的顺利实施留下了很多的风险和隐患，还严重增加了政府财政负担，对此，政府方应该高度重视和认真对待。笔者认为一个好的实施方案的内容在设计时应重点考虑关键点，重点规避风险点，只有这样，实施方案的内容对政府来讲才能"实用、实惠又可实施、可操作"。

（五）PPP项目实施方案主要法律风险点及法律服务要点

1. 有关PPP项目建设的内容

（1）PPP项目建设范围主要包括建设地点、建设范围、建设性质、建设年限等。一般包含市政基础设施、公路、桥梁、商业综合体、医疗、学校等。

（2）对于建设内容包含多个子项目的PPP项目，基于各子项目的用地方式、交付时间、边界条件、建设、运营、绩效考核标准等都是不一样的，按照规范性文件的要求，应将项目进行分类，一般分为公益性项目、经营性项目、非经营性项目几个大类。否则，极易为项目推进的过程带来风险和矛盾。

对此，律师服务时要重点审核以下几点内容。

1）建设内容、范围等是否明确。

2）是否符合财政部规范性文件要求的可以使用PPP模式投资建设的项目范围。

3）对性质不同的各子项目是否进行了分类明确。

4）对建设投资估算是否准确等。

（3）关于存量资产的处置。存量资产的处置，尤其是将要进入项目公司的存量资产是否设计了合法的转让程序（依法评估、依法进场交易等）等问题都应在实施方案中细化明确。存量资产的处置事关 PPP 项目是否依法合规实施的性质问题。

对此，律师服务时要重点审核以下几项内容。

1）存量资产的资料是否齐全。

2）存量资产处置方案是否在方案中明确；对涉及国有资产权益转移的，是否做了合规合法的安排。

3）存量资产进入项目公司的流程是否合法规范。

4）项目实施机构是否按规定履行了相关国有资产审批、评估手续，资产处置过程是否涉嫌国有资产流失等。

2. PPP 项目的运作方式

PPP 项目的运作方式可能名为 BOT，但其具体阐述运作方式时却存在无运营、假运营或运营内容太少的问题。实践中，有的是政府方不想让项目公司运营，有的是社会资本方根本不想运营，工程完工后就想直接交给政府方代表运营或政府指定的第三方运营。以上行为都可能被认定为违规的 BT 模式，按照财办金〔2017〕92 号的有关规定，采用 BT 方式运作的 PPP 项目属于不规范运作，是明令禁止的，将清理出 PPP 项目库。

对此，律师服务时要重点审核以下几点内容。

（1）实施方案中的合作内容是否包含"运营"。

（2）运营的内容是否过于简单。

（3）是否对运营不考核和"轻考核"。

（4）是否有社会资本方"可以放弃运营"的内容。

（5）是否有"将项目运营责任返包给政府方出资代表承担或另行指定社会资本方以外的第三方承担"的内容约定等。

3. PPP 项目的交易结构

（1）投融资结构。

1）关于项目资本金：一是，项目资本金制度是国务院于 1996 年设立的制度，实施项目资本金制度的本意是防范银行信贷风险，对最低项目资本金比例进行管控。二是,目前,各类项目所适用的最低项目资本金比例详见《国务院关于调整和完善固定资产投资项目资本金制度的通知》(国发〔2015〕51号)的要求。除特别规定外,一般项目适用的最低项目资本金比例为20%。三是,项目资本金就是投资者在建设项目中投入的非债务性资金,比如股东借款之类的就不能计入项目资本金范畴。新建项目设立专门的项目公司的,项目资本金一般来源于股东出资。以现有企业为项目法人、不再新设项目公司的,则扩建时的项目资本金可以来源于现有企业的自有留存资金,不一定都需要股东另行出资。四是,项目资本金不需要一次性交足,可以根据项目进度交付,并需要根据项目最终总投资额来调整项目资本金的额度。

2) 资本金来源应符合"穿透"的要求。《关于规范政府和社会资本合作(PPP)综合信息平台项目库管理的通知》(财办金〔2017〕92号)规定:"(三)不符合规范运作要求。……违反相关法律和政策规定,未按时足额缴纳项目资本金、以债务性资金充当资本金或由第三方代持社会资本方股份的。"

3) 项目融资主体应明确,对于融资担保的限制应明确,如是否可以在相关资产或权益上设置抵押、质押等。

(2) 政府在项目公司中的持股比例:应当低于50%,且不具有实际控制力及管理权。具体比例的确定,可经过市场测试向潜在感兴趣的社会投资人充分摸底,在综合考虑社会投资人预期及体现政府方对项目重视程度的基础上确定,通常政府方比例控制在0~20%。

(3) 关于项目资产的形成和转移:项目资产的权属应明确,尤其是项目公司成立前因项目而产生的资产在项目公司成立后的归属,否则很难界定项目公司在进行融资时是否有权将相关资产和权益进行担保融资,也会导致后续社会资本退出时移交内容、方式等不明。

对此,律师服务时要重点审核以下几项内容。

1) 项目资本金设置是否合法合规。

2) 资本金出资及后端融资安排是否具有可行性且合法合规。

3) 实施方案的内容是否有《关于规范政府和社会资本合作(PPP)综合

信息平台项目库管理的通知》（财办金〔2017〕92号）规定的构成违法违规举债担保的情形："包括由政府或政府指定机构回购社会资本投资本金或兜底本金损失的；政府向社会资本承诺固定收益回报的；政府及其部门为项目债务提供任何形式担保的；存在其他违法违规举债担保行为的。"

4）政府在项目公司中的持股比例是否超过50%。

5）项目资产的权属及期满后的移交方式，是否明确清晰。

6）在项目合作期内，项目公司拥有项目土地使用权。

4. 关于项目回报机制

项目回报机制主要说明社会资本取得投资回报的资金来源，包括使用者付费、可行性缺口补助和政府付费等支付方式。一般来说，政府付费主要是指项目资产可用性部分的投资回收，适用于公益性、非经营性项目，在城镇化的项目建设中，主要包括土地整理项目、道路、桥梁、公共设施服务、生态环境工程。对于医院养老院、污水处理、垃圾处理、文旅类等经营性项目适用于使用者付费。

在严控地方政府隐性债务的大环境下，无论哪一种付费方式都要求PPP项目的回报机制设置必须依法合规，尤其要注意以下几点。

（1）项目回报机制应保证项目公司获得合理的收益，但应注意盈利不暴利，应设置超额收益分享机制。

（2）可用性付费、使用量付费等形式的项目需要明确调价机制。

（3）政府不得承诺固定投资回报、回购安排及明股实债。

（4）对PPP项目的注资、财政补贴等行为必须依法合规。

（5）无论哪一种回报，均应与绩效考核挂钩等。

对此，律师服务时要重点审核以下几项内容。

（1）回报机制中是否设置了调价机制、超额收益分享机制等。

（2）政府付费中所涵盖的内容如运营维护成本、融资成本、折旧摊销等是否齐全。

（3）政府缺口补助的计算公式是否合规合法。

（4）可行性缺口补助的公式要审查是否体现出绩效考核尤其是与建设期绩效考核挂钩等。

5. 相关配套安排

PPP项目中的相关配套安排主要说明由项目以外相关机构提供的土地、水、电、气和道路等配套设施和项目所需的上下游服务。在实施方案中需要明确以下几方面内容。

（1）项目的土地使用权的取得必须明确，且其取得应符合相关法律、法规。其中特别需要明确前期土地取得手续由谁办理，前期土地取得费用如何承担。

（2）项目土地使用权的限制必须明确，一般会约定未经政府批准，社会资本或项目公司不得将该项目涉及的土地使用权转让给第三方或用于该项目以外的其他用途。

（3）供电、进场道路等各项前期配套设施，建设至项目施工区红线。明确相关供水、排水、通信等配套设施的费用是由哪一方承担。

对此，律师服务时要重点审核以下几项内容。

（1）土地由谁获取是否已明确，权属主体、费用承担等问题是否已清晰明了。

（2）项目公司用地是否依法合规。

（3）对项目土地使用权的限制是否明确具体。

（4）对相关配套提供的责任及费用的承担是否明确等。

6. 项目边界条件法律风险及律师审核要点

按照《关于印发政府和社会资本合作模式操作指南（试行）的通知》（财金〔2014〕113号）规定，项目边界条件是项目合同的核心内容，主要包括权利义务、交易条件、履约保障和调整衔接等边界。

对项目交易边界条件风险点的分析和把握则是律师审查PPP实施方案的重中之重。

（1）权利义务边界。

权利义务是法学范畴体系中最基本的范畴，权利是指法律保护的某种利益，它表现为要求权利相对人可以怎样行为，必须怎样行为或不得怎样行为。义务是指人们必须履行的某种责任，它表现为义务人必须怎样行为和不得怎样行为两种方式。在法律调整的状态下，权利是受法律保障的一种利益，义务则是对法律所要求的意志和行为的一种限制。而权利义务边界，则是权利的界限和义务的界限。体现在PPP项目的实施方案或项目合同中，权利义务边界就是参与项目的各方主体自己所享有法律和合同赋予的哪些权利，而同时又应该履行哪些法定或约定的义务。

根据权利和义务所体现的社会内容的重要程度，可以把权利义务分为基本权利和义务与一般权利和义务。基本权利和义务是指由宪法所确认的、人们所应当享有和履行的最起码的法律权利和义务。简单地说，基本权利如果不享有，则不成其为人或主权者；基本义务如果公民不履行，则不能进行有效的管理。一般权利义务是指人们在基本权利义务的前提下，可以自行约定的在一般事务中所享有的按照契约精神要求的权利和义务。基本权利和义务构成了一般权利和义务的基础或原则。

体现在PPP项目的实施方案或项目合同中，基本权利义务就是法律法规或部门规章等赋予的，或为保证PPP项目的合法合规顺利履行的一方应当享有的权利，如政府方的一票否决权、融资监管权、介入权等。基本义务就是一方应当履行的保障项目依法合规顺利进行的义务，如社会资本方的出资义务、政府方按时支付缺口补助的义务等。

基本权利义务是一般权利和义务的基础或原则，二者有着实质上的不同，应当严格区分。笔者建议，无论在实施方案还是项目合同中，都应单独设置"各方基本权利义务"章节，尤其在PPP项目合同中，目的是更好地划清各方权利义务边界。而对于基本权利义务，建议可分散在项目全生命周期的各个阶段，如建设期权利义务、运营期权利义务，还有融资、付费机制、股权转让、履约担保等条款中对各方权利义务的约定等，均不应与各方基本权利义务条款混为一谈。否则，容易导致边界条件的混乱不清，从而引发双方矛盾。

对此，律师服务时要重点审核以下几项内容。

1）PPP项目全生命周期各阶段权利义务是否都进行了设定。

除了分清基本权利义务及一般权利义务，对PPP项目全生命周期各阶段权利义务均应有明确设定，不能仅有建设期或运营期的权利义务约定，对PPP项目的投资、建设、运营、移交全过程，包括在此过程中可能发生的重大事项，如股权转让、履约担保、提前终止等都应有清晰的设定。否则，任何一个阶段或重大问题权利义务边界的不清，都可能导致双方随时产生矛盾和纠纷。

2）权利义务边界的具体内容是否全面详细。

对PPP项目全过程各阶段的权利义务应明确具体约定，不能对有的问题有所遗漏，更不能对主要问题大而化之。如关于建设条款，除了约定关于工程质量、工期进度、工程变更、交竣工、安全生产等主要事项双方权利义务，对政府方对项目建设的监管权、绩效考核、工程投资的计价、评审过程中的权利义务等，均应予以明确约定。否则，在建设过程中极易出现因应对某类问题的约定不明，导致双方的纠纷和矛盾。

3）权利义务的约定是否明确具体，并且前后一致。

政府与社会资本双方在PPP项目各阶段具体享有的每一项权利，以及应承担的每一项具体义务，都应在项目合同中明确约定。同时需要注意的是，不应把双方应完成的工作职责作为合同的权利或义务去约定，可以作为各方的具体工作内容去约定，这样就能使权利义务边界显得清晰明了。

4）权利义务内涵和概念是否不清。

多数咨询公司所编制的实施方案中混淆了"权利""义务""工作职责"等概念。有的方案或合同中就将政府的工作职责或内容设定为"权利或义务"，如约定"负责项目用地范围内的征地、拆迁、立项等手续，提供满足项目开工条件的净地和项目临时用地"，这实际上是政府的工作职责或内容之一，既不是权利也不是义务。类似这样的设置体现在很多的实施方案或项目合同中，是一种较为普遍的现象，导致的结果是权利义务边界的主次不明、混乱不清。

5）权利义务边界是否细致。

有的PPP项目实施方案和项目合同对权利义务的约定仅有简单的2~3条有关项目实施机构的权利义务、项目公司的权利义务。有的则在权利义务边界中包含了项目资产权属、项目前期工作及费用承担等与此并无关联的内容。有的甚至没有约定权利义务的内容和边界。笔者了解的某"智慧城市"PPP项目，在项目合同关于权利义务条款中，甚至没有要求社会资本方承担按时提交建设期履约保函的义务。还有的多数项目合同中，对社会资本方及时足额缴纳项目资本金的义务不进行详细约定，仅用"应及时出资"一句话表述。过于简单的约定和含混的表述，导致权利义务边界不清晰，双方如若发生纠纷和矛盾，无法依据合同约定解决问题，最终会因各执己见激化矛盾甚至对簿公堂。

（2）交易条件边界。

交易条件边界可以理解为交易原则或交易底线，恪守最基本的交易底线和原则是我们在任何交易中都要坚持的第一步，对PPP项目来说也是如此。因为作为一个政府与社会资本合作的投资数巨大、期限很长、涉及面很广的PPP项目而言，如果在一开始不设定好合作的原则，明确好交易的底线，那么，在项目运作的过程中必将面临和产生种种困难和重重矛盾。所以，交易条件边界的充分确立对整个PPP项目来说非常重要，也是PPP项目实施方案的"重头戏"。

1）实务中PPP项目交易条件边界的现状。

PPP项目中的交易条件边界与"权利义务边界、履约保障边界、调整衔接边界"一起，并称为实施方案中的"四大边界条件"，也是PPP项目合同的核心内容，足以见其重要性。但在PPP项目的实操中，交易条件边界是否有这几项内容对项目的规范运作来说就足够了？如果还需要确立其他边界条件，应具备哪些事项和内容？如何做到既保持交易的原则又守住交易的底线？这些问题似乎从未有统一的标准和答案。笔者对曾经参与服务的60余起PPP项目实施方案中关于交易条件边界的内容做了一个全面整理分析，发现不同的咨询公司、不同领域的项目、不同的项目团队所做出的实施方案中对交易条件边界的设定存在着很大的差异。约定较为全面的边界条件多达近20项内容，约定较为简单的仅有两三项内容。其中，交易条件边界较为全面的内容主要包括合作范围、合作期限、项目公司股权及法人结构、回报机制、资金监管、税收及税收政策安排、项目公司收益分配机制、项目投资计价、建设投资控制责任、定价机制、项目调价机制、超额收益的计算与处置、财政奖补资金优惠政策的处置、股权转让、绩效考核等内容。交易条件边界较为简单化的内容仅有合作范围、合作期限、回报机制等几项内容。有一些项目交易条件边界约定的内容除包含了合作范围、合作期限、回报机制外，虽也有对项目的调价机制、股权转让、绩效考核、奖补资金及优惠政策进行处理约定等，但内容表述较为简单、宽泛，实操性不大。

同样都是适用 PPP 模式的项目，为什么对交易条件边界内涵的约定会有这么大的差别，到底哪一种表述更符合项目的实际需要，更符合规范的要求，对项目的顺利实施更有帮助？笔者分析以上现象认为，对于作为 PPP 项目合同核心条款的"交易边界"来说，显然应该对项目全生命周期内，政府和社会资本双方"交易"过程中可能发生和出现的问题尽量全面、细致，提前在实施方案中设计好、约定好，这样才能为双方未来十年甚至几十年的合作打下一个良好的基础，为项目合作期内可能出现的各种意想不到的情况、矛盾和纠纷提前设定好解决的机制和依据。

2）PPP 项目交易条件边界应具备的主要内容。

从防范未来 PPP 项目投资建设运营风险的角度来说，交易条件边界除了财政部规范性文件要求必须具备的内容外，为避免项目合作期内，双方对某些问题理解上的分歧和争执，还应在设计实施方案时，明确以下几个方面的交易条件边界。

有关项目建设的边界条件应明确：关于优化设计与施工图设计的说明；项目投资计价构成（工程费用、工程建设其他费用、建设期利息等）；项目工程建设费用的计价原则；结算工程造价所依据的取费标准；施工期间材差的调整范围；施工期间人工及机械费价差调整依据确定等；建设投资控制责任承担等。

有关项目运营的边界条件应明确：项目运营的内容及标准；项目运营成本的核算和支付说明；运营维护成本定价及调价机制；运营维护手册的制定；运营期间中维修和大修费用的支付等。

有关项目支付的边界条件应明确：投资回报说明及安排；缺口补贴资金来源；缺口补助的核算；投资回报水平；超额收益的计算与处置等。

有关股权转让的边界条件应明确：由于目前许多 PPP 项目在合同签订及项目公司组建中或组建后遇到的很实际、很复杂又不得不面对的问题就是要转让股权。为此，在编制实施方案时，应该在设定交易边界条件时明确合作方尤其是社会资本方股权转让的一些重要"边界"。例如，股权转让的"时点"，财政部规范性文件要求，对政府与社会资本双方合作期的股权转让应该设置"锁定期"，锁定期一般要求设定为五年，锁定期内的股权是不能转让的。据了解，2017 年之前落地的许多 PPP 项目甚至约定了整个合作期内对社会资本的股权是"全程锁定"的。随着金融环境的不断变化，这种"全程锁定"的约定，显然对项目的融资和推进是不利的。

实践中许多的项目实施机构也在不断探索既符合规范性文件的合规要求，又有利于项目融资需求的"股权锁定期"设置方法。有设定锁定期为五年（含建设期）的，有设定项目进入稳定运营期一年后社会资本就可以转让部分或全部股权的，但无论何时转让股权，都应围绕项目融资的需求，且均应设定转让的一些条件限制。例如，受让方的各项条件应征得政府方认可同意，并符合项目的实际需要，尤其是融资运营能力，最后还应走政府审批的程序等。律师在审核有关股权转让的合规合法性时，应尤其注重以上问题。

有关因项目所获得的优惠政策的归属应明确：如所获得的国家级、省级等专项资金或奖励，是归属项目公司还是归属政府方？如归属政府方，政府方又将优惠政策用于项目公司的，需约定是否抵作政府付费，或在政府付费中予以扣减等。

税收及税收政策安排应明确：企业所得税、增值税、土地使用税、印花税等税种的安排；关于政府付费不征收企业所得税的处理等。

建设期、运营期绩效考核应明确：随着《关于规范政府和社会资本合作（PPP）综合信息平台项目库管理的通知》（财办金〔2017〕92 号）对政府付费应和建设期绩效考核结果挂钩规定的出台，绩效考核显然越来越被人们重视，但实务中许多绩效考核方案或机制的设定是不够科学规范的，也是不具有实操性的。作为 PPP 项目很重要的"交易边界"，无论是建设期绩效考核还是运营期绩效考核，抑或是移交时的绩效检测，其方案和机制的设定，都不能很随意、很空泛，应符合科学性、全面性、实操性等特点，否则，绩效考核就是一句空话、一种形式。为此，在设定绩效考核机制时，应主要涵盖以下内容：考核组织机构、考核流程、考核方案、考核维度及指标（一级指标、二级指标、权重）、考核结果应用（如何与政府付费挂钩）等。

3）PPP 项目交易条件边界需进一步完善的主要内容。

实务中有的 PPP 项目实施方案中虽然也设定了交易条件边界的主要内容，如调价机制、运营成本、产出说明、绩效考核等，但是，内容表述得过于简单空泛,仅是一种形式,不具有实操性,对政府与社会资本双方而言都无法执行。笔者建议,对那些"泛泛而谈"的项目交易条件边界应做进一步完善,方能起到"守住原则,明确界限、分清责任"的作用。笔者结合自己的PPP项目操作实践,认为以下几个方面的交易条件边界应做进一步细化和完善。

项目公司设立:基于项目公司章程协议等也是项目采购文件的组成部分,有关项目公司设立的一些"边界"条件应该在实施方案中作为"交易边界"的重要内容之一予以明确,而不能没有约定或很笼统地约定,或仅在章程协议中约定。项目公司设立的边界条件应包含的主要内容有项目资本金、注册资本、股权比例及分红方式,组织形式和经营范围,"三会"(股东会、董事会、监事会)成立及其议事规则,经营管理机构,项目公司收益分配机制等。

项目调价机制:许多PPP项目的实施方案中对项目调价机制虽然进行了约定,但多数的约定不够全面细致,一个真正可执行的项目调价机制应充分考虑的内容有:总投资变动调整,利率变动调整机制,初始调价,运营期调价,政府付费的一般调整,服务边界变化引起的政府付费调整,特定突发事件的政府付费调整等。

运维成本:包括运营维护期初年约定的年度日常运维成本,运维期间的中修和大修费用,运维设施的预防性养护等。

对此,律师服务时要重点审核以下几项内容。

①交易条件边界的设置是否依法合规。

②所设定的边界条件内容是否全面详细具体。例如,项目合同期限中,建设期、运营期的起算点是否明确?建设期有关项目计价原则、工程完工、竣工验收条件等是否明确?

③边界条件的设定是否可行。如股权转让的边界条件设置中,PPP项目合作期内股权能否转让?何时能转让?转让时应该设置何种限制条件?是否依法合规?关于股权转让的"锁定期"设置是否依法合规?股权转让的"例外情形"设置是否依法合规?关于股权"锁定期"的例外,除财金〔2014〕156号规定的股权锁定期的"特例情况"不受锁定期限制之外,基于现阶段金融环境变化的影响,基于项目的具体现状,笔者认为,还可以在实施方案中对社会资本的股权转让留下一个"出口",如果社会资本为项目融资的需

要,将一部分股权转给如 PPP 政策支持基金、政府的产业基金、其他符合项目特色发展的基金等,可以不受股权锁定期的限制。但一般应受到几个条件的限制:一是社会资本不能将大部分股权转出;二是股权转让后社会资本的原合同权利义务应保持不变;三是该种转让应经实施机构书面同意并报经政府审批方能实施。

④因项目所获得的优惠政策的归属主体是否明确具体无争议,资金使用安排是否合规。

⑤绩效考核办法、考核指标等的设置是否科学合理可行,是否与政府付费挂钩等。

(3) 履约保障边界。

履约保障边界主要明确强制保险方案以及由投资竞争保函、建设履约保函、运营维护保函和移交维修保函组成的履约保函体系。

对此,律师服务时应重点关注以下几项内容。

1) 关于强制保险方案。

在强制保险方案中应明确投保人,并根据项目建设期、运营期的不同分别明确投保的种类。须将实施机构列为保险单上的被保险人,按照财金〔2014〕156 号规定,可以将政府方或其指定机构作为被保险人投保,同时保险人(项目公司)同意放弃对政府方行使一些关键性权利。

2) 关于履约保函。

投标竞争保函(保证金):投标竞争保函缴纳的金额是否符合《招标投标法》《政府采购法》等法律规定(投资竞争保函保证金的数额不得超过项目预算金额的 2%);是否设定了与建设期履约保函的衔接约定等。

建设期履约保函:建设期履约保函缴纳的时间是否明确,缴纳的金额是否符合《招标投标法》《政府采购法》等法律规定(建设履约保函保证金不得超过政府和社会资本合作项目初始投资总额或资产评估值的 10%);建设履约保函的担保事项和范围是否清晰;保函受益人是否明确;建设期保函与运营期保函的衔接约定是否明确;保函受益人对建设履约保函的提取条件,以及社会资本方在履约保函被提取后的补足责任是否有约定且可操作等。

运营维护保函:运营维护保函缴纳的时间是否明确,缴纳的金额是否恰当合适；运维保函的担保事项和范围是否清晰；保函受益人是否明确；运维保函的有效期起止点以及与移交保函的衔接约定是否明确；运营维护保函的受益人，受益人对运营维护保函提取的条件，以及社会资本方在运营维护保函被提取后的补足责任是否明确等。

移交保函：移交保函缴纳的时间是否明确，缴纳的金额是否恰当合适（一般以能足够完成移交前的恢复性大修为参照依据）；移交保函的担保事项和范围是否清晰；移交保函受益人是否明确；受益人对移交保函提取的条件，以及社会资本方在移交保函被提取后的补足责任是否明确等。

(4) 调整衔接边界。

调整衔接边界主要明确应急处置、临时接管和提前终止、合同变更、合同展期、项目新增改扩建需求等应对措施。

对此，律师服务时应重点关注以下几项内容。

1) 关于应急处置及政府的介入。要求项目公司应提前提交应急预案方案的责任是否明确，以及政府方审核上述方案的权利是否设定。项目公司应针对自然灾害、重特大事故、环境公害及人为破坏等各类可能发生的事故和所有危险源制定应急预案和现场处置方案，事前、事中、事后的各个过程中相关部门和有关人员的职责应予以明确。政府介入的情况以及政府方介入的权利是否明确：在项目合作期，发生项目公司严重违反项目协议，出现紧急事件或合理预期可能出现紧急事件时，导致如果政府不采取介入的方式，将危及公共利益、公共安全或安全运行。政府有权利（但不得被要求）介入，或指定机构进入项目设施暂代项目公司运营、维护本项目。

2) 关于PPP合同的提前终止。PPP项目合作期内，随时会发生政府或社会资本单方或双方严重违约，或不可抗力以及因其他因素导致的PPP合同提前终止。为此，要在实施方案中明确协议提前终止的情形、终止后的补偿机制、补偿机制要具有的合理合法性等。

3) 关于社会资本提前退出。要审核有关社会资本退出的时点设置是否合规合法；社会资本期中退出、期满退出的退出路径，以及期满退出时股权移交对价的计算方式是否合规合法等。

4) 关于PPP合同的变更。需要明确PPP合同变更的条件，对因政府方原因而导致合同变更,需要明确项目公司能否获得补偿。如给予补偿,补偿的计算方式是否合规合法;对非因政府方原因而致合同变更的,需要明确政府方是否有权调减政府付费等。

5)关于中期评估。对 PPP 项目进行中期评估的,需要明确评估周期,以及评估内容,一般是每 3~5 年一次。

6)关于争议解决。关于 PPP 协议争端解决机制[①],如果争议的事项属于行政法律关系,则即使当事人在 PPP 协议中约定仲裁或民事诉讼,该约定不产生拘束力,当事人应当通过行政复议或行政诉讼途径处理。如果争议的事项属于民事法律关系,当事人约定仲裁或民事诉讼的,可按约定处理。在实践中,当事人对 PPP 协议约定管辖的,如果 PPP 协议内容涉及工程建设,根据《最高人民法院关于适用〈中华人民共和国民事诉讼法〉的解释》第二十八条的规定,按照工程所在地法院专属管辖;如果 PPP 协议内容不涉及工程建设,则适用合同的一般管辖原则,可以约定管辖。

7)关于监管架构。监管架构主要包括授权关系和监管方式。授权关系主要是政府对项目实施机构的授权,以及政府直接或通过项目实施机构对社会资本的授权;监管方式主要包括履约监管、行政监管和公众监督等。

8)关于采购方式选择。项目采购应根据《政府采购法》及相关规章制度执行,采购方式包括公开招标、竞争性谈判、邀请招标、竞争性磋商和单一来源采购。项目实施机构应根据项目采购需求特点,依法选择适当采购方式。公开招标主要适用于核心边界条件和技术经济参数明确、完整、符合国家法律法规和政府采购政策,且采购中不做更改的项目。

9)关于财务测算分析。财务测算分析是以可研资料和会计核算及其他相关资料为依据,采用一系列专门的分析技术和方法,对项目(企业)等经济组织现在及将来有关的筹资活动、投资活动、经营活动、分配活动的盈利能力、营运能力、偿债能力和增长能力状况等进行分析与评价的经济管理活动。为项目(企业)的投资者、债权人、经营者及其他关心项目(企业)的

---

① 参见江苏高院民一庭课题组:"政府与社会资本合作(PPP)的法律疑难问题研究",《法律适用》2017 年第 17 期。

组织或个人了解、评价项目（企业）现状、预测项目（企业）未来做出正确决策提供准确的信息或依据。

财务测算应注意的问题包括以下几方面。

①总投资估算。总投资估算按照具体子项目进行详尽列举。建设总投资、建设期利息要给出数据来源的依据。工程建设其他费用各子项有没有实际发生，准确数额是多少，都要进行核算。

存量资产购置费要不要包含在内？存量资产如何处置？如何进入项目公司？

②项目回报机制。项目回报机制应保证项目公司获得合理的收益，但应注意盈利不暴利，应设置超额收益分享机制。可用性付费、使用量付费等形式的项目需要明确调价机制。明确政府付费中所涵盖的内容，如运营维护成本、融资成本、折旧摊销等内容。可行性缺口补助的公式要审查是否包括绩效考核的奖惩金额、税费等。

③项目收入和成本。关于项目收入如租赁费、管理费等，要考虑地理位置，结合当地的实际情况，进行实地调研，例如，可以询问周围房屋中介，还可以参照周边的租赁、管理价格，尽量做到合理接近实际情况，测算才能准确，才具有参考意义。运营维护成本的来源合理，维护费用的成本应考虑随时间的变化而变化。折旧和分摊是否包括增值税，根据相关规定折旧和分摊中的增值税是不包括在内的。由项目公司根据地方规定，与使用者协商制定收费标准、方法。使用者付费包括一些研发厂房出租、物业服务费等，应按照现在市场通用的标准，小城镇项目是多个单体打包的，需要一个一个地做财务测算，不能仅有一个测算。

三、项目采购阶段法律咨询服务要点

PPP项目的采购，是整个PPP全生命周期最为重要的环节，关系到能否顺利招到合适的社会资本，能否有利于项目实施和推进。

为此，有关PPP项目采购的法律法规及部门规章对此都做了明确细致的规定。除《政府采购法》和《招标投标法》等对PPP项目的采购方式及具体流程等做出相应规定外，财政部又对PPP项目的采购有关问题进一步做了细

化规定。

财政部《关于印发〈政府和社会资本合作项目政府采购管理办法〉的通知》(财库〔2014〕215号)规定：

第二条 本办法所称PPP项目采购，是指政府为达成权利义务平衡、物有所值的PPP项目合同，遵循公开、公平、公正和诚实信用原则，按照相关法规要求完成PPP项目识别和准备等前期工作后，依法选择社会资本合作者的过程。

第四条 PPP项目采购方式包括公开招标、邀请招标、竞争性谈判、竞争性磋商和单一来源采购。项目实施机构应当根据PPP项目的采购需求特点，依法选择适当的采购方式。公开招标主要适用于采购需求中核心边界条件和技术经济参数明确、完整、符合国家法律法规及政府采购政策，且采购过程中不作更改的项目。

第五条 PPP项目采购应当实行资格预审。项目实施机构应当根据项目需要准备资格预审文件，发布资格预审公告，邀请社会资本和与其合作的金融机构参与资格预审，验证项目能否获得社会资本响应和实现充分竞争。

第六条 资格预审公告应当在省级以上人民政府财政部门指定的政府采购信息发布媒体上发布。资格预审合格的社会资本在签订PPP项目合同前资格发生变化的，应当通知项目实施机构。

资格预审公告应当包括项目授权主体、项目实施机构和项目名称、采购需求、对社会资本的资格要求、是否允许联合体参与采购活动、是否限定参与竞争的合格社会资本的数量及限定的方法和标准、以及社会资本提交资格预审申请文件的时间和地点。提交资格预审申请文件的时间自公告发布之日起不得少于15个工作日。

第七条 项目实施机构、采购代理机构应当成立评审小组，负责PPP项目采购的资格预审和评审工作。评审小组由项目实施机构代表和评审专家共5人以上单数组成，其中评审专家人数不得少于评审小组成员总数的2/3。评审专家可以由项目实施机构自行选定，但评审专家中至少应当包含1名财务专家和1名法律专家。项目实施机构代表不得以评审专家身份参加项目的评审。

第八条 项目有3家以上社会资本通过资格预审的,项目实施机构可以继续开展采购文件准备工作;项目通过资格预审的社会资本不足3家的,项目实施机构应当在调整资格预审公告内容后重新组织资格预审;项目经重新资格预审后合格社会资本仍不够3家的,可以依法变更采购方式。

《国务院办公厅转发财政部 发展改革委 人民银行关于在公共服务领域推广政府和社会资本合作模式指导意见的通知》(国办发〔2015〕42号)规定:

(十五)对使用财政性资金作为社会资本提供公共服务对价的项目,地方政府应当根据预算法、合同法、政府采购法及其实施条例等法律法规规定,选择项目合作伙伴。依托政府采购信息平台,及时、充分向社会公布项目采购信息。综合评估项目合作伙伴的专业资质、技术能力、管理经验、财务实力和信用状况等因素,依法择优选择诚实守信的合作伙伴。加强项目政府采购环节的监督管理,保证采购过程公平、公正、公开。

财政部《关于推广运用政府和社会资本合作模式有关问题的通知》(财金〔2014〕76号)规定:

(三)规范选择项目合作伙伴。地方各级财政部门要依托政府采购信息平台,加强政府和社会资本合作项目政府采购环节的规范与监督管理。财政部将围绕实现"物有所值"价值目标,探索创新适合政府和社会资本合作项目采购的政府采购方式。地方各级财政部门要会同行业主管部门,按照《政府采购法》及有关规定,依法选择项目合作伙伴。要综合评估项目合作伙伴的专业资质、技术能力、管理经验和财务实力等因素,择优选择诚实守信、安全可靠的合作伙伴,并按照平等协商原则明确政府和项目公司间的权利与义务。可邀请有意愿的金融机构及早进入项目磋商进程。

《政府和社会资本合作项目财政管理暂行办法》(财金〔2016〕92号)规定:

第十一条 项目实施机构应当优先采用公开招标、竞争性谈判、竞争性磋商等竞争性方式采购社会资本方,鼓励社会资本积极参与、充分竞争。根据项目需求必须采用单一来源采购方式的,应当严格符合法定条件和程序。

第十六条 采购结果公示结束后、PPP项目合同正式签订前,项目实施机构应将PPP项目合同提交行业主管部门、财政部门、法制部门等相关职能部门审核后，报本级人民政府批准。

上述法律法规、部门规章和一般规范性文件，作为传统基础设施领域的常规基础设施PPP项目，应当采用招投标程序，进行社会投资人采购。但采购过程中存在着包括采购程序、采购文件编制内容等合规合法性的各种风险，为此，律师在为PPP项目的采购提供法律服务的过程中应主要把握以下问题。

（一）对PPP项目采购程序合法合规性的审查要点

在整个PPP项目的采购过程中存在着巨大的法律风险，包括招投标程序不公正、不公平、不透明，招标项目信息不充分或不够真实，缺少足够的竞标者，市场主体恶性竞争、故意压低价格竞标等。另外，由于PPP项目投资巨大，合作期限长，实务中出现大量的社会资本在竞标时响应招标文件，但是在确定中标谈判时对实质性内容提出异议，致使谈判失败，造成流标的现象。

基于此，律师在提供法律意见书或提示法律风险的时候，可以从以下方面审核PPP项目的采购程序的合规合法性。

（1）PPP项目是否按照有关规定在相应政府采购平台进行采购。

（2）PPP项目采购方式是否符合与政府采购有关的法律法规及政策制度的规定，相关内容是否与实施方案保持一致。

（3）实施机构编制的资格预审文件是否符合有关法律法规及政策制度的规定，相关内容是否与实施方案保持一致。

（4）采购需求、社会资本方的条件要求等采购要素的设置以及资格预审的程序是否符合有关法律、法规、规章及规范性文件的规定。

（5）资格预审文件、采购公告、采购文件等法律文书中相关内容是否构成对项目实施方案、物有所值评价报告、财政承受能力论证报告的实质性变更。

（6）如因通过资格预审的合格社会资本方不足法定数量，实施机构对PPP项目实施方案进行调整的，其调整内容和程序等是否符合有关法律法规和政策制度的规定；重新资格预审后合格社会资本方仍不足法定数量的，需要对PPP项目实施方案确定的采购方式进行调整的，调整内容和程序是否符合有关法律法规和政策制度的规定。

（7）正式签署的PPP项目合同中相关约定是否构成对实施方案、物有所值评价报告、财政承受能力论证报告和采购文件等修改文件的实质性变更。

（8）采购过程和结果是否合规合法、公开、透明。

（9）评标过程和结果的产生是否严格遵守法律法规要求的程序，是否做到了合规合法等。

（10）项目实施机构应与中选的社会资本确认谈判程序及备忘录签署的程序，以及采购结果和根据采购文件、响应文件、补遗文件，确认谈判备忘录拟定的合同文本的公示程序是否依法合规。

（11）正式签署的PPP项目合同中相关约定是否构成对实施方案、物有所值评价报告、财政承受能力论证报告和采购文件等的实质性变更。

（12）PPP项目合同是否履行，提交行业主管部门、财政部门、法制部门等相关职能部门审核后，报本级人民政府批准的程序。

同时，按照财政部《关于进一步加强政府和社会资本合作（PPP）示范项目规范管理的通知》（财金〔2018〕54号）"（二）切实履行采购程序。加强对项目实施方案和采购文件的审查，对于采用单一来源采购方式的项目，必须符合政府采购法及其实施条例相关规定。不得设置明显不合理的准入门槛或所有制歧视条款，不得未经采购程序直接指定第三方代持社会资本方股份"的规定，任何不依法切实履行采购程序的采购行为，都将被认定为"违规"。对此，律师在提供法律服务时也应重点注意。

PPP项目采购在实务中应重点注意以下两个问题。

一是PPP项目采购中适用"两标一招"模式的注意问题。

按照《招标投标法实施条例》第九条规定："已通过招标方式选定的特许经营项目投资人依法能够自行建设、生产或者提供"的可以不进行招标。财政部《关于在公共服务领域深入推进政府和社会资本合作工作的通知》（财金〔2016〕90号）中规定："对于涉及工程建设、设备采购或服务外包的PPP项目，已经依据政府采购法选定社会资本合作方的，合作方依法能够自行建设、生产或者提供服务的，按照《招标投标法实施条例》第九条规定，合作方可以不再进行招标。"

PPP 项目的采购可以适用"两标一招"的有关法律法规规定，但应注意以下几点。

（1）不能因为 PPP 项目合作方选择中使用了该种招标方式，而致使国家通过工程招标管理中对项目投资、安全等领域的管控落空。PPP 项目采用招标方式选择社会资本方时，政府方仍应在 PPP 项目招标文件中将工程建设招标相关要求予以落实，如项目设计深度满足工程招标条件、对社会资本方工程建设资质条件的要求等。

（2）财政部《关于推广运用政府和社会资本合作模式有关问题的通知》（财金〔2014〕76 号）则指出："政府和社会资本合作模式的实质是政府购买服务"，即 PPP 项目采购的标的是服务。而"两标一招"的适用，即在招 PPP 项目社会资本的同时，也将项目工程的施工方一起招标，也就是招选的社会资本既是将来要与政府合作的主体，也是项目工程的施工主体，那么此种情形下，既然同时进行了工程招标，是否要同时适用《招标投标法》呢？目前并未有定论，我们倾向于认为"两标一招"情形下应同时适用，而且在《政府采购法》和《招标投标法》两部法律体系相冲突时，应按照要求较高的规定执行。

二是关于 PPP 项目联合体投标的有关问题。

（1）施工企业作为联合体成员必须参股项目公司。对于工程施工单位而言，当其作为联合体成员参与招标时，主要目的是获得施工利润，并非做长期股权投资。因此，多数施工单位在参与联合体投标后，并不希望参股 SPV 公司。但根据合同法的一般规则，如果在招标人通知投标人中标后，项目公司未组建或未签署正式的 PPP 特许经营协议之前的阶段，有投资人联合体成员推出，不愿意参与招投标后的活动，尤其是入股组建项目公司，则招标人有权拒绝与投资人签订投资协议，没收投标保证金，要求投资人联合体各成员承担赔偿招标失败损失的连带责任。

（2）监理单位不能作为联合体成员。《建设工程质量监督管理条例》第三十五条规定："工程监理单位与被监理工程的施工承包单位以及建筑材料、建筑构配件和设备供应单位有隶属关系或者其他利害关系的，不得承担该项建设工程的监理业务。"投资人联合体是由以合同为纽带，各成员共同承担连带责任的法律形式，即联合体成员之间、无论内部员工、责任如何约定，对招标人而言，属于利益共同体、一致行动人。因此，是属于具有《建设工程质量监督管理条例》规定的其他利害关系的范畴的，由此推导出监理单位不得作为联合体成员。

(3) 联合体各方承担的连带责任是法定连带责任。无论是《招标投标法》还是《政府采购法》，均明确规定了联合体成员对招标人或采购人承担的连带责任，而且这种连带责任是法定连带责任而非约定连带责任，无法通过合同约定予以解除。由于项目公司才是PPP合同主体，也是承担PPP合同及其法律文件下义务的主体，社会资本作为项目公司的股东，并不存在法定连带责任，如果只在PPP项目协议中约定股东方的连带责任，则该连带责任为约定连带责任，与招投标法和政府采购法的约定出现抵触。在实际操作中，可以要求社会资本方联合体成员也作为PPP项目协议的一方，既可以符合政府采购法规定的联合体"各方应共同与采购人签订采购合同"，同时可以确定联合体成员的法定连带责任。

(4) 招标人能否拒绝联合体投标。《招标投标法实施条例》规定，招标人有权利选择是否接受联合体投标，招标人应将是否接受联合体投标在资格预审公告、招标公告或投标邀请书中做出明确规定。招标人可以在招标文件中明确规定不接受联合体投标。如果招标文件规定不接受联合体投标，投标人组成联合体投标时，招标人有权拒绝其投标；如果招标文件没有规定不接受联合体投标，则招标人不能拒绝接受联合体的投标。

(5) 联合体中标后，其中没盖章的一方不愿意参与，如何处理。根据《招标投标法》第三十一条规定："两个以上法人或者其他组织可以组成一个联合体，以一个投标人的身份共同投标。联合体各方应当签订共同投标协议，明确约定各方拟承担的工作和责任，并将共同投标协议连同投标文件一并提交招标人。联合体中标的，联合体各方应当共同与招标人签订合同，就中标项目向招标人承担连带责任。"即联合体协议中需要两家联合体单位分别签字盖章，投标工作由联合体牵头单位进行，投标文件只需要牵头单位的盖章即可。

联合体协议中如果只有一方盖章，说明此联合体协议本身是无效的，正常评标委员会应当否决其联合体投标的资格。所以该联合体是不应当中标的。如现实中评定其中标了，联合体没盖章的一方确实不需要承担法律责任，因为其在协议上没有签名盖章，当然可以不承认这份协议书。所以应该是评标委员会修正评标结果，否决该家联合体中标资格，让排名第二的中标候选人递补中标。

（二）对 PPP 项目采购文件合规合法性的审核要点

PPP 项目采购文件是采购过程中确立社会资本方的有关资格条件，明确政府对社会资本采购需求，以及确立双方之间基本合同权利义务关系的有关法律性文件，更是 PPP 项目采购依法合规，顺利实施的重要法律保障。对此，《政府采购法》和《招标投标法》等均做出了相应规定，有关规范性文件更是针对 PPP 项目的采购特点，做出了更加明确具体的规定和要求。

财政部《关于印发政府和社会资本合作模式操作指南（试行）的通知》（财金〔2014〕113 号）规定：

第十五条 项目采购文件应包括采购邀请、竞争者须知（包括密封、签署、盖章要求等）、竞争者应提供的资格、资信及业绩证明文件、采购方式、政府对项目实施机构的授权、实施方案的批复和项目相关审批文件、采购程序、响应文件编制要求、提交响应文件截止时间、开启时间及地点、强制担保的保证金交纳数额和形式、评审方法、评审标准、政府采购政策要求、项目合同草案及其他法律文本等。

财政部《关于印发〈政府和社会资本合作项目政府采购管理办法〉的通知》（财库〔2014〕215 号）规定：

第九条 项目采购文件应当包括采购邀请、竞争者须知（包括密封、签署、盖章要求等）、竞争者应当提供的资格、资信及业绩证明文件、采购方式、政府对项目实施机构的授权、实施方案的批复和项目相关审批文件、采购程序、响应文件编制要求、提交响应文件截止时间、开启时间及地点、保证金交纳数额和形式、评审方法、评审标准、政府采购政策要求、PPP 项目合同草案及其他法律文本、采购结果确认谈判中项目合同可变的细节、以及是否允许未参加资格预审的供应商参与竞争并进行资格后审等内容。项目采购文件中还应当明确项目合同必须报请本级人民政府审核同意，在获得同意前项目合同不得生效。

财政部《关于印发〈政府和社会资本合作项目财政管理暂行办法〉的通知》（财金〔2016〕92号）规定：

第十二条　项目实施机构应当根据项目特点和建设运营需求，综合考虑专业资质、技术能力、管理经验和财务实力等因素合理设置社会资本的资格条件，保证国有企业、民营企业、外资企业平等参与。

第十三条　项目实施机构应当综合考虑社会资本竞争者的技术方案、商务报价、融资能力等因素合理设置采购评审标准，确保项目的长期稳定运营和质量效益提升。

中华人民共和国财政部令第87号《政府采购货物和服务招标投标管理办法》规定：

第十一条　采购需求应当完整、明确，包括以下内容：

（一）采购标的需实现的功能或者目标，以及为落实政府采购政策需满足的要求；

（二）采购标的需执行的国家相关标准、行业标准、地方标准或者其他标准、规范；

（三）采购标的需满足的质量、安全、技术规格、物理特性等要求；

（四）采购标的的数量、采购项目交付或者实施的时间和地点；

（五）采购标的需满足的服务标准、期限、效率等要求；

（六）采购标的的验收标准；

（七）采购标的的其他技术、服务等要求。

第十七条　采购人、采购代理机构不得将投标人的注册资本、资产总额、营业收入、从业人员、利润、纳税额等规模条件作为资格要求或者评审因素，也不得通过将除进口货物以外的生产厂家授权、承诺、证明、背书等作为资格要求，对投标人实行差别待遇或者歧视待遇。

第十九条　采购人或者采购代理机构应当根据采购项目的实施要求，在招标公告、资格预审公告或者投标邀请书中载明是否接受联合体投标。如未载明，不得拒绝联合体投标。

对于不允许偏离的实质性要求和条件，采购人或者采购代理机构应当在招标文件中规定，并以醒目的方式标明。

第二十五条 招标文件、资格预审文件的内容不得违反法律、行政法规、强制性标准、政府采购政策，或者违反公开透明、公平竞争、公正和诚实信用原则。

有前款规定情形，影响潜在投标人投标或者资格预审结果的，采购人或者采购代理机构应当修改招标文件或者资格预审文件后重新招标。

基于此，律师在为 PPP 项目采购提供法律服务审核有关采购文件时，应重点注意以下问题。

（1）对招标文件、资格预审文件合规合法性的审核，主要看其内容是否存在违反法律、行政法规、强制性标准、政府采购法和有关政策规定的条款。

（2）社会资本资格条件设置时是否设置了限制投标人投标的资格条件，如将注册资本、资产总额、营业收入、从业人员、利润、纳税额等规模条件作为资格要求或者评审因素。

（3）社会资本资格条件设置时是否结合了项目特点和建设运营需求，是否综合考虑专业资质、技术能力、管理经验和财务实力等重要因素。

（4）社会资本资格条件设置时是否有影响公平竞争的歧视性或排他性条款，是否保证国有企业、民营企业、外资企业平等参与。

（5）招标文件设置采购评审标准时，是否综合考虑社会资本竞争者的技术方案、商务报价的合理性以及融资能力等，以确保项目的长期稳定运营和质量效益提升。

（6）评标办法中商务、技术、报价分值设置是否合理合规。

（7）评标办法中是否有明显排他性条款，是否有违背《招标投标法》和《政府采购法》等容易引起质疑和投诉的评分内容。

（8）采购文件中对社会资本方应当提供的资格、资信及业绩证明文件、参加采购活动的保证金（保函）、履约保证金（保函）金额等资料的提交规定有关内容是否合规，是否与实施方案确定的保持一致。财政部《关于印发政府和社会资本合作模式操作指南（试行）的通知》（财金〔2014〕113号）第十八条规定："社会资本应以支票、汇票、本票或金融机构、担保机构出具的保函等非现金形式缴纳保证金。参加采购活动的保证金的数额不得超过项目预算金额的2%。履约保证金的数额不得超过政府和社会资本合作项目初始投资总额或资产评估值的10%。无固定资产投资或投资额不大的服务型合作项目，履约保证金的数额不得超过平均6个月的服务收入额。"

（9）评审方法、评分标准、PPP项目合同（草案）及其他法律文本相关内容是否与实施方案确定的内容保持一致。

（10）实施机构与中选社会资本的备忘录签署内容是否依法合规。重点审核作为PPP项目招标文件附件的PPP项目合同、项目公司章程、项目公司股东协议有关内容及签约程序的合规合法性。

（11）PPP项目合同的签约主体是否合规；合同是否按照要求履行了财政部门、政府法制部门、行业主管部门的审核并报经政府审批的程序，并由项目实施机构与中选社会资本方签署。

（12）需要设立项目公司的，是否由项目公司与实施机构签署PPP项目合同，或签署关于加入PPP项目合同的补充合同。

有关PPP合同律师服务内容将在下面的章节中单独解析，在此不再赘述。

除此之外，财政部办公厅《关于规范政府和社会资本合作（PPP）综合信息平台项目库管理的通知》（财办金〔2017〕92号）还规定"不宜继续采用PPP模式实施"的项目，包括"采购文件中设置歧视性条款、影响社会资本平等参与的"。可以看出，PPP项目采购过程中的违规，还将面临被清理出库的风险，因此，律师在PPP项目采购的服务过程中要努力做到细心细致，及时有效地防范项目采购过程中的各类违法违规行为及法律风险的产生。

图3-1~图3-6为江苏省财政厅政府采购处的六种采购方式操作流程图，仅供参考。

第三章　PPP项目全生命周期各阶段法律咨询服务要点解析

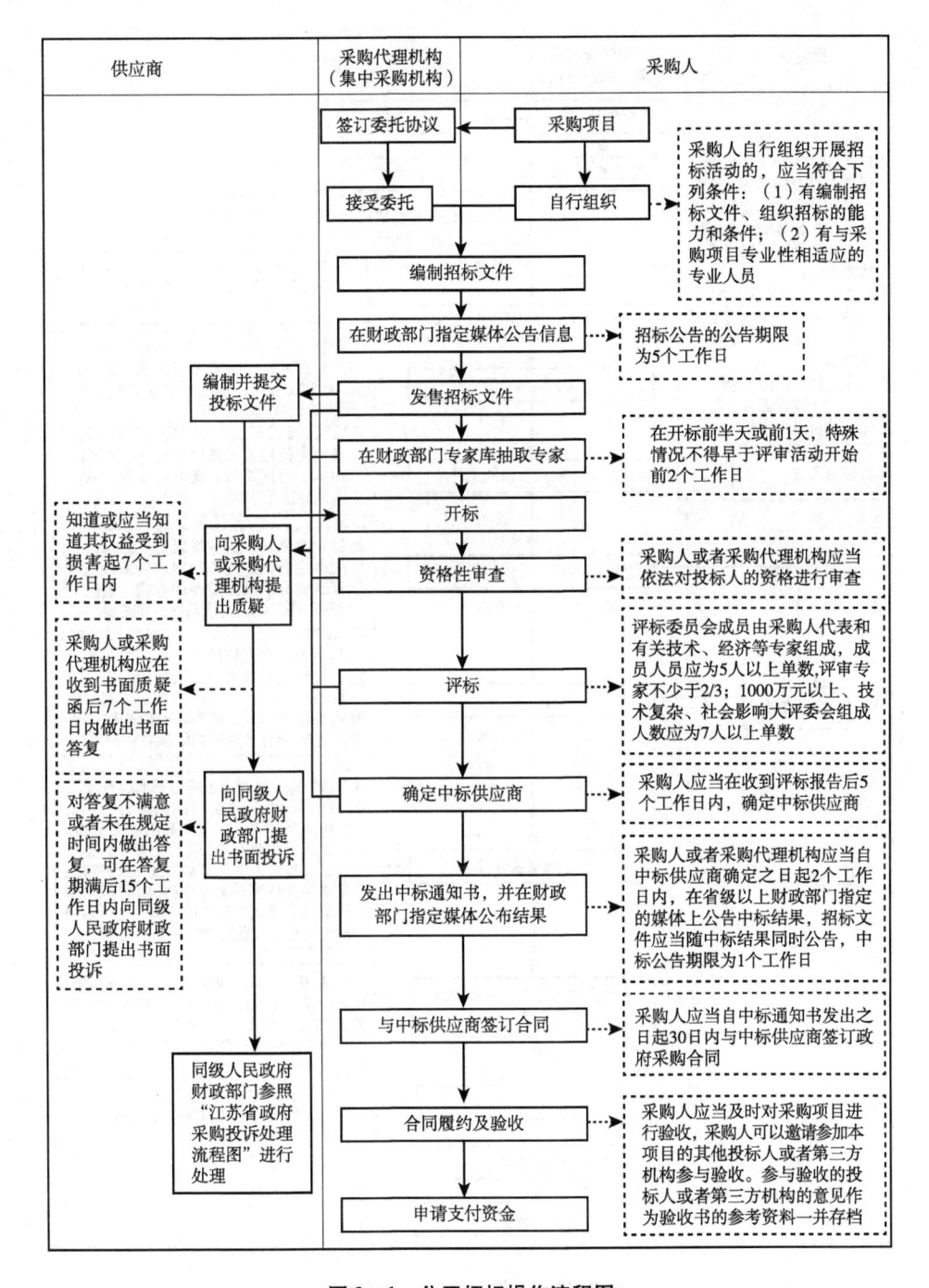

供应商	采购代理机构（集中采购机构）	采购人

流程说明：

- 签订委托协议 ← 采购项目
- 接受委托 → 自行组织
  - 采购人自行组织开展招标活动的，应当符合下列条件：（1）有编制招标文件、组织招标的能力和条件；（2）有与采购项目专业性相适应的专业人员
- 编制招标文件
- 在财政部门指定媒体公告信息
  - 招标公告的公告期限为5个工作日
- 发售招标文件
- 编制并提交投标文件
- 在财政部门专家库抽取专家
  - 在开标前半天或前1天，特殊情况不得早于评审活动开始前2个工作日
- 开标
- 资格性审查
  - 采购人或者采购代理机构应当依法对投标人的资格进行审查
- 向采购人或采购代理机构提出质疑
  - 知道或应当知道其权益受到损害起7个工作日内
- 评标
  - 评标委员会成员由采购人代表和有关技术、经济等专家组成，成员人员应为5人以上单数，评审专家不少于2/3；1000万元以上、技术复杂、社会影响大评委会组成人数应为7人以上单数
  - 采购人或采购代理机构应在收到书面质疑函后7个工作日内做出书面答复
- 确定中标供应商
  - 采购人应当在收到评标报告后5个工作日内，确定中标供应商
- 向同级人民政府财政部门提出书面投诉
  - 对答复不满意或者未在规定时间内做出答复，可在答复期满后15个工作日内向同级人民政府财政部门提出书面投诉
- 发出中标通知书，并在财政部门指定媒体公布结果
  - 采购人或采购代理机构应当自中标供应商确定之日起2个工作日内，在省级以上财政部门指定的媒体上公告中标结果，招标文件应当随中标结果同时公告，中标公告期限为1个工作日
- 与中标供应商签订合同
  - 采购人应当自中标通知书发出之日起30日内与中标供应商签订政府采购合同
- 同级人民政府财政部门参照"江苏省政府采购投诉处理流程图"进行处理
- 合同履约及验收
  - 采购人应当及时对采购项目进行验收，采购人可以邀请参加本项目的其他投标人或者第三方机构参与验收。参与验收的投标人或者第三方机构的意见作为验收书的参考资料一并存档
- 申请支付资金

图3-1　公开招标操作流程图

139

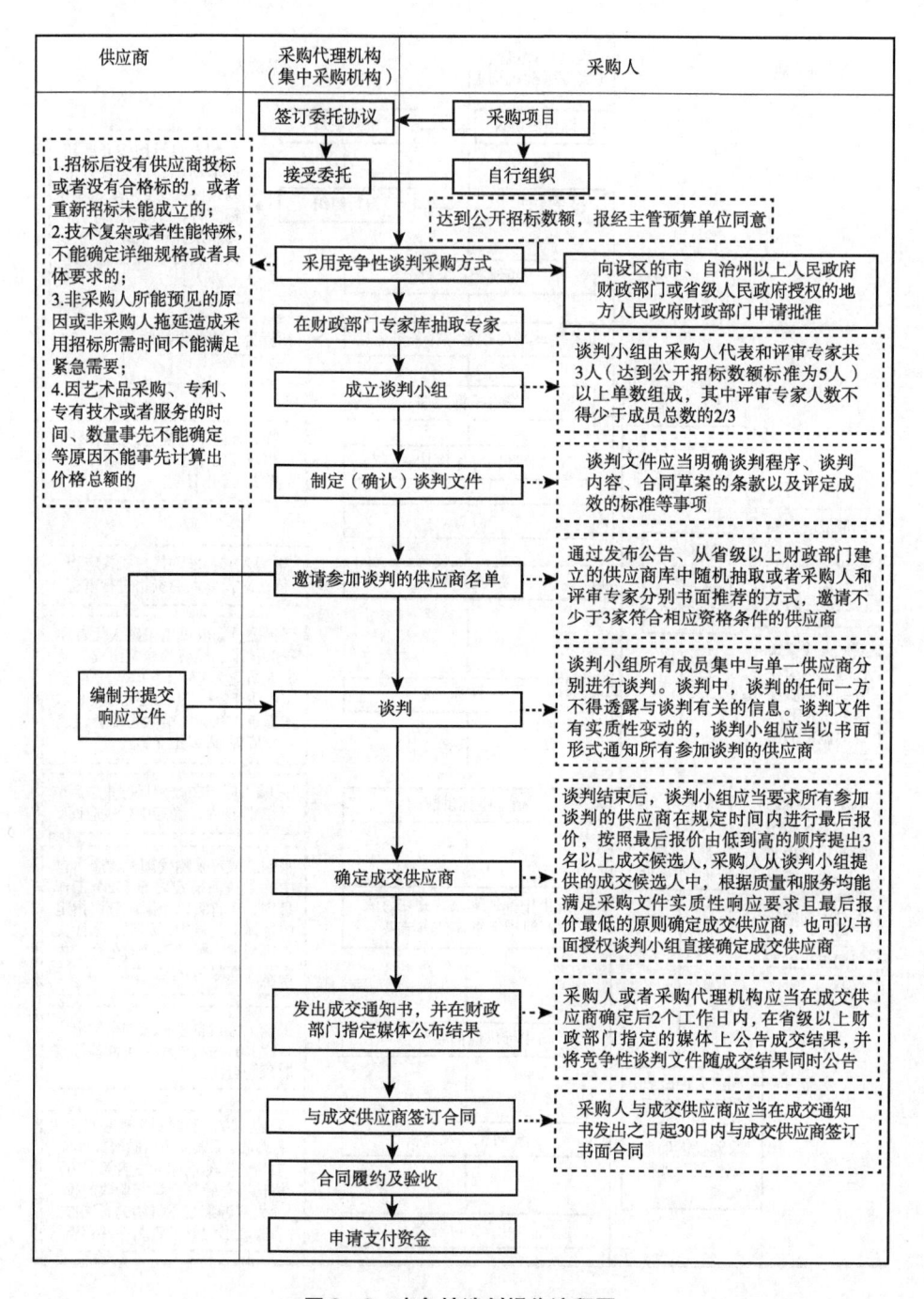

供应商	采购代理机构 （集中采购机构）	采购人

1. 招标后没有供应商投标或者没有合格标的，或者重新招标未能成立；
2. 技术复杂或者性能特殊，不能确定详细规格或者具体要求的；
3. 非采购人所能预见的原因或非采购人拖延造成采用招标所需时间不能满足紧急需要；
4. 因艺术品采购、专利、专有技术或者服务的时间、数量事先不能确定等原因不能事先计算出价格总额的

采购项目 → 签订委托协议 → 接受委托
自行组织

达到公开招标数额，报经主管预算单位同意

采用竞争性谈判采购方式 → 向设区的市、自治州以上人民政府财政部门或省级人民政府授权的地方人民政府财政部门申请批准

在财政部门专家库抽取专家

成立谈判小组 ┈ 谈判小组由采购人代表和评审专家共3人（达到公开招标数额标准为5人）以上单数组成，其中评审专家人数不得少于成员总数的2/3

制定（确认）谈判文件 ┈ 谈判文件应当明确谈判程序、谈判内容、合同草案的条款以及评定成交的标准等事项

邀请参加谈判的供应商名单 ┈ 通过发布公告、从省级以上财政部门建立的供应商库中随机抽取或者采购人和评审专家分别书面推荐的方式，邀请不少于3家符合相应资格条件的供应商

编制并提交响应文件 → 谈判 ┈ 谈判小组所有成员集中与单一供应商分别进行谈判。谈判中，谈判的任何一方不得透露与谈判有关的信息。谈判文件有实质性变动的，谈判小组应当以书面形式通知所有参加谈判的供应商

确定成交供应商 ┈ 谈判结束后，谈判小组应当要求所有参加谈判的供应商在规定时间内进行最后报价，按照最后报价由低到高的顺序提出3名以上成交候选人，采购人从谈判小组提供的成交候选人中，根据质量和服务均能满足采购文件实质性响应要求且最后报价最低的原则确定成交供应商，也可以书面授权谈判小组直接确定成交供应商

发出成交通知书，并在财政部门指定媒体公布结果 ┈ 采购人或者采购代理机构应当在成交供应商确定后2个工作日内，在省级以上财政部门指定的媒体上公告成交结果，并将竞争性谈判文件随成交结果同时公告

与成交供应商签订合同 ┈ 采购人与成交供应商应当在成交通知书发出之日起30日内与成交供应商签订书面合同

合同履约及验收

申请支付资金

图 3-2 竞争性谈判操作流程图

第三章 PPP项目全生命周期各阶段法律咨询服务要点解析

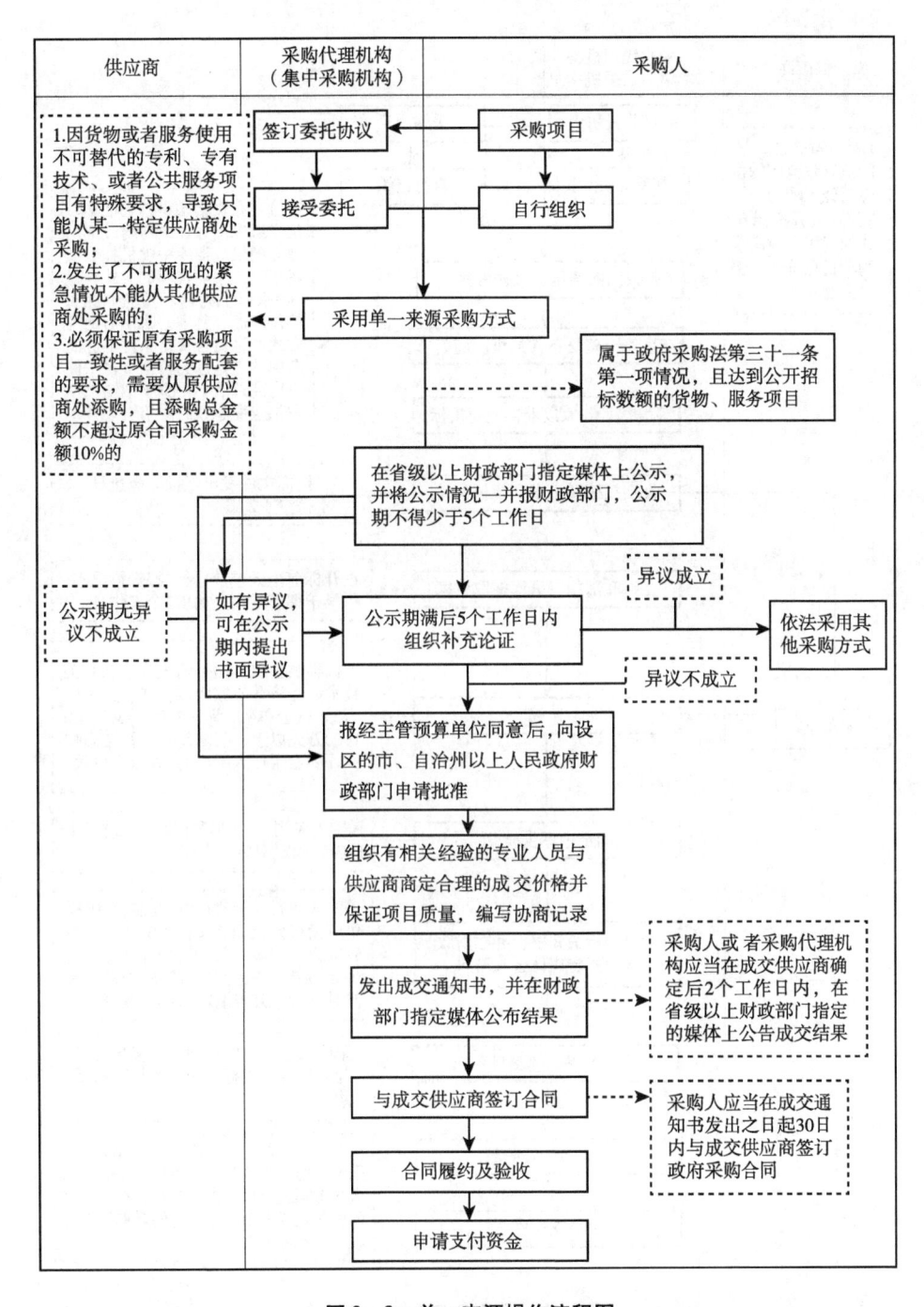

供应商	采购代理机构（集中采购机构）	采购人

供应商栏：
1. 因货物或者服务使用不可替代的专利、专有技术、或者公共服务项目有特殊要求，导致只能从某一特定供应商处采购；
2. 发生了不可预见的紧急情况不能从其他供应商处采购的；
3. 必须保证原有采购项目一致性或者服务配套的要求，需要从原供应商处添购，且添购总金额不超过原合同采购金额10%的

流程：
- 采购人→采购项目→自行组织
- 采购人→采购项目→签订委托协议→采购代理机构接受委托
- 采用单一来源采购方式（属于政府采购法第三十一条第一项情况，且达到公开招标数额的货物、服务项目）
- 在省级以上财政部门指定媒体上公示，并将公示情况一并报财政部门，公示期不得少于5个工作日
- 公示期无异议不成立
- 如有异议，可在公示期内提出书面异议
- 公示期满后5个工作日内组织补充论证
  - 异议成立→依法采用其他采购方式
  - 异议不成立
- 报经主管预算单位同意后，向设区的市、自治州以上人民政府财政部门申请批准
- 组织有相关经验的专业人员与供应商商定合理的成交价格并保证项目质量，编写协商记录
- 发出成交通知书，并在财政部门指定媒体公布结果（采购人或者采购代理机构应当在成交供应商确定后2个工作日内，在省级以上财政部门指定的媒体上公告成交结果）
- 与成交供应商签订合同（采购人应当在成交通知书发出之日起30日内与成交供应商签订政府采购合同）
- 合同履约及验收
- 申请支付资金

图 3-3 单一来源操作流程图

141

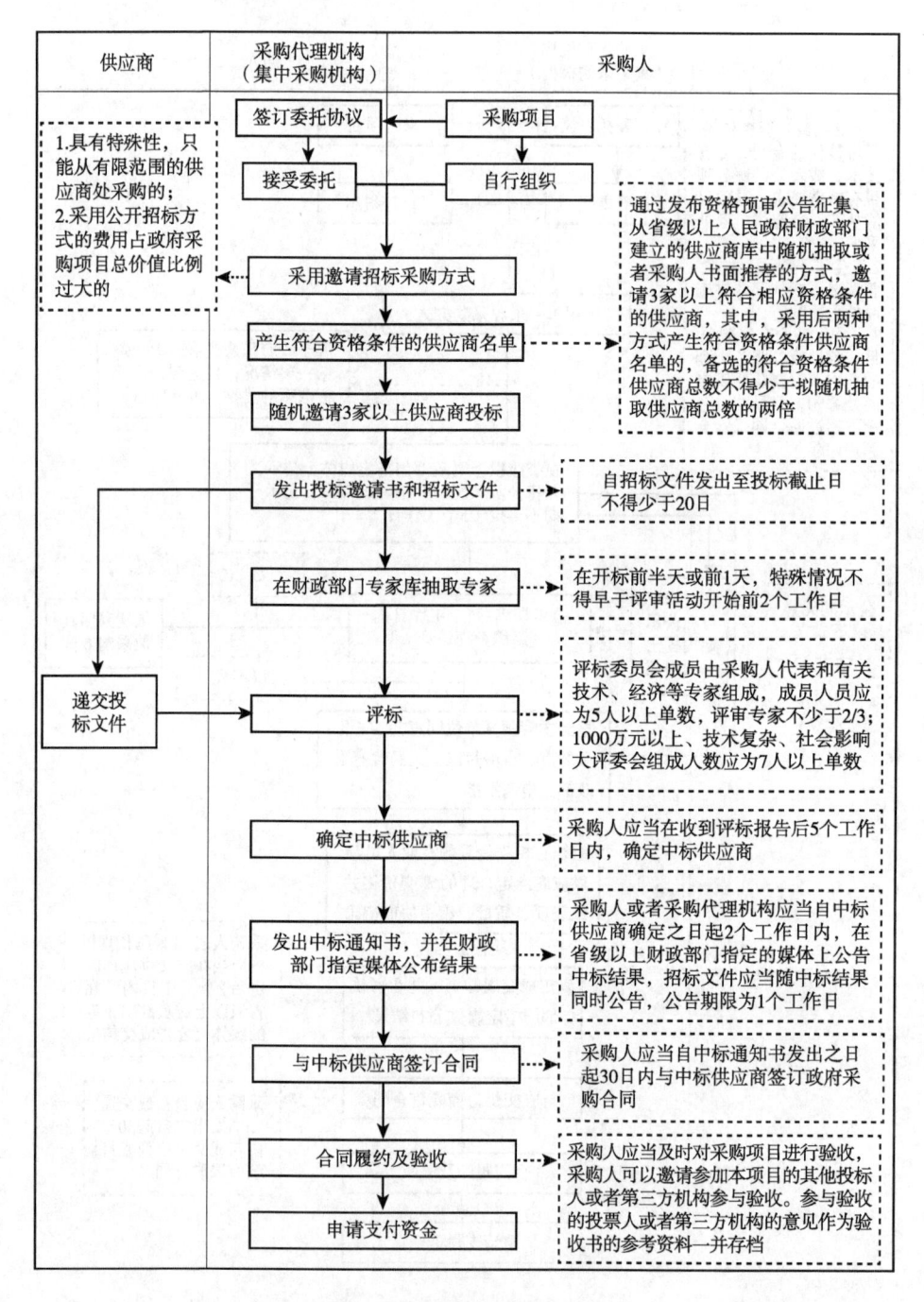

供应商	采购代理机构（集中采购机构）	采购人
1.具有特殊性，只能从有限范围的供应商处采购的； 2.采用公开招标方式的费用占政府采购项目总价值比例过大的	签订委托协议 ← 采购项目 接受委托 ← 自行组织 ↓ 采用邀请招标采购方式 ↓ 产生符合资格条件的供应商名单 ↓ 随机邀请3家以上供应商投标 ↓ 发出投标邀请书和招标文件 ↓ 在财政部门专家库抽取专家 ↓ （递交投标文件）→ 评标 ↓ 确定中标供应商 ↓ 发出中标通知书，并在财政部门指定媒体公布结果 ↓ 与中标供应商签订合同 ↓ 合同履约及验收 ↓ 申请支付资金	通过发布资格预审公告征集、从省级以上人民政府财政部门建立的供应商库中随机抽取或者采购人书面推荐的方式，邀请3家以上符合相应资格条件的供应商，其中，采用后两种方式产生符合资格条件供应商名单的，备选的符合资格条件供应商总数不得少于拟随机抽取供应商总数的两倍 自招标文件发出至投标截止日不得少于20日 在开标前半天或前1天，特殊情况不得早于评审活动开始前2个工作日 评标委员会成员由采购人代表和有关技术、经济等专家组成，成员人员应为5人以上单数，评审专家不少于2/3；1000万元以上、技术复杂、社会影响大评委会组成人数应为7人以上单数 采购人应当在收到评标报告后5个工作日内，确定中标供应商 采购人或者采购代理机构应当自中标供应商确定之日起2个工作日内，在省级以上财政部门指定的媒体上公告中标结果，招标文件应当随中标结果同时公告，公告期限为1个工作日 采购人应当自中标通知书发出之日起30日内与中标供应商签订政府采购合同 采购人应当及时对采购项目进行验收，采购人可以邀请参加本项目的其他投标人或者第三方机构参与验收。参与验收的投票人或者第三方机构的意见作为验收书的参考资料一并存档

图3-4 邀请招标操作流程图

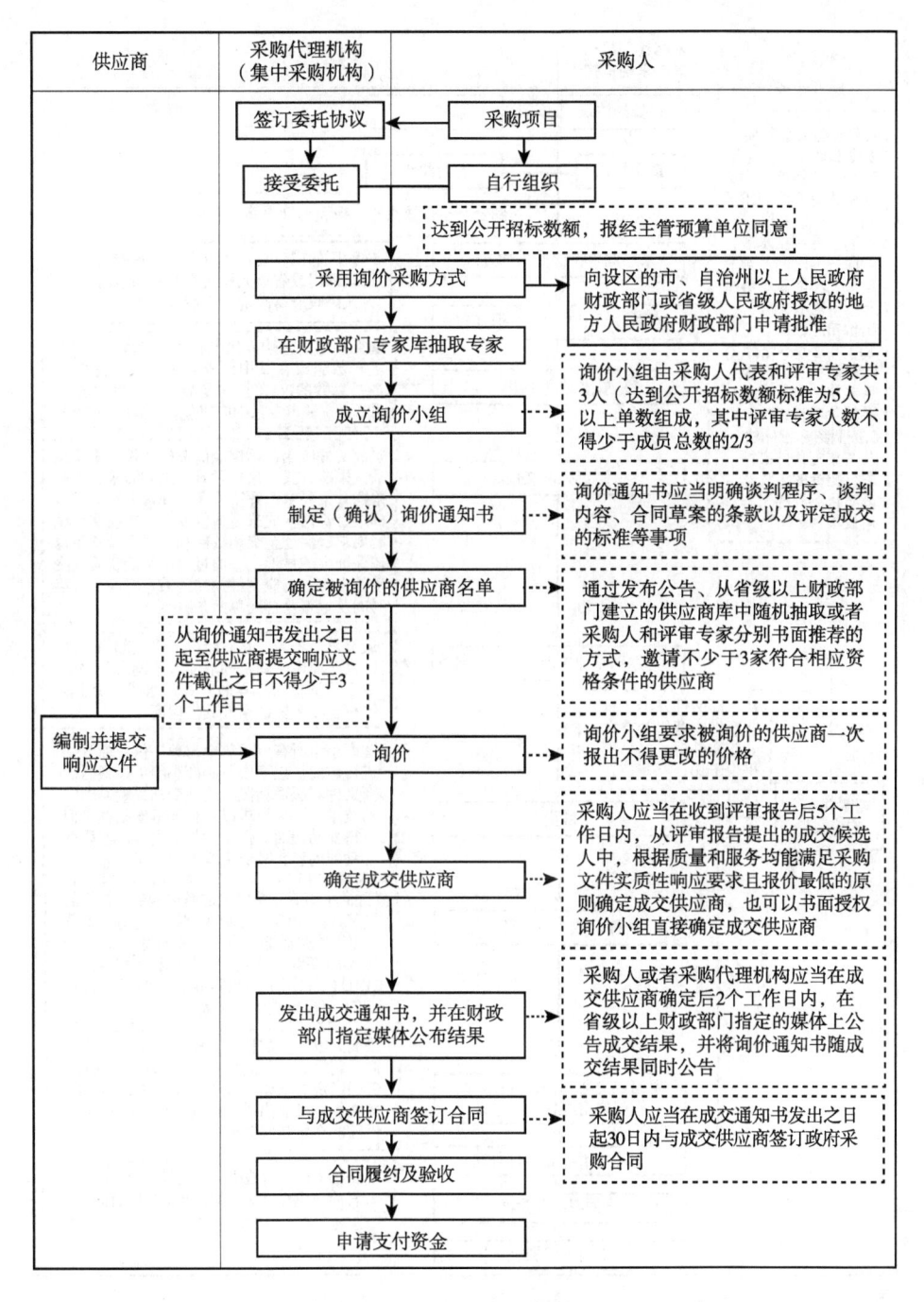

第三章 PPP项目全生命周期各阶段法律咨询服务要点解析

供应商	采购代理机构（集中采购机构）	采购人

```
                    ┌──────────┐    ┌──────────┐
                    │签订委托协议│◄───│ 采购项目 │
                    └─────┬────┘    └─────┬────┘
                          ▼               ▼
                    ┌──────────┐    ┌──────────┐
                    │ 接受委托 │    │ 自行组织 │
                    └─────┬────┘    └─────┬────┘
                          │               │
                          │   ┌─ 达到公开招标数额，报经主管预算单位同意
                          ▼
                    ┌──────────────┐   ┌─────────────────────────┐
                    │采用询价采购方式│──►│向设区的市、自治州以上人民政府│
                    └──────┬───────┘   │财政部门或省级人民政府授权的地│
                           ▼           │方人民政府财政部门申请批准    │
                    ┌──────────────┐   └─────────────────────────┘
                    │在财政部门专家库│
                    │   抽取专家   │
                    └──────┬───────┘
                           ▼           ┌─────────────────────────┐
                    ┌──────────────┐   │询价小组由采购人代表和评审专家共│
                    │  成立询价小组 │──►│3人（达到公开招标数额标准为5人）│
                    └──────┬───────┘   │以上单数组成，其中评审专家人数不│
                           ▼           │得少于成员总数的2/3           │
                                       └─────────────────────────┘
                    ┌──────────────┐   ┌─────────────────────────┐
                    │制定(确认)询价 │──►│询价通知书应当明确谈判程序、谈判│
                    │   通知书    │   │内容、合同草案的条款以及评定成交│
                    └──────┬───────┘   │的标准等事项                 │
                           ▼           └─────────────────────────┘
                    ┌──────────────┐   ┌─────────────────────────┐
                    │确定被询价的供 │──►│通过发布公告、从省级以上财政部 │
                    │  应商名单    │   │门建立的供应商库中随机抽取或者 │
                    └──────┬───────┘   │采购人和评审专家分别书面推荐的 │
          ┌─ 从询价通知书发出之日│       │方式，邀请不少于3家符合相应资 │
          │  起至供应商提交响应文│       │格条件的供应商              │
          │  件截止之日不得少于3 │       └─────────────────────────┘
          │  个工作日
 ┌──────┐ ▼
 │编制并提│ ┌──────────────┐   ┌─────────────────────────┐
 │交响应文│►│    询价      │──►│询价小组要求被询价的供应商一次│
 │  件   │ └──────┬───────┘   │报出不得更改的价格           │
 └──────┘        ▼           └─────────────────────────┘
                                       ┌─────────────────────────┐
                    ┌──────────────┐   │采购人应当在收到评审报告后5个工│
                    │              │   │作日内，从评审报告提出的成交候选│
                    │ 确定成交供应商│──►│人中，根据质量和服务均能满足采购│
                    │              │   │文件实质性响应要求且报价最低的原│
                    └──────┬───────┘   │则确定成交供应商，也可以书面授权│
                           │           │询价小组直接确定成交供应商     │
                           ▼           └─────────────────────────┘
                    ┌──────────────┐   ┌─────────────────────────┐
                    │发出成交通知书,│   │采购人或者采购代理机构应当在成 │
                    │并在财政部门指 │──►│交供应商确定后2个工作日内，在 │
                    │定媒体公布结果 │   │省级以上财政部门指定的媒体上公 │
                    └──────┬───────┘   │告成交结果，并将询价通知书随成 │
                           ▼           │交结果同时公告              │
                                       └─────────────────────────┘
                    ┌──────────────┐   ┌─────────────────────────┐
                    │与成交供应商签 │──►│采购人应当在成交通知书发出之日 │
                    │   订合同    │   │起30日内与成交供应商签订政府采│
                    └──────┬───────┘   │购合同                    │
                           ▼           └─────────────────────────┘
                    ┌──────────────┐
                    │ 合同履约及验收│
                    └──────┬───────┘
                           ▼
                    ┌──────────────┐
                    │ 申请支付资金 │
                    └──────────────┘
```

图 3-5 询价操作流程图

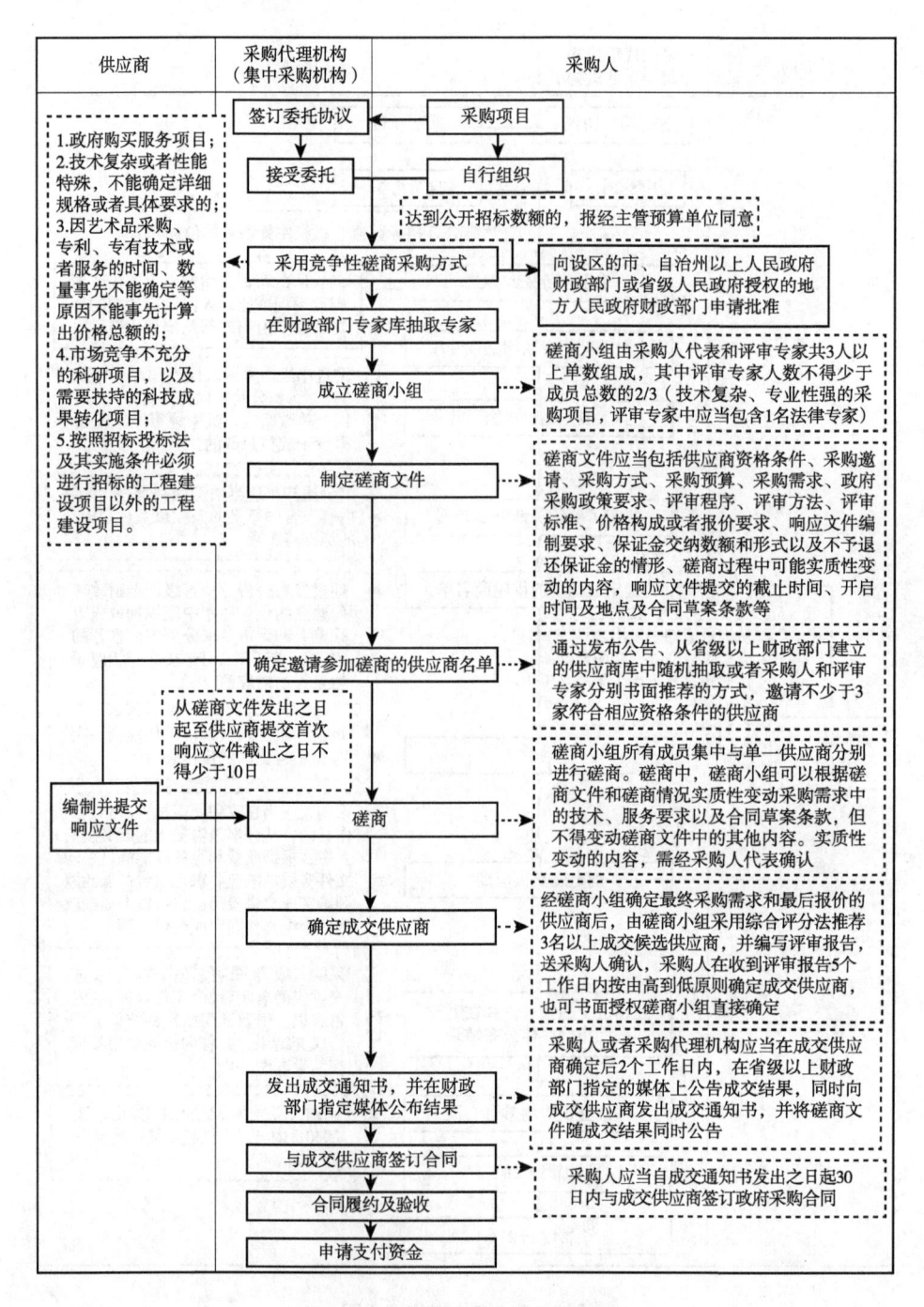

供应商	采购代理机构 (集中采购机构)	采购人

供应商侧说明：
1. 政府购买服务项目；
2. 技术复杂或者性能特殊，不能确定详细规格或者具体要求的；
3. 因艺术品采购、专利、专有技术或者服务的时间、数量事先不能确定等原因不能事先计算出价格总额的；
4. 市场竞争不充分的科研项目，以及需要扶持的科技成果转化项目；
5. 按照招标投标法及其实施条件必须进行招标的工程建设项目以外的工程建设项目。

流程（采购代理机构列，自上而下）：
- 签订委托协议 ← 采购项目
- 接受委托 ← 自行组织
- 采用竞争性磋商采购方式
- 在财政部门专家库抽取专家
- 成立磋商小组
- 制定磋商文件
- 确定邀请参加磋商的供应商名单
- 磋商
- 确定成交供应商
- 发出成交通知书，并在财政部门指定媒体公布结果
- 与成交供应商签订合同
- 合同履约及验收
- 申请支付资金

采购人侧说明：
- 达到公开招标数额的，报经主管预算单位同意
- 向设区的市、自治州以上人民政府财政部门或省级人民政府授权的地方人民政府财政部门申请批准
- 磋商小组由采购人代表和评审专家共3人以上单数组成，其中评审专家人数不得少于成员总数的2/3（技术复杂、专业性强的采购项目，评审专家中应当包含1名法律专家）
- 磋商文件应当包括供应商资格条件、采购邀请、采购方式、采购预算、采购需求、政府采购政策要求、评审程序、评审方法、评审标准、价格构成或者报价要求、响应文件编制要求、保证金交纳数额和形式以及不予退还保证金的情形、磋商过程中可能实质性变动的内容、响应文件提交的截止时间、开启时间及地点及合同草案条款等
- 通过发布公告、从省级以上财政部门建立的供应商库中随机抽取或者采购人和评审专家分别书面推荐的方式，邀请不少于3家符合相应资格条件的供应商
- 磋商小组所有成员集中与单一供应商分别进行磋商。磋商中，磋商小组可以根据磋商文件和磋商情况实质性变动采购需求中的技术、服务要求以及合同草案条款，但不得变动磋商文件中的其他内容。实质性变动的内容，需经采购人代表确认
- 经磋商小组确定最终采购需求和最后报价的供应商后，由磋商小组采用综合评分法推荐3名以上成交候选供应商，并编写评审报告，送采购人确认，采购人在收到评审报告5个工作日内按由高到低原则确定成交供应商，也可书面授权磋商小组直接确定
- 采购人或者采购代理机构应当在成交供应商确定后2个工作日内，在省级以上财政部门指定的媒体上公告成交结果，同时向成交供应商发出成交通知书，并将磋商文件随成交结果同时公告
- 采购人应当自成交通知书发出之日起30日内与成交供应商签订政府采购合同

供应商侧（编制并提交响应文件）：
从磋商文件发出之日起至供应商提交首次响应文件截止之日不得少于10日

图3-6 竞争性磋商操作流程图

四、项目执行阶段法律咨询服务要点

按照财政部《关于印发政府和社会资本合作模式操作指南（试行）的通知》（财金〔2014〕113号）第二十三条至三十一条的规定，PPP项目执行的主要工作为：组建设立项目公司，社会资本或项目公司负责项目融资，政府方的融资监管，项目公司的建设运营，政府方履行对项目公司建设运营的监管、履行政府付费职责等。

基于此，律师在PPP项目执行阶段的法律服务重点有以下几方面。

（1）有关项目公司的设立形式、注册资本等是否符合法律规定；项目公司的股权结构是否符合规定（政府方股权不得超过50%，不得有实质控制权和管理权）。

（2）对于项目公司的股权转让、股权融资运作是否有相应的限制，是否合法合规。

（3）PPP项目合同各方是否按照PPP项目合同约定履行相关义务；涉及地方政府换届的，新一届政府领导是否遵守合同约定，有无出现"新官不理旧账"等现象。

（4）社会资本或项目公司是否完成了项目各阶段的融资，是否及时完成了融资方案设计、机构接洽、合同签订和融资交割等工作。

（5）项目公司的融资方案或融资计划是否涉及政府担保或兜底内容，是否存在企业债务向政府转移的隐患，有无涉及政府担保承诺、保底承诺、固定回报承诺、回购承诺等问题。

（6）项目融资、建设、运营、维护的合法与否。

（7）实施机构是否根据PPP项目合同约定，监督社会资本方和项目公司履行PPP项目合同义务，定期监测项目产出绩效目标，是否严格按照绩效考核办法和考核指标，完成了对项目的建设和运营进行绩效考核。

（8）对PPP项目公司的绩效考核程序及对绩效考核结果的应用，是否符合PPP项目合同的约定以及有关法律法规和政策制度的规定。

（9）政府对社会资本方和（或）项目公司负有支付义务的，实施机构是否按照实际绩效直接或通知财政部门向社会资本方和（或）项目公司及时足额支付。

（10）项目设置超额收益分享机制的，社会资本方和（或）项目公司是否根据PPP项目合同约定向政府方足额支付应由政府方享有的超额收益。

（11）如项目实施机构和社会资本方和（或）项目公司拟对PPP项目合同进行变更或签署补充合同等合同文件的，该变更合同或补充合同等文件是否符合法律法规和政策制度的规定。

（12）项目公司增减注册资本、政府方或社会资本方转让股权、转让PPP项目合同权利义务、引入第三方、项目融资、资产证券化等合同履行过程中的重大事项是否符合法律法规和政策制度的规定。

（13）由于增减建设内容，项目建设地点、建设内容、总投资、政府支出责任、财政承受能力等发生重大变化，是否按照相关法律法规和政策制度重新履行项目立项、调整实施方案、物有所值评价报告及财政承受能力论证报告、政府审批、政府采购、签订补充合同等程序。

（14）社会资本方和（或）项目公司违约，危及公共产品和服务持续稳定安全供给，或危及国家安全和重大公共利益而导致项目终止时，政府方和社会资本方就项目终止后的处理约定是否符合法律法规和政策制度的规定。

（15）政府方临时接管或直接介入项目，并依法追究社会资本方或项目公司责任、重新招选社会资本方的程序等，是否符合PPP项目合同的约定以及法律法规和政策制度的规定。

（16）出现符合PPP项目清理整顿或退库情形的，政府部门是否按照法律法规和政策制度及时、规范、有效进行整改，整改无效的是否及时规范履行项目退库程序。

（17）项目合作期限届满前，社会资本方提前退出项目建设运营的，其有关退出的处理是否符合PPP项目合同的约定以及法律法规和政策制度的规定。

（18）项目执行过程相关争议纠纷的处理是否符合PPP项目合同的约定及法律法规和政策制度的规定。

（19）其他与PPP项目执行阶段相关的服务事项。

PPP项目一般分为投资、建设和运营三个阶段，因此，如果某一社会资本方（如金融机构）在项目中的主要任务是解决项目的投（融）资问题，如果在项目融资完成后，就不需要再限制该类社会资本方进行股权转让。同样地，承担项目建设任务的社会资本方在项目建成并稳定运行后也可以被允许退出，对承担项目运营任务的社会资本方在其受让方拥有相同或更优同类项目运营能力时也可以被允许退出。

《国务院关于创新重点领域投融资机制　鼓励社会投资的指导意见》（国发〔2014〕60号）对"建立健全政府和社会资本合作（PPP）机制"从四个方面进行了规范，其中"健全退出机制"是重要的组成部分。明确要求"政府要与投资者明确PPP项目的退出路径，保障项目持续稳定运行"。《关于规范政府和社会资本合作合同管理工作的通知》（财金〔2014〕156号），明确提出"兼顾灵活"的原则，要求"合理设置一些关于期限变更（展期和提前终止）、内容变更（产出标准调整、价格调整等）、主体变更（合同转让）的灵活调整机制，为未来可能长达20～30年的合同执行期预留调整和变更空间"。

PPP项目合同中的股权变更与转让问题是PPP合同的关键问题，是政府与社会资本双方都非常关心的问题，也是律师在为PPP项目提供法律服务时应重点关注的问题。因为在PPP项目中，合同的直接实施主体虽主要是社会资本设立的项目公司，但项目的真正实施仍主要依赖于社会资本自身的资金、技术和管理实力等。如果项目公司自身或其母公司的股权结构发生变化，则很有可能会导致不合适的主体成为PPP项目的投资人或实际控制人，可能会因此影响整个项目的具体实施。为有效控制项目公司股权结构的变化，在PPP项目合同中均会约定限制股权变更的条款。对于政府方而言，限制变更的目的主要是避免不合适的主体被引入PPP项目的实施过程中。由于在项目合作方的选择阶段，政府方通常是在对社会资本的融资能力、技术能力、管理能力等资格条件进行系统评审后，才最终选定社会资本合作方。因此，如果在项目实施阶段，特别是在建设阶段，社会资本将自身或项目公司的部分或全部股权转让给不符合上述资格条件的主体，将有可能直接导致项目无法按照既定目的或标准实施。对社会资本而言，关注点则恰恰相反。他是希望通过转让其所直接或间接持有的部分或全部的项目公司股权的方式，来吸引新的投资者或实现退出。

为此，律师在审核有关股权转让限制的条款内容，或接受委托出具有关股权转让问题的法律意见书时，应主要注意以下问题。

（1）关于股权的锁定期。锁定期是指限制社会资本转让其所直接或间接持有的项目公司股权的期间。这是股权变更限制的最主要机制。通常在PPP项目合同中直接规定：在一定期间内，未经政府批准，项目公司及其母公司不得发生上文定义的任何股权变更的情形。

（2）锁定期的期限。一般根据项目的具体情况设定，目的就是确保社会资本在履行完其全部出资义务之前不得轻易退出项目。常见的锁定期是自合同生效日至项目开始运营日后的一定期限，比如2年，一般至少持续到项目缺陷责任期届满。

（3）锁定期的例外情形。按照《关于规范政府和社会资本合作合同管理工作的通知》（财金〔2014〕156号）的规定，在锁定期内，如果发生以下特殊情形，是允许发生股权变更的：项目贷款人为履行本项目融资项下的担保而涉及的股权结构变更；将项目公司及其母公司的股权转让给社会资本的关联公司；如果政府参股了项目公司，则政府转让其股权是不受上述股权变更限制的。

（4）对股权锁定的其他限制。除锁定期外，在一些PPP项目合同中，还可能会约定对受让方的要求和限制，如约定受让方须具备相应的履约能力及资格，并继承转让方相应的权利和义务等。锁定期后的股权转让，仍然需要实施机构的同意以及政府的审批批准等。

（5）违反股权变更限制的后果。在PPP项目合同履行过程中，如果一旦发生违反股权变更限制的情形，政府方就会直接认定为项目公司的严重违约行为，对此，政府方将有权因该违约而提前终止项目合同，并有权要求项目公司和社会资本方赔偿损失。

五、项目移交阶段法律咨询服务要点

"项目移交"是指项目实施机构或政府指定的其他机构代表政府收回项目合同约定的项目资产。

《国务院办公厅转发财政部 发展改革委 人民银行关于在公共服务领域推广政府和社会资本合作模式指导意见的通知》（国办发〔2015〕42号）规定：

（十八）保障公共服务持续有效。按照合同约定，对项目建设情况和公共服务质量进行验收，逾期未完成或不符合标准的，社会资本要限期完工或整改，并采取补救措施或赔偿损失。健全合同争议解决机制，依法积极协调解决争议。确需变更合同内容、延长合同期限以及变更社会资本方的，由政府和社会资本方协商解决，但应当保持公共服务的持续性和稳定性。项目资产移交时，要对移交资产进行性能测试、资产评估和登记入账，并按照国家统一的会计制度进行核算，在政府财务报告中进行反映和管理。

《关于印发政府和社会资本合作模式操作指南（试行）的通知》（财金〔2014〕113号）规定：

第三十二条 项目合同中应明确约定移交形式、补偿方式、移交内容和移交标准。移交形式包括期满终止移交和提前终止移交；补偿方式包括无偿移交和有偿移交；移交内容包括项目资产、人员、文档和知识产权等；移交标准包括设备完好率和最短可使用年限等指标。

《政府和社会资本合作项目财政管理暂行办法》（财金〔2016〕92号）规定：

第三十三条 各级财政部门应当会同行业主管部门做好项目资产移交工作。项目合作期满移交的，政府和社会资本双方应按合同约定共同做好移交工作，确保移交过渡期内公共服务的持续稳定供给。项目合同期满前，项目实施机构或政府指定的其他机构应组建项目移交工作组，对移交资产进行性能测试、资产评估和登记入账，项目资产不符合合同约定移交标准的，社会资本应采取补救措施或赔偿损失。

基于此，律师在PPP项目移交阶段的法律服务重点有以下几项。

（1）项目移交前，项目实施机构制订的具体移交方案（移交形式、补偿方式、移交内容和移交标准等）是否符合PPP项目合同的约定及法律法规和政策制度的规定。

（2）项目移交是否按照PPP项目合同中约定的移交形式、补偿方式、移交内容和移交标准等执行。

（3）项目移交后，项目公司的处置方案、社会资本方的退出方式、项目公司人员劳动关系的处理等重大事项是否符合 PPP 项目合同的约定及法律法规和政策制度的规定。

（4）采用有偿移交的，项目合同中是否有明确约定的补偿方案，方案是否合规合法，是否涉及国有资产流失等。

（5）项目移交工作组是否有明确的对移交资产的性能测试方案。

（6）项目移交工作组是否委托具有相关资质的资产评估机构，按照项目合同约定的评估方式，对移交资产进行资产评估。

（7）移交工作组是否对社会资本或项目公司进行恢复性修理、更新重置或提取移交维修保函等。

（8）是否按照移交方案完成了移交资产的交割，包括社会资本或项目公司已将满足性能测试要求的项目资产、知识产权和技术法律文件，连同资产清单移交项目实施机构或政府指定的其他机构，办妥相关移交手续。

（9）移交完成后，财政部门是否对项目产出、成本效益、监管成效、可持续性、政府和社会资本合作模式应用等进行绩效监测和评价。

（10）项目移交后继续委托社会资本方运营的，是否履行了相应的法定程序。

（11）移交过程相关争议纠纷的处理是否符合 PPP 项目合同的约定及法律法规和政策制度的规定等。

第四章

PPP 项目采购文件法律咨询服务要点

PPP 项目合同是政府方与社会资本方依法就 PPP 项目合作所订立的合同。其目的是在政府方与社会资本方之间合理分配项目风险，明确双方权利义务关系，保障双方能够依据合同约定合理主张权利，妥善履行义务，确保项目全生命周期内的顺利实施。PPP 项目合同是其他合同产生的基础，也是整个 PPP 项目合同体系的核心。

实务中一般是在项目初期阶段，项目公司尚未成立时，政府方会先与社会资本（项目投资人）签订意向书、备忘录或者框架协议，以明确双方的合作意向，详细约定双方有关项目开发的关键权利义务。待项目公司成立后，由项目公司与政府方重新签署正式 PPP 项目合同，或者签署关于承继上述协议的补充合同。在 PPP 项目合同中通常也会对 PPP 项目合同生效后政府方与项目公司及其母公司之前就本项目所达成的协议是否会继续存续进行约定。[①]

一、关于 PPP 项目合同主体

PPP 项目合同通常由政府方和项目公司两方签署。政府方，是指签署 PPP 项目合同的政府一方的签约主体（合同当事人）。在我国，PPP 项目合同通常根据政府职权分工，由项目所在地相应级别的政府或者政府授权机构以

[①] 参见财政部《PPP 项目合同指南（试行）》。

该级政府或该授权机构自己的名义签署。例如，某省高速公路项目的PPP项目合同，由该省交通厅签署。项目公司是社会资本为实施PPP项目而专门成立的公司，通常独立于社会资本而运营。根据项目公司股东国籍的不同，项目公司可能是内资企业，也可能是外商投资企业。

实务中PPP项目合同主体应注意以下几个问题。

1. 明确社会资本主体的范围

社会资本主体一般包括法人或其他组织，但其范围也会受到有关法律、法规和政府文件的限制。《基础设施和公用事业特许经营管理办法》第十七条规定，实施机构应当公平择优选择具有相应管理经验、专业能力、融资实力以及信用状况良好的法人或者其他组织作为特许经营者。

2. 公民及公民之间的合伙组织不能作为社会资本

《基础设施和公用事业特许经营管理办法》明确规定社会资本为法人和其他组织。财政部《PPP项目合同指南（试行）》进一步明确规定，社会资本是指依法设立且有效存续的具有法人资格的企业，包括民营企业、国有企业、外国企业和外商投资企业，因此，公民及公民之间的合伙组织不能作为社会资本。

3. 对政府融资平台公司主体资格的限制

本级人民政府下属的政府融资平台公司及其控股的其他国有企业（上市公司除外）不得作为社会资本参与本级政府辖区内的PPP项目。财政部《PPP项目合同指南（试行）》对此做出了明确规定。地方政府的融资平台是地方政府设立的，对外代表地方政府融资，地方国有企业及其控股企业也是地方政府出资设立的。如果上述机构或组织参与本地PPP项目的投资，实际上是地方政府用财政资金投资本地项目，与PPP项目吸引民间资金的初衷不符，也会增加地方政府债务。

4. 外商投资企业作为社会资本的地位

目前，国家正在逐步扩大外商在我国参与的基础设施和公共服务领域的范围。关于外商投资的领域和范围，《基础设施和公用事业特许经营管理办法》第十七条第二款规定,特许经营者的选择应当符合内外资准入等有关法律、行政法规规定。

二、PPP 项目合同的主要条款内容解析

根据项目行业、付费机制、运作方式等具体情况的不同,PPP 项目合同可能会千差万别,但一般来讲会包括以下核心条款:引言、定义和解释;项目的范围和期限;前提条件;项目的融资;项目用地;项目的建设;项目的运营;项目的维护;股权变更限制;付费机制;履约担保;政府承诺;保险;守法义务及法律变更;不可抗力;政府方的监督和介入;违约、提前终止及终止后处理机制;项目的移交;适用法律及争议解决;等等。其中,关系到 PPP 项目的融资、建设、运营、付费机制等的条款尤为重要。

(一) 合作范围

根据财政部《PPP 项目合同指南(试行)》规定,项目的范围条款,是用以明确约定在项目合作期限内政府与项目公司的合作范围和主要合作内容,是 PPP 项目合同的核心条款。具体来说,PPP 项目应明确合作项目的边界范围;涉及投资的,应明确投资标的物的范围;涉及工程建设的,应明确项目建设内容;涉及提供服务的,应明确服务对象和内容等。

PPP 项目范围条款应包含三个层次的内容。

(1) 政府与项目公司的合作内容。

(2) 标的项目的内容和范围。

(3) 相关排他性的规定。

例如,对于采用 BOT 运作方式的道路项目,政府与项目公司的合作范围可能包括"设计、融资、建设、运营、维护"等合作内容,也可能不包括"设计"该项合作内容,具体要根据项目的自身特点而定。

通常来说,上述合作范围是排他的,即政府在项目合作期限内不会就该 PPP 项目合同项下的全部或部分内容与其他任何一方合作。

同时应注意以下问题。

1. PPP 项目的建设范围是否能包括非基础设施或公共服务的商业项目

PPP 模式主要适用于政府负有提供责任又适宜市场化运作的公共服务、

基础设施类项目。投资规模较大、需求长期稳定、价格调整机制灵活、市场化程度较高的基础设施及公共服务类项目，适宜采用PPP模式。按照《国家发展改革委关于开展政府和社会资本合作的指导意见》（发改投资〔2014〕2724号）等文件中关于PPP项目中可对准经营性、非经营性项目配置经营性资源的规定，PPP项目的标的也不应包含非基础设施、非公共服务类的商业项目。

如果商业项目作为PPP项目的配置，应注意把握所配置的资源与PPP项目本身是否具有关联性、所配置资源的运营管理与PPP项目本身的运营管理是否具有整体性及便利性。

2. 所建设项目的范围和内容是否可以变更

在以下两种情形下，PPP标的项目范围和内容可以做出适当变更。

（1）PPP标的项目范围和内容缩小的情形。虽然范围和内容的缩小势必将影响整个项目的投资运营规模、基于规模优势下的收益水平等，但从合法合规的角度看，由于标的项目范围和内容缩小仍在原项目范围内，经PPP项目合同各方协商一致、且经政府方批准同意的前提下，可以变更。

（2）设计变更、法律变更导致PPP标的项目内容发生变化。通常PPP项目合同中已对该种情形进行了明确约定，如果该种情形下标的项目内容发生的为非实质性变化，且变化对项目投资的影响在一定比例范围内，则可直接适用相关条款进行变更。

另外，在项目实施过程中，若的确需对标的项目的范围进行扩大，且符合《政府采购法》第三十一条"（三）必须保证原有采购项目一致性或者服务配套的要求，需要继续从原供应商处添购，且添购资金总额不超过原合同采购金额百分之十的"的情况下，可以通过单一来源采购的方式选择原有供应商。

3. 排他性安排

在采用使用者付费机制的项目中，项目公司通常会要求在PPP项目合同中增加唯一性条款，要求政府承诺在一定期限内不在项目附近新建竞争性项目。

PPP项目合作范围本身的排他性为PPP项目合同的应有之义，作为PPP

项目合同的签订双方，政府方与中选社会资本就项目范围内的合作理应具有排他性，政府方不得将PPP项目合同项下全部或部分内容与其他任何一方进行合作，当然，出于强调和明确之意，通常在项目合同中可对该等合作范围本身的排他性进行明确约定。

（二）合作内容

（1）合作内容主要指合作项目的边界范围。

（2）对涉及投资的，应明确投资标的物的范围；涉及工程建设的，应明确项目建设内容；涉及提供服务的，应明确服务对象及内容等以及政府为合作项目提供的主要条件或支持措施。

（3）合作内容必须明确具体，否则合作边界范围不清极容易引起合作双方的矛盾，进而引发纠纷。

（三）合作期限

项目的合作期限通常应在项目前期论证阶段进行评估。评估时，需要综合考虑以下因素。

（1）政府所需要的公共产品或服务的供给期间。

（2）项目资产的经济生命周期以及重要的整修时点。

（3）项目资产的技术生命周期。

（4）项目的投资回收期。

（5）项目设计和建设期间的长短。

（6）财政承受能力。

（7）现行法律法规关于项目合作期限的规定等。

实务中存在的问题主要有以下几方面。

（1）PPP项目的合同期限长于PPP项目的合作期限。

在PPP项目合同中，通常会对PPP项目的合作期限做出以下约定："除非提前终止或者延期，本项目的PPP合作期限为15年，自开工日起开始计算。本合同项下的合作期由建设期和运营维护期组成，其中建设期自开工日起至正式运营日前一日止，运营维护期自正式运营日起至合作期最后一日止。"

而PPP项目的合同期限一般会约定，该《PPP项目合同》自签订之日起即生效（先决条件满足的情形下）。在《PPP项目合同》签订生效之日，如果PPP项目尚未具备开工条件（即便项目用地是净地，具备施工条件，加之开工手续的办理流程，也无法保证PPP项目合同签订生效之日，即具备下达开工令），此时PPP项目的合同期限明显比PPP项目的合作期限要长。

（2）PPP项目的合同期限与PPP项目的合作期限亦可以完全重合。

在实践中，通常对PPP项目合作期限如此约定："建设期为3年，自《PPP项目合同》签订之日起至本项目全部工程竣工验收合格日止；运营期为12年，自本项目全部工程竣工验收合格日起计算。"此约定将PPP项目的合同期限与合作期限重合在一起。

（3）在合同中应体现关于合作期限提前或延迟的特殊性约定以及条件设置。

（四）前提条件

在一般情况下，PPP项目合同条款并不会在合同签署时全部生效，其中部分特定条款的生效会有一定的前提条件。只有这些前提条件被满足或者被豁免的情况下，PPP项目合同的全部条款才会生效。

1. 前提条件的含义

根据项目合同指南的规定，前提条件是指PPP项目合同的某些条款生效所必须满足的特定条件。一般在实践操作中，会将前提条件的满足约定为PPP项目合同生效的条件。

对项目公司而言，在项目开始实施前赋予其一定的时间以完成项目的融资及其他前期准备工作，并不会影响项目期限的计算及项目收益的获取。而对政府方而言，项目公司只有满足融资交割、审批手续等前提条件才可以正式实施项目，有利于降低项目的实施风险。

2. 常见的前提条件

（1）政府部门已经签发以下有关项目或项目公司的批准文件，包括但不限于PPP项目实施方案的批复、PPP合同（含附件）的批复、已生效的《股东协议》和《公司章程》以及工商部门签发的项目公司企业法人营业执照等。

(2) PPP 项目入库审批及政府付费纳入中期财政规划。这两个条件是社会资本方特别关心的问题，关系到整个合作期限内政府付费的合法性和稳定性。通常融资方也会将 PPP 项目入库和政府付费纳入中期财政规划作为其放款的条件之一，以确保将来项目公司现金流的稳定。

(3) 融资交割的约定，包括但不限于生效的融资文件备份完成且已被满足或者能够满足，甚至约定中标社会资本完成首笔注册资本的出资及及时到位的义务。

(4) 项目公司已提交满足项目合同要求的建设履约保函。

(5) 保险已经生效——由项目公司负责满足。只有所有先决条件满足之日或得到政府豁免之日，项目合同方能生效，当然，无法满足先决条件或者放弃先决条件，且未获得政府豁免，项目公司（此时应该是社会资本）则需要按照前期的 PPP 项目合同框架协议（由政府与中标社会签署）承担合同终止以及经济补偿等相关责任。

3. 未满足前提条件的后果

(1) 合同终止：如果双方约定的上述任一前提条件在规定的时间内未满足，并且另一合同方也未同意豁免或延长期限，则该合同方有权终止项目合同。

(2) 违约赔偿：如合同一方未能在规定的时间内满足其应当满足的前提条件而导致合同终止，合同另一方有权向其主张一定的经济赔偿。

4. 实务中应注意的问题

(1) "前提条件"是不是 PPP 项目合同生效的条件？

前提条件不是整个 PPP 项目合同的生效条件，而是大部分条款的生效条件。通常 PPP 项目合同的条款并不会在合同签署时全部生效，其中大部分条款的生效会有一定的前提条件，只有这些前提条件被满足或被豁免的情况下，PPP 项目合同的全部条款才会生效，而小部分条款（主要指前提条件的履行）则必须在 PPP 项目合同签署时就生效。

(2) 是不是必须设定"前提条件"？

前提条件本身也是 PPP 项目合同签约双方需要履行的义务，即便不作为前提条件，双方同样有义务履行并完成这些工作，只是不作为执行合同的前置条件。另外，就这些条件的未满足的救济，也可直接关联到合同终止，而作为前提条件的好处之一，就是督促各方尽快满足这些条件。

另外，由于前提条件未满足而提前终止的处理方式与进入建设期或运营期提前终止的处理方式不同，前提条件未满足而导致终止时政府方不需要支付终止补偿金，而仅根据未满足条件的理由和情形由负责满足的一方承担一定的违约责任即可。

（3）是否有必要设置履行前提条件的履约保函？

PPP项目从采购到建设、运营、移交，几乎每个阶段都可以设置相应的履约保函，特别是从建设期履约保函到移交保函几乎是首尾相连中间无缝衔接。但根据《政府采购法实施条例》和《政府采购货物和服务招投标管理办法》的规定，"自政府采购合同签订之日起5个工作日内退还中标供应商的投标保证金"，也就是说，采购阶段的投标保证金在PPP项目协议签订后的5个工作日内必须退还给供应商，在未到提交建设期履约保函之前的一段时间并没有相应的保函予以保障，而该阶段确实存在由于无法满足一定前提条件而导致提前终止项目协议的可能性。

在这种情况下，由社会资本方/项目公司提交前提条件的履约保函对政府方来说会更有保障。在实践中，有些项目虽然未要求提交前提条件的履约保函，但是会要求项目公司提前提交建设期履约保函，也就是说项目协议签订后无论何时开工建设，先提交建设期履约保函。在这种情况下需要注意约定前提条件未满足和建设期履约保函提取的关联性，否则可能存在不能提取的风险。

（五）主体条款

主体条款主要包括政府主体、社会资本主体，重点明确对项目合同各主体的资格要求。

1. 政府主体

（1）政府主体条款可以表述为政府主体（甲方），某市（县、区）人民政府授权××管理部门（或其他组织或机构）作为政府代表与社会资本签约。政府方负责项目的协调工作，并监督本项目的实施。

PPP项目合同中政府主体的条款一般包括：

1）政府主体资格的介绍，包括政府主体的名称、住所、法定代表人等基本情况。由代理人签约的，还应注明委托代理人的情况。

2）政府主体出现机构调整时的延续或承继方式。如果政府机构改革或调整，政府机构可能合并或被撤销。在这种情况下，合并的新机构或继承原机构职责的政府部门应承担项目合同的履行责任。新机构应与项目公司签订项目合同，延续或承继原机构的权利和义务。这种承继属于合同法规定的合同主体变更，应按照合同的约定或合同法的规定办理主体变更的手续。

（2）社会资本方的主体确立时，应注意联合体投标时的牵头方和参与各方的主体资格。

2. 社会资本主体

（1）社会资本主体的范围。社会资本主体一般包括法人或者其他组织，但其范围也会受到有关法律、法规和政府文件的限制。《基础设施和公用事业特许经营管理办法》第十七条规定，实施机构应当公平择优，选择具有相应管理经验、专业能力、融资实力以及信用状况良好的法人或者其他组织作为特许经营者。

（2）公民及公民之间的合伙组织不能作为社会资本。《基础设施和公用事业特许经营管理办法》明确规定社会资本为法人和其他组织。财政部《PPP项目合同指南（试行）》进一步明确规定，社会资本是指依法设立且有效存续的具有法人资格的企业，包括民营企业、国有企业、外国企业和外商投资企业，因此，公民及公民之间的合伙组织不能作为社会资本。

（3）对社会资本的特别要求。除法律、法规、规章、规范性文件对社会资本的限制外，政府的招标文件中也可以对社会资本提出具体的要求。

（4）对政府融资平台公司的限制。本级人民政府下属的政府融资平台公司及其控股的其他国有企业（上市公司除外）不得作为社会资本参与本级政府辖区内的PPP项目。财政部《PPP项目合同指南（试行）》对此做出了明确规定。地方政府的融资平台是地方政府设立的，对外代表地方政府融资，地方国有企业及其控股企业也是地方政府出资设立的。如果上述机构或组织参与本地PPP项目的投资，实际上是地方政府用财政资金投资本地项目，与PPP项目吸引民间资金的初衷不符，也会增加地方政府债务。

(5) 外商投资企业作为社会资本的地位。目前，国家正在逐步扩大外商在我国参与的基础设施和公共服务领域的范围。关于外商投资的领域和范围，《基础设施和公用事业特许经营管理办法》第十七条第二款规定，特许经营者的选择应当符合内外资准入等有关法律、行政法规规定。

(六) 权利义务条款

PPP项目合同权利义务条款首先应概括性地约定各主体的主要权利和义务，可参照实施方案中"权利义务边界"的主要内容。例如：政府方依法监管权力和行使项目合同约定的权利，遵守项目合同、及时提供项目配套条件、及时支付缺口补助、及时将项目申报进入"财政部综合信息管理平台"等；社会资本主体按约定获得政府相关前期手续办理、获得相应回报的权利等，按约定提供项目资金，履行融资、建设、运营、环境文物保护等义务。

实务中权利义务条款部分应注意以下问题。

(1) 政府几项重要权利必不可少：一票否决权、重大事项决定权、监管权、介入权等。例如，建设期的监管权、运营及维护的监管权、绩效考核的监管权、必要的行政监管等。

(2) 对社会资本方的主要义务不能忽略：及时、足额出资及对项目公司融资担保义务等；未经政府同意，整个合作期内注册资本金不得减少；在合作期内的某一特定时间段内，政府对股权锁定，未经政府书面同意，项目公司不得转让股权等。

(七) 融资条款

PPP项目合同中有关项目融资的规定，不一定会规定在同一条款中，有可能散见在不同条款项下，通常包括项目公司的融资权利和义务、融资方权利以及再融资等内容。应结合PPP项目实施方案中对融资具体事项的规定在合同中具体约定，同时应注意以下问题。

(1) 明确社会资本应提供经政府方认可并切实可行的融资方案和资金筹措措施。

(2) 约定政府的投融资监管权利及社会资本、项目公司融资违约应承担的违约责任等事项。

(3) 股东出资及资本金到位的具体时间、按照约定相应比例与金额及其计划，如不能及时到位的违约责任。

(4) 专项资金以及奖补资金的归属性与使用约定。

(5) 社会资本方及项目公司投融资违约责任的承担等。

（八） 建设条款

有关项目建设的条款通常包括设计和建设两个部分的内容，在PPP合同中，建设条款应主要包括以下内容。

(1) 明确建设的核心内容、建设标准及其履约保证相关手续（提交保函）的约定。

(2) 工程竣工、交工、验收的有关约定。例如：①项目公司应当组织项目工程验收，并通过有关职能部门就项目工程的工程质量而组织的验收。②如因项目工程存在某一方面的瑕疵导致项目工程未通过验收，项目公司应当根据有关职能部门的验收意见及时采取措施予以整改或完善，并再次组织相关验收，直到通过该等验收为止。③约定可以甩项、甩段验收的情形等。

(3) 关于工期延误的有关约定。在有建设内容的PPP项目中，工期是建设期中非常重要的内容，有关工期及其延误的约定也是非常重要和关键的。在PPP合同中有关工期延误条款约定需注意以下几点：①不同原因造成的工期延误，应有不同类型的处理方式。②约定工期延长的程序：当出现工期延误的情况时，双方均应尽合理通知义务。③约定发生工期延误后，拖期、窝工等导致项目公司产生的额外费用，应遵循过错责任原则，由过错方承担。如果由政府方承担，可通过一次性补偿、一般补偿、延长合作期、调整政府付费方式等方式进行。如果由项目公司承担，可通过支付违约金、扣除建设期保函等方式。工期延误违约金和运营期延误的违约金，不宜同时适用，否则将构成双重处罚，对项目公司而言不公平。

(4) 项目总投资的确认及计价原则，包括：建筑安装工程费用计价依据，关于基准价格的约定，变更估价的约定，市场价格波动时工程价款的调整原则等。

（5）关于工程超概的硬性约定及其超概部分责任承担主体。

（6）关于监理和工程质量以及政府项目建设监管的约定。例如，建设或其任何部分严重不符合有关的质量或安全要求，政府方可以就此给予项目公司书面通知，要求其在合理期限内纠正缺陷。项目公司应遵照执行，尽快采取补救措施，并对由此引起的任何费用的增加和延误负责。此部分费用不计入总投资。若项目公司在收到政府方上述通知后15天内不能或拒绝纠正缺陷，政府方有权自行或聘请第三方纠正上述缺陷。在这种情况下，项目公司应为此向政府方支付合理且必要的修理费用，否则政府方有权兑取履约保函相应款项。

（7）关于工程保险及权责的问题，工程后期质保、缺陷责任期及其费用和权责分担的约定。

（8）关于扣减保函的约定。例如，政府方按照合同相关约定要求项目公司支付违约金时，政府方有权从建设期履约保函中兑取相应金额。

（九）运营条款

在PPP项目中，项目的运营不仅关系到公共产品或服务的供给效率和质量，还关系到项目公司的收入，因此对于政府方和项目公司而言都非常关键。有关项目运营的条款应主要包括以下内容。

（1）正式运营日和条件（开始运营日、试运营日、正式运营日）。

（2）运营维护的内容、基本要求等。例如，开始运营的时间、运营维护的范围、运营维护保函、运营维护手册、服务暂停、未履行运营维护义务、运营维护的检查监督、运营绩效考核等。

（3）项目运营的外部条件、运营服务标准。

（4）运营期保险、政府监管、运营支出及违约责任等事项。例如，按照PPP合同规定，项目公司须服从实施机构或相关职能部门的监管，接受实施机构或相关职能部门对运营维护服务进行的检查与监督，接受当地政府指定机构的监督检查和绩效考核，并承担运营维护服务绩效考核的经济奖罚。

（5）运营期间由于政府特殊要求造成项目公司支出增加、收入减少的补偿方式、补偿金额、支付程序及协商机制。

（6）运营期限中设施设备的保养、维护、大中小修等例行支出和按照政府特定要求而增加或减少支出的补偿机制设置。

（7）运营期关于财务监管和股东知情权处理的约定。

（8）运营期间的定价机制、调价机制的详细约定，双方权责及执行的环节和对应部门的协助义务，关于价格调整延后的违约责任，调价机制涉及的公众利益导致的政府介入权等。例如，运维绩效服务费调价机制：根据当地 CPI 涨跌幅度，当年度 CPI 涨跌幅度累计超过 10% 时，自次年年初起同比例调整运维绩效服务费。由于项目的合作期长，考虑到经营过程中物价、标准、政策等变化的影响，需要在 PPP 合同协议中约定价格调价办法，包括调价因素、调价公司、调价管理程序等，以合理控制项目的运营风险。

（9）运营期绩效考核的主体、方式、依据、指标、考核结果应用、如何与回报机制挂钩等。例如，运营期内，政府方会同其他职能部门对每个子项目的运营维护情况进行考核；考核方式为每季度一次的定期检查和不定期抽查；在考核结果的基础上，按照考核结果与绩效费用挂钩，制作绩效考核和运营维护情况对照表。

（十）绩效考核条款

PPP 项目绩效考核是指在既定的项目目标下，利用特定的标准和考核指标，对 PPP 项目实施情况及成效进行评估的体系和过程。对于政府而言，绩效考核是付费的依据；对于 PPP 项目而言，绩效考核工作能否有效开展，评价结果能否被有效利用，是 PPP 项目能否成功推行的重要因素之一。

1. PPP 项目绩效考核的有关政策

早在 PPP 模式推行的一开始，财政部、国家发展改革委就陆续出台了一系列的文件来指导 PPP 项目绩效考核工作的实施和推进。

《关于推广运用政府和社会资本合作模式有关问题的通知》（财金〔2014〕76 号）规定："完善项目财政补贴管理。财政补贴以项目运营绩效评价结果为依据，综合考虑产品或服务价格、建造成本、运营费用、实际收益率、财政中长期承受能力等因素合理确定。"

《关于印发政府和社会资本合作模式操作指南（试行）的通知》（财金〔2014〕113号）规定："政府有支付义务的，项目实施机构应根据项目合同约定的产出说明，按照实际绩效直接或通知财政部门向社会资本或项目公司及时足额支付。"

《政府和社会资本合作项目财政管理暂行办法》（财金〔2016〕92号）规定，"合同应当约定项目具体产出标准和绩效考核指标，明确项目付费与绩效评价结果挂钩""各级财政部门应当会同行业主管部门在PPP项目全生命周期内，按照事先约定的绩效目标，对项目产出、实际效果、成本收益、可持续性等方面进行绩效评价，也可委托第三方专业机构提出评价意见"。

《传统基础设施领域实施政府和社会资本合作项目工作导则》（发改投资〔2016〕2231号）规定："PPP项目合同中应包含PPP项目运营服务绩效标准。项目实施机构应会同行业主管部门，根据PPP项目合同约定，定期对项目运营服务进行绩效评价，绩效评价结果应作为项目公司或社会资本方取得项目回报的依据。"

《关于规范政府和社会资本合作（PPP）综合信息平台项目库管理的通知》（财办金〔2017〕92号）规定："……二、严格新项目入库标准存在下列情形之一的项目，不得入库：……（三）未建立按效付费机制。包括通过政府付费或可行性缺口补助方式获得回报，但未建立与项目产出绩效相挂钩的付费机制的；政府付费或可行性缺口补助在项目合作期内未连续、平滑支付，导致某一时期内财政支出压力激增的；项目建设成本不参与绩效考核，或实际与绩效考核结果挂钩部分占比不足30%，固化政府支出责任的。"首次以政策文件的形式，明确规定了可用性付费与绩效考核的挂钩，并明确了30%挂钩比例，强调了绩效评估对于项目入库的指导意义。

2. PPP项目绩效考核中存在的问题

我国目前尚没有一套针对PPP项目的科学系统的绩效评估方案，很多的PPP项目由于缺乏系统、全面的绩效评估与管理，"按效付费"可能就是一句空话。

实务中PPP项目绩效考核存在的主要问题有以下几方面。

（1）未在方案和合同中建立具有可操作性的按效付费机制。在PPP项目实施方案设计和编制初期，未设计"按效付费"的方案，未建立与项目产出绩效相挂钩的付费机制；在PPP项目合同中也没有相关"按效付费"的合同约定，以及违约后的责任如何承担。

（2）绩效考核的有关设计方案仅在建设期及运营期有，项目的前期立项及后期移交阶段都没有涉及。

（3）有的PPP项目绩效考核标准不够完善，很多都是基于合同履行所进行的技术性质的考核与评价，旨在促进项目可持续发展的治理型考核并不多见。

（4）绩效指标设计要么过于烦琐，要么过于粗放，重点核心不够突出，导致后期的绩效考核操作难度大。

（5）绩效指标权重设计没有结合项目特点，设计比例太过随意，不考虑关键指标权重的占比分量，无法实现真正考核的目的等。

3. PPP项目绩效考核实务中应把握的要点

政府方应当依据明确的项目产出说明，设定合理的绩效考核标准，以对社会资本进行绩效考核。因此，绩效考核应是PPP项目全生命周期政府方关注的重点，绩效考核方案编制的优劣也是政府方能否真正实施好绩效考核的重要依据。一个好的可实施的绩效考核方案应做好以下几点。

（1）明确绩效考核的目的是提高公共服务的质量和效率。说到PPP项目的绩效考核机制，首先需要明确绩效考核的任务和目标。从通用的角度来看，所谓的"提高公共服务的质量和效率"，就是PPP绩效考核机制的最终目的，因此，绩效机制必须紧紧围绕这一最终目的，从公共服务需求满足度视角看问题，应该考核什么，怎么设计考核方式，考核结果如何应用。避免出现考核方法单一、虚假考核、片面考核等考核后果。

（2）明确绩效考核适用特性。绩效考核方案的制订必须结合项目特性；对核心关键绩效考核指标既要有通用因素又要有个性化定制；考核指标权重的设计应从不同角度综合考虑，应突出项目的重点和中心，不能盲目制定。

(3) 明确绩效考核目标的主要内容、设置原则和具体要求。绩效目标主要内容通常包括：预期产出目标，包括提供公共产品或者公共服务的数量、质量、时效目标，以及达到预期产出所需要的成本和资源等；预期效果目标，包括项目经济效益、社会效益、环境效益和可持续影响等；衡量预期产出、预期效果和相关方满意程度方面的绩效评价指标等；为实现项目绩效目标所需要的保障制度、措施和工作计划，以及项目管理内容和相应目标要求等。

(4) 合理设置绩效考核指标。PPP项目的绩效指标与社会资本投资建设项目和一般政府投资项目有所区别，PPP项目自身的特点决定了PPP项目的绩效评价势必是在项目各参与方绩效目标之间的一种均衡。在确定PPP项目绩效指标时，首先要对项目参与方的关切点进行识别，根据项目各方关切点，确立项目的核心绩效指标。同时，考核指标的制定应当符合功能使用、集约效率、社会满意、考核便利等方面的要求。

（十一）付费机制条款

付费机制是政府与社会资本合作的重要基础，是双方共同关注的核心问题，也是PPP合同最为关键的问题，为此，关于付费机制的有关条款，在PPP项目合同中应充分注意以下问题。

(1) 需要根据项目的不同设置不同的付费机制，主要有政府付费、使用者付费、可行性缺口补助三种。

1) 关于政府付费。

①可用性付费：明确界定可用与不可用的标准；出现不可用情形时宽限期的设置；出现不可用情形仍可获得政府付费的"豁免事由"等。

②使用量付费：应设置最低使用量、最高使用量；政府方承担最低使用量的风险；实际使用量低于最高使用量时政府付费应做出安排。

③绩效付费：应设定绩效标准，应有绩效监控机制以及绩效未达标应承担的后果。

以上各类付费形式均应与绩效考核挂钩。

2) 关于使用者付费。

①明确使用费如何确定；

②明确政府是否需要保障项目公司的最低收入；

③明确设置"超额利润分享机制"。

3）关于可行性缺口补助。

①明确缺口补助来源；

②明确缺口补助计算公式；

③明确缺口补助与绩效考核挂钩等。

（2）不同的付费机制应设置合理的项目定价和调价机制，以及变更和调整机制。例如，可用性服务费调价机制可以根据同期中国人民银行公布的五年及以上贷款基准利率，自次月起按社会资本中标时的投资回报率倍数调整投资回报率；本项目工程竣工验收后，如经第三方审计单位审计的项目总投资低于（或超过）本方案中的项目总投资，则实际应支付的可行性缺口补助应进行调整。

（3）明确项目定价依据、标准，调价的条件、方法、程序等；根据不同的回报机制考虑是否设置超额利润限制或分享机制。例如，在使用量付费和使用者付费项目中，在设计付费机制时考虑设定一些限制超额利润的机制，包括约定投资回报率上限、使用量上限等，超出上限的部分归政府所有，或者就超额利润部分与项目公司进行分成等。但基本的原则是无论如何限制，付费机制必须能保证项目公司获得合理的收益，并且能够鼓励其提高整个项目的效率。

（4）明确付款的时间和程序，明确不及时付款的违约责任。例如，项目公司先将可行性缺口补助账单报实施机构，实施机构根据《PPP 项目合同》对项目公司进行绩效考核，审核不通过则将可行性缺口补助账单退回并附审核不通过之书面通知，项目公司须在收到不通过之书面通知后进行整改并重新提交至实施机构。考核合格和账单审核确认无误后交至财政局，县财政局确认后据此账单和发票将可行性缺口补助支付给项目公司。具体支付方式及流程由财政局按照相关法律法规的规定执行。

（5）明确付费与绩效考核挂钩。例如，当考核结果为优秀时，按实际可行性缺口补助的 100% 支付；当考核结果为良好时，实际可行性缺口补助 = 应支付可行性缺口补助 × 系数；当考核结果为合格时，实际可行性缺口补助＝应支付可行性缺口补助×系数；当考核结果为不合格时，政府方约谈项目公司总经理及中标社会资本方法人代表并限定其三个月内整改完毕，如项目公司仍整改不到位，暂停本年度可行性缺口补助的发放，直到整改到位、重新进行绩效考核且考核结果为达标为止。

（十二）履约担保条款

履约担保广义上是指为了保证项目公司按照合同约定履行合同并实施项目所设定的各种保障机制。履约担保的方式通常包括履约保证金、履约保函以及其他形式的保证等。根据财政部项目合同指南，履约担保的一般选择原则及目的（包括选择的担保方式和担保额度）包括两点：其一为"所选用的担保方式可以足够担保项目公司按合同约定履约"，即担保的履约威慑力足够；其二为"在出现违约情形下政府有足够的救济手段"，即便于政府方实行违约救济。

实务中应注意的问题有以下几方面。

（1）PPP项目合同中的履约担保应当明确担保的方式、履约担保的类型、担保的范围、保函的提供方式、提供时间、担保额度、兑取条件和退还流程等。保函是当前项目实践中应用最为广泛的担保形式。应当注意的是，虽然相关规定已明确担保形式包括"金融机构、担保机构出具的保函"，但实际上项目实施机构对保函出具方往往有明确要求，如"国有大型银行出具的保函"。此外，在部分PPP项目中政府方要求社会资本/项目公司缴纳现金投标保证金和履约保证金，这与《政府采购法实施条例》及相关规定中的"非现金形式"存在冲突。

（2）对于合作周期较长的项目，可以约定项目公司或社会资本方分阶段提供履约担保。

（3）保函的数额不宜过高也不宜过低，应根据具体情况适中选取，尤其应当注意移交保函的数额应能够完全覆盖移交前的大修。

（4）不及时提供或不充分提供履约担保的违约责任。

（十三）股权结构设置与退出条款

在PPP项目中，虽然项目的直接实施主体和PPP项目合同的签署主体通常是社会资本设立的项目公司,但项目的实施仍主要依赖于社会资本自身的资金和技术实力。项目公司自身或其母公司的股权结构发生变化,可能会导致不合适的主体成为PPP项目的投资人或实际控制人,进而有可能会影响项目的实施。有鉴于此,为了有效控制项目公司股权结构的变化,在PPP项目合同中一般会约定限制股权变更的条款。该条款通常包括股权变更的含义与范围以及股权变更的限制等内容。

1. 关于股权结构设置

未来PPP项目公司(SPV公司)的股权结构(法人治理结构)的设置,是公司正常运作的重要保障,因此,在PPP项目合同中应按照《公司法》的要求结合项目的具体情况予以明确。

实务中应注意的问题有以下几方面。

(1) 要有关于项目公司的设立与内部治理结构、经营和监督管理机制的设置。例如,项目公司按《公司法》设股东会、董事会和监事会。项目公司股东会由各投资方组成,是公司的最高权力机构,股东会的权力根据《公司法》和公司章程行使。但是基于本项目采用PPP合作模式的特殊性,政府方股东对影响社会公众利益的行为具有一票否决权。

(2) PPP项目合同中项目公司的股权设置应与实施方案中的内容相一致。

(3) 明确项目公司增资扩股的情形和持股股东分红权、投票权、知情权、否决权等相应权限的约定和法律适用。例如,项目公司股东会会议做出修改公司章程、增加或者减少注册资本的决议,公司合并、分立、解散或者变更公司形式的决议,以及涉及公共安全和公共利益的事项,必须经全体股东通过。政府方和社会资本按照股权比例进行利润分红。

2. 关于股权退出

《关于进一步做好政府和社会资本合作项目示范工作的通知》(财金〔2015〕57号)规定,政府和社会资本合作期限原则上不低于10年。在拟定PPP项目公司股权变更条款时,应根据PPP项目的具体特点和PPP模式的特性详细予以规定,以使之既能保障政府方的权益,又能满足社会资本方的诉求,同时又达到社会公共利益最大化需求。

实务中应注意的问题有以下几方面。

（1）在 PPP 项目合同中要设置关于股权退出的限制性条款或门槛条件。例如，股权锁定期自本合同生效之日起至项目进入稳定运营满 5 年。股权锁定期结束后，须经政府事先书面同意并报经政府审批后，项目公司股东方可向符合本合同规定条件的受让方转让其在项目公司的股权。

（2）对涉及项目公司持股股东相应的股权抵押、质押等要有明确限制或约定。例如，项目公司为筹措公共基础服务设施、建筑物及附属设施建设资金，可以将经营权和/或公共基础服务设施、建筑物及附属设施服务费收费权进行质押，但这种质押只能用于本项目。上述质押应事先征得政府方的书面同意，相应的融资文件应得到项目公司的批准。

（3）建设期或期满后短时间股权一般不允许变更，否则涉嫌"以 BT 方式移交"。一般"股权锁定期"限定为 5 年，也可以设置"合作期内不得变更"的限制。

（4）项目合作期内任何时间转让股权（包括政府不参股的项目公司转让股权）都必须把征得政府方同意作为前提条件。

（5）在审核 PPP 项目公司股权变更的条款时，还必须考虑股权变更的行为是否侵害到社会公共的利益，需要保证公共利益最大化。

（十四）移交条款

项目移交通常是指在项目合作期限届满或者项目合同提前终止后，项目公司将全部项目设施及相关权益以合同约定的条件、范围和程序移交给政府或者政府指定的其他接收机构。

实务中应注意以下几方面问题。

1. 明确移交的内容及标准

（1）项目移交的标准包含权利和技术两方面的标准，移交时项目设施、土地及所涉及的任何资产不存在权利瑕疵，其上未设置任何担保及其他第三人的权利。

（2）在提前终止导致移交的情形下，如移交时尚有未清偿的项目贷款，则为该未清偿贷款所设置的担保允许存在。

（3）项目设施应符合双方约定的技术、安全和环保标准，如对项目外观质量、系统功能、安全性能等进行要求,且不应存在任何环境问题或环境遗留问题。例如,在一些PPP项目合同中,会要求移交时设施处于良好的运营状况,且会对"良好运营状况"的标准做进一步明确,在不再维修的情况下,项目可以正常运营3年等。

(4)移交不达标时政府方扣"移交保函"的规定。

2. 明确移交的程序及移交效力

(1)双方可以约定将项目合作期限届满前的某特定期间(通常为期满前12个月至36个月)作为移交的过渡期。

(2)在过渡期内,政府方和项目公司应共同成立移交工作组商定项目设施移交的详细程序、确认移交情形和补偿方式以及制订资产评估和性能测试方案。例如,政府和项目实施机构需要做好性能测试的以下相关工作:应组建项目移交工作组,制订资产评估和性能测试方案;应委托具有相关资质的资产评估机构,按照项目合同约定的评估方式,对移交资产进行资产评估,作为确定补偿金额的依据。性能测试结果不达标的,移交工作组应要求社会资本或项目公司进行恢复性修理、更新重置或提取移交维修保函。

(3)在过渡期内,项目公司应继续负责项目的运营管理工作,并给予政府或其指定接受机构充分的配合,在具体移交过程中按照移交方案执行。

(4)各方应当在PPP项目合同中约定,自项目正式移交日起,除质保义务外,项目公司在PPP项目合同项下的权利和义务即宣告终止,项目实施机构或者政府指定机构应接管项目设施的运营,以及概括承受因PPP项目合同而产生的于协议终止后仍有效的任何其他权利和义务。

(5)重点约定政府向社会资本主体移交资产的准备工作、移交范围、履约标准、移交程序及违约责任等。

(6)重点约定社会资本主体向政府移交项目的过渡期、移交范围和标准、移交程序、质量保证及违约责任等。

(7)明确各方在移交工作中违约行为的认定和违约责任,可视影响将违约行为划分为重大违约和一般违约,并分别约定不同违约行为应承担的违约责任。

（十五）合同变更、修订与转让条款

鉴于PPP合同的履行期限均较长，其间会有多种导致合同变更的因素发生，为此，PPP项目合同中应约定相应的变更机制，具体包括以下几方面。

（1）允许提出变更的主体。

（2）变更提出的时间（建设期及运营期，一般在建设期内不允许提出变更）。

（3）针对项目投资额增减的变更约定。

（4）如何实施变更以及变更程序的约定。

（5）政府的批准：根据提出变更方式的不同，政府有权决定是否同意或拒绝实施批准，如法律规定导致变更的，应遵守合同下法律变更机制的条款。

（6）明确合同变更、修订或转让后新增（减）投资和相应运营费用的责任主体；变更价款的来源及支付：对于政府提出的变更，政府应承担因此而发生的费用。项目公司提出的，政府一般不承担，除非双方之前另外达成安排。

（十六）提前终止条款

PPP项目合同的履行期均在10年或以上，在此期间可能出现各种人为或不可抗力的情况导致合同的提前终止。为保障各方利益在提前终止后能得到有效维护，在合同中应注意明确约定以下内容。

（1）应明确约定PPP项目合同可以终止的详细情形；政府方重大违约；项目公司（中选社会资本方）重大违约；法律变更或政府行为；其他情形。

（2）应约定不可抗力导致的提前终止情形。按照《PPP项目合同指南（试行）》第十六节的规定，不可抗力条款是PPP项目合同中一个重要的免责条款，用于明确一些双方均不能控制又无过错的事件的范围和结果，通常包括不可抗力的定义和种类以及不可抗力的法律后果两部分内容。除此之外，还应将不可抗力导致提前终止的情形在合同中约定明确。由于不可抗力将触发对PPP项目合同的修改和提前终止，因此应严格限定不可抗力事件的范围，对于可通过其他途径追究相关责任方、但对项目本身存在不利影响的事件（如付款延误、供应商责任等），不应列为不可抗力事件。

(3) 应约定提前终止提出的程序以及提前终止的后果。例如，提前终止提出的程序为：①解除权人发出通知。通常在 PPP 项目合同中约定，一旦出现提前终止的情形，在有违约情形的情况下，仅守约方有权发出终止通知；在无违约情形的情况下，任何一方均可发出终止通知。②合同终止意向通知。约定终止意向通知的目的是希望各方通过友好协商并采取补救措施，尽量避免 PPP 项目合同的提前终止。但为了保证提前终止条款不被协商过程架空，在 PPP 项目合同中通常会约定协商期限，在该期限内若各方达成一致意见，则停止提前终止程序，若未能达成一致意见，则解除权人可正式发出合同终止通知。值得注意的是，发出合同终止意向通知并非合同终止的必经程序，由合同各方根据项目情况在 PPP 项目合同中自行约定。③合同终止通知。为了督促当事人充分、积极地行使自身的权利，在 PPP 项目合同中通常会约定发出提前终止通知的期限，超过该期限当事人不行使发出合同终止通知的权利，则该权利消灭。

提前终止的后果为：一般来说，由于 PPP 项目多为基础设施建设类项目，因此，一旦发生合同提前终止，项目公司需要进行项目设施移交，政府方要根据事先约定的金额，向项目公司支付提前终止补偿金额。需要注意的是，从提前终止事件发生到合同实际提前终止（一般以合同约定的"终止日"为准），往往还有一段时间（如双方对提前终止事件的发生进行通知，对争议进行协商，对提前终止补偿金额进行计算等），截至提前终止日，PPP 项目合同依然是有效的，双方仍应履行合同项下的义务。

(4) 应约定提前终止后的提前移交范围和程序。例如，合同任何一方发出提前终止通知后，项目公司应向政府方提前移交项目设施、相关文件资料和与项目设施相关的所有权利和权益。

(5) 应约定提前终止后补偿的计算方法。例如，因政府方违约、政府行为、法律变更在建设期提前终止的：已投入的资本金 + 已到位的贷款本金 + 实际发生的贷款利息 + 已投入的资本金按回报率计算的投入期间回报 + 提前终止所发生第三方的费用（工程、采购服务合同提前终止补偿、解除劳动合同的补偿金等）。因政府方违约、政府行为、法律变更在运营期提前终止的：尚未支付的可用性付费额现值 + 提前终止所发生第三方的费用（提前还贷的违约金、采购服务合同提前终止补偿、解除劳动合同的补偿金等)。

(6) 应约定导致提前终止的违约责任承担。例如,PPP项目合同通常会对违约责任做一般原则性规定,适用于所有的违约情形。另外,通常PPP项目合同中也会相应地约定非违约方的减损义务:非违约方必须采取合理措施减轻或最大限度地减少违约方违反本合同引起的损失,并有权从违约方获得为谋求减轻和减少损失而发生的任何合理费用。如果非违约方未能采取前述措施,违约方可以请求从赔偿金额中扣除本应能够减轻或减少的损失金额。

(十七) 违约及解约条款

(1) 对于合同中涉及违约的各种情形在合同中予以集中约定,并对相应的违约责任进行明确细化。

(2) 应明确各方在各个环节中违约行为的认定和违约责任,可视影响将违约行为划分为重大违约和一般违约,并分别约定违约责任。

(3) 按照公平合理的原则,重点约定合同的退出机制,即明确合同解除事由、解除程序以及合同解除后的结算、项目移交等事项。

(4) 结合项目特点和合同解除事由,可分别约定在合同解除时项目接管、项目持续运行、公共利益保护以及其他处置措施等。

(十八) 甲方的监督和介入

PPP项目合同中关于政府方(甲方)的监督和介入机制,通常包括政府方在项目实施过程中的监督权以及政府方在特定情形下对项目的介入权两部分内容。

(1) 应约定在项目合作期内,甲方有权以合法的方式监督掌握项目融资、建设及运营维护情况,但甲方监督权必须在不影响项目正常实施的前提下行使。例如,甲方在介入前,应就介入的原因、介入的范围和程度、介入代表、介入时间事先书面通知并咨询乙方(项目公司),并充分考虑乙方在咨询过程中所做出的申述。甲方根据本条进行介入无须获得乙方的同意。

(2) 应约定甲方介入的前提条件,包括乙方违约情况下和不违约情况下的介入情形。例如,乙方未违约情形下的介入:①存在危及项目范围内人员生命安全、重大财产安全的风险；②行使政府的法定责任；③发生紧急情况，且政府合理认为该紧急情况将会导致人员伤亡、严重财产损失或造成环境污染，并且会影响项目的正常实施。乙方违约情形下的介入：①擅自停业、歇业，严重影响社会公共利益和公共安全的；②擅自处分项目资产的，导致项目不能正常运营的；③自身管理不善发生重大质量、生产安全事故的，导致项目不能正常运营的；④自身经营管理不善等原因，造成财务状况严重恶化，导致项目不能正常运营的；⑤项目公司法人主体资格终止或撤销。

（3）应约定甲方介入的程序以及持续的时间、范围。

（4）应约定乙方在甲方介入期间的义务。

（5）应约定甲方介入期间的费用和收入如何安排。

（6）应约定中期评估的内容。

（7）应约定应急处置的内容。例如，针对自然灾害、重特大事故、环境公害及人为破坏等各类可能发生的事故和所有危险源制定应急预案和现场处置方案，明确事前、事中、事后的各个过程中相关部门和有关人员的职责。社会资本方制定的应急预案应征求政府方的意见并报经政府备案后实施。

三、PPP项目合同内容及条款存在的法律风险

PPP项目合同的目的就是要在政府方和项目公司之间合理分配风险，明确合同当事人之间的权利义务关系，以确保PPP项目顺利实施和实现物有所值。在设置PPP项目合同条款时，要始终遵循上述合同目的，并坚持风险分配的下列基本原则：承担风险的一方应该对该风险具有控制力；承担风险的一方能够将该风险合理转移（如通过购买相应保险）；承担风险的一方对于控制该风险有更大的经济利益或动机；由该方承担该风险最有效率；如果风险最终发生，承担风险的一方不应将由此产生的费用和损失转移给合同相对方。

主要法律风险解析如下。

（一）合同无效的法律风险

《合同法》第五十二条规定了合同无效的五种法定情形，常见导致PPP

合同无效的法定情形主要表现在损害社会公共利益和违反法律、行政法规的强制性规定方面。对于PPP项目合同而言不仅限于此，除此之外，还有关于主体及程序方面导致合同无效的几种情形。

1. 损害公共利益导致的合同无效

从PPP项目涉及公共利益的特性来看，如项目合同内容涉及项目实施中会损害社会公众利益，由此将导致PPP合同的无效。

2. 违反采购强制性规定导致的合同无效

《基础设施和公用事业特许经营管理办法》第十五条规定："实施机构根据经审定的特许经营项目实施方案，应当通过招标、竞争性谈判等竞争方式选择特许经营者。特许经营项目建设运营标准和监管要求明确、有关领域市场竞争比较充分的，应当通过招标方式选择特许经营者。"为此，对于必须通过招标等竞争性方式选择特许经营者的项目，采购条件、招标方式和评标办法等必须符合《招标投标法》《招标投标法实施条例》《政府采购法》等相关法律规定，如违反相关强制性规定将导致合同的无效。

3. 合同主体不适格导致的合同无效

（1）无政府授权的主体签订的项目合同无效。PPP项目合同不同于一般民事合同，负责项目组织实施、采购的实施机构必须获得政府的授权后方可签订PPP合同；签订PPP合同的社会资本方必须是经合法程序选中的社会投资人，以采购人发出的正式中标/中选通知书为依据。否则，签订的PPP合同由于主体不具备签约的权利能力，应当认定为无效。

（2）不具备法人资格的组织作为社会资本方与政府签订的PPP项目合同无效。财政部《关于印发政府和社会资本合作模式操作指南（试行）的通知》（财金〔2014〕113号）与《国家发展改革委关于开展政府和社会资本合作的指导意见》（发改投资〔2014〕2724号）对社会资本作为PPP项目合同主体的范围存在差异性规定。财金〔2014〕113号和《PPP项目合同指南（试行）》中社会资本的范围仅为企业法人，未提及"其他组织"；国家发展改革委《政府和社会资本合作通用合同指南》中社会资本方可以包含多种形式的投资主体，除法人以外还包括"其他组织"。但在实务中，不具备法人资格的如"合伙企业"则不能作为社会资本与政府签订合同。否则，可能因主体不适格而导致所签约的合同无效。

（3）国有企业或地方政府融资平台公司代表政府签署的 PPP 项目合同无效。

财政部《关于进一步加强政府和社会资本合作（PPP）示范项目规范管理的通知》（财金〔2018〕54 号）规定："（三）严格审查签约主体。坚持政企分开原则，加强 PPP 项目合同签约主体合规性审查，国有企业或地方政府融资平台公司不得代表政府方签署 PPP 项目合同，地方政府融资平台公司不得作为社会资本方。"

4. 合同未履行政府审批程序导致的合同无效

PPP 项目牵涉公共利益和公共安全，故 PPP 合同须经政府审批后方能生效。《政府和社会资本合作项目财政管理暂行办法》（财金〔2016〕92 号）第十六条规定，采购结果公示结束后、PPP 项目合同正式签订前，项目实施机构应将 PPP 项目合同提交行业主管部门、财政部门、法制部门等相关职能部门审核后，报本级人民政府批准。《传统基础设施领域实施政府和社会资本合作项目工作导则》（发改投资〔2016〕2231 号）第十五条亦规定，公示期满无异议的，由项目实施机构会同当地投资主管部门将 PPP 项目合同报送当地政府审核。政府审核同意后，由项目实施机构与中选社会资本方正式签署 PPP 项目合同。

因此，如 PPP 项目合同未通过政府的审批，则不能正式生效。

5. 合同中含有政府兜底条款导致的合同无效

政府作为社会管理者，代表着社会公共利益，政府在股权性投资的股权比例、管理经营、利益分配等方面应当秉承的原则是增强市场信心和推进项目进程，故不应签署含有到期回购、固定回报、明股实债等内容的兜底条款，在 PPP 合同中约定兜底条款或承诺固定投资回报的，合同中的相关条款则将被认定为无效。

财政部有关规范性文件均有相关规定。《关于进一步做好政府和社会资本合作项目示范工作的通知》（财金〔2015〕57 号）规定："严禁通过保底承诺、回购安排、明股实债等方式进行变相融资，将项目包装成 PPP 项目。"

《政府和社会资本合作项目财政管理暂行办法》（财金〔2016〕92号）规定："政府与社会资本合资设立项目公司的，应按照《公司法》等法律规定以及PPP项目合同约定规范运作，不得在股东协议中约定由政府股东或政府指定的其他机构对社会资本方股东的股权进行回购安排。"《关于规范政府和社会资本合作（PPP）综合信息平台项目库管理的通知》（财办金〔2017〕92号）规定："（四）构成违法违规举债担保。包括由政府或政府指定机构回购社会资本投资本金或兜底本金损失的；政府向社会资本承诺固定收益回报的；政府及其部门为项目债务提供任何形式担保的；存在其他违法违规举债担保行为的。"财政部《关于进一步加强政府和社会资本合作（PPP）示范项目规范管理的通知》（财金〔2018〕54号）规定："（四）杜绝违法违规现象。坚守合同谈判底线，加强合同内容审查，落实项目风险分配方案，合同中不得约定由政府方或其指定主体回购社会资本投资本金，不得弱化或免除社会资本的投资建设运营责任，不得向社会资本承诺最低投资回报或提供收益差额补足，不得约定将项目运营责任返包给政府方出资代表承担或另行指定社会资本方以外的第三方承担。"

（二）地方政府融资平台作为社会资本方参与PPP项目的法律风险

财政部《PPP项目合同指南（试行）》规定："本指南所称社会资本方是指与政府方签署PPP项目合同的社会资本或项目公司。本指南所称的社会资本是指依法设立且有效存续的具有法人资格的企业，包括民营企业、国有企业、外国企业和外商投资企业。但本级人民政府下属的政府融资平台公司及其控股的其他国有企业（上市公司除外）不得作为社会资本方参与本级政府辖区内的PPP项目关于地方政府融资平台作为社会资本参与PPP项目。"

财政部《关于进一步加强政府和社会资本合作（PPP）示范项目规范管理的通知》（财金〔2018〕54号）规定："（三）严格审查签约主体。坚持政企分开原则，加强PPP项目合同签约主体合规性审查，国有企业或地方政府融资平台公司不得代表政府方签署PPP项目合同，地方政府融资平台公司不得作为社会资本方。"

财政部规范性文件明确要求实施PPP项目的本级政府所属融资平台公司

及其控股的国有企业不能以社会资本的身份参与本级政府辖区内的 PPP 项目，否则属于违规运作。

（三）PPP 合同条款内容的主要法律风险

1. 项目合作范围无运营或"轻运营"的法律风险

根据 PPP 项目的特征，任何 PPP 项目的范围均应含有"运营"这一内容。如果政府与社会资本的合作内容，没有运营或仅有极少运营内容，可能会导致整个项目被认为是 BT 项目。按照财政部规范性文件的规定，属于违规运作。

2. 风险分配条款的法律风险

PPP 项目合同的目的就是要在政府方和项目公司之间合理分配风险，明确合同当事人之间的权利义务关系，以确保 PPP 项目顺利实施和实现物有所值。在设置 PPP 项目合同条款时，要始终遵循上述合同目的，并坚持风险分配的下列基本原则：

（1）承担风险的一方应该对该风险具有控制力。

（2）承担风险的一方能够将该风险合理转移（如通过购买相应保险）。

（3）承担风险的一方对于控制该风险有更大的经济利益或动机。

（4）由该方承担该风险最有效率。

（5）如果风险最终发生，承担风险的一方不应将由此产生的费用和损失转移给合同相对方。

常见风险分配安排：具体 PPP 项目的风险分配需要根据项目实际情况，以及各方的风险承受能力，在谈判过程中确定，在实践中不同 PPP 项目合同中的风险分配安排可能完全不同。下文列举了一些实践中较为常见的风险分配安排，但需要强调的是，这些风险分配安排并非适用于所有项目，在具体项目中，仍需要具体问题具体分析并进行充分评估论证。

（1）通常由政府方承担的风险。

1）土地获取风险（在特定情形下也可能由项目公司承担，详见本章后面相关内容）；

2）项目审批风险（根据项目具体情形不同，可能由政府方承担，也可能由项目公司承担，详见本章后面相关内容）；

3）政策不可抗力（包括非因政府方原因且不在政府方控制下的征收征用和法律变更等，详见本章后面相关内容）。

（2）通常由项目公司承担的风险。

1）如期完成项目融资的风险；

2）项目设计、建设和运营维护相关风险，如完工风险、供应风险、技术风险、运营风险以及移交资产不达标的风险等；

3）项目审批风险（根据项目具体情形不同，可能由政府方承担，也可能由项目公司承担，详见本章后面相关内容）；

4）获得项目相关保险。

（3）通常由双方共担的风险为自然不可抗力。

如不遵循上述原则致风险分配不合理，可能会影响整个PPP项目的顺利实施。

3. 项目融资条款的法律风险

（1）融资条款过于简单，融资到位时间及金额约定不清。进入项目执行阶段，融资就是社会资本方的主要合同义务，如果合同未明确融资完成的时间、未约定完成融资是否享有宽限期及未完成融资交割，或未能在宽限期完成社会资本方应承担的义务，则有可能会在融资交割阶段因约定不明，进而使双方发生矛盾和纠纷。

（2）融资违约责任约定不明。社会资本方完不成融资直接导致的后果就是项目无法实施，此时，对社会资本方追究违约责任就是政府方的主要权利，如对违约责任约定不明或无法操作，则政府方的相应权利就无法实现。

4. 项目用地条款的法律风险

（1）用地方式不明确或不合规，直接导致项目无法正常用地，或无法实施，或受到国土部门的处罚等后果。

（2）前期土地取得费用承担约定不明，当合同约定土地取得由政府方承担时，需要明确约定土地取得费用的承担，是否纳入总投资，如不纳入总投资，项目公司如何依法和使用政府方的土地。否则，如土地取得费用承担或项目公司用地方式约定不明，可能导致该部分费用无法确定承担方，从而给项目带来麻烦。

（3）项目临时用地取得主体约定不明，如项目建设需要临时用地，临时用地的取得申请需要在合同中约定是由政府方还是由项目公司提出，临时用地费用由谁承担等，如未约定费用的承担方，因此而产生争议，将导致项目无法正常推进实施。

5. 项目建设条款的法律风险

（1）项目设计责任不明确。根据财金〔2014〕156号的规定，项目合同对项目设计的分工需要明确。如约定由政府方承担初步设计、可行性研究报告等前期设计工作，需要明确该项工作费用如何分担，以及项目公司对上述合同有全部承继的义务。

（2）项目建设范围约定不明。合同需要明确项目建设的范围，即明确具体建什么、规模如何、目前的估算（概算/预算）总投资是多少。若已经完成施工图，则应将施工图及工程量清单作为合同附件；若尚未完成施工图，则约定在施工图完成后将经批准施工图作为合同附件附后。如约定不明，可能致项目合同在履行工程中产生歧义。

（3）开工日约定不明。项目合同约定的开工日，直接影响项目合同履行的起算，进而影响项目政府付费，或使用者费用的起算。故开工日需要明确约定。

（4）总投资及计价原则没有约定或约定不清，项目总投资的确认原则包括：建筑安装工程费用的计价依据，关于基准价格的约定，关于变更估价的约定，由于市场价格波动引起的工程价款调整原则等。以上事项关系到计算工程款时的各种依据和证据，如果约定不清甚至没有约定，极易引起双方对工程款核算的分歧。

（5）对工程质量相关事项监管的约定不清，建设期的监管权是政府的主要监管权力及责任。例如，建设或其他任何部分严重不符合有关的质量和/或安全要求，政府方可以就此给予项目公司书面通知，要求其在合理时间纠正缺陷等，如约定不清则会导致对工程质量失去监管或政府方失职的后果。

6. 项目运营条款的法律风险

PPP项目的运营是政府实施PPP项目与社会资本合作过程中重要的工作

之一,一般项目的运营期都在10年以上甚至达到30年。在漫长的运营期,会发生很多来自外部因素的干扰或影响,直接影响项目公司的正常运营,存在着诸如运营成本超支、运营主体变化、市场需求变化、收费来源变化导致的运营收入增加或减少、运用设施的大中修等因素。为此,对项目运营的内容约定,尤其应细化完善,以有效降低各种风险。PPP项目合同中容易出现以下问题。

(1)项目运营日起算点约定不明。对于政府付费的项目,项目开始运营是政府付费的时间点,故项目运营的起算点对于项目公司来说很重要。如约定不明,可能导致政府付费过早或过晚。

(2)运营期间的运营成本核算方式方法约定不明。项目公司对项目的运营成本一般是在当年付费时一起支付的,需要有明确具体的核算方法等。但如果运营成本的核算方式方法没有约定或约定不明,也极易引发运营成本支付的歧义和双方矛盾。

(3)项目公司运营期间义务约定不明。对项目公司的运营系政府方绩效考核、按效付费的依据,项目合同对项目公司在运营期间义务内容需要全面具体。如约定不明,致合同履行产生歧义,可能直接影响项目公司获得政府付费。

(4)项目维护内容约定不明。

根据财政部《关于规范政府和社会资本合作合同管理工作的通知》(财金〔2014〕156号)第十七条第(五)项要求:"项目合同有关项目维护的内容、方式、周期及费用标准、验收程序等,需要根据项目运作模式的特点约定的具体且明确。如约定不明,致政府方无法考核项目公司的运营维护工作,进而影响政府付费。"

(5)运营期间的定价调价机制约定不明或不够合理。

《政府和社会资本合作项目财政管理暂行办法》(财金〔2016〕92号)规定:"合同应当合理约定项目补贴或收费定价的调整周期、条件和程序,作为项目合作期限内行业主管部门和财政部门执行补贴或收费定价调整的依据。"

《国家发展改革委关于开展政府和社会资本合作的指导意见》(发改投资

〔2014〕2724号）规定："加强价格行为监管，既要防止项目法人随意提价损害公共利益、不合理获利，又要规范政府价格行为，提高政府定价、调价的科学性和透明度。"

在漫长的运营期内，各种外界因素的影响，必然引起运营收入、运营成本的变化。为此，设定合理合规的定价及调价机制对PPP项目的运营是必须的，否则，必然引发双方之间在运营期内的矛盾和纠纷。

定价和调价机制设置不合理、项目产品或服务不佳等情况导致运营收益不能满足收回投资并实现合理利润，并且收费标准调整的期限较长，一旦确定便在一个固定时期内无法进行调整，将在一定程度上影响社会投资人的营运收入。所以项目定价的依据、标准、调价的条件、方法和程序都要设置清晰，且应将绩效评价结果作为调价的重要依据。

建议在PPP项目合同中明确以下问题。

（1）在PPP项目合同中应明确说明，政府部门有权对社会资本的经营成本进行监管，并对其经营状况进行评估，但是，由于非社会资本原因造成经营成本发生重大变动时，允许其提出价格调整申请，由政府部门审批。

（2）在PPP项目合同中明确规定，在合作期内，政府保证PPP项目的市场竞争唯一性，并约定违约责任及调价机制。

（3）在PPP项目合同中应明确调价原则和公式。但是对于国内许多公用事业而言，价格调整往往需要通过公开的价格听证程序，因此建议在PPP项目合同中明确说明当价格无法调整时，政府部门可以通过补贴等方式对社会资本做出合理的补偿。

（4）在PPP项目合同中应明确费用的支付时间表和延期责任，保证社会资本能够支付运营成本和还本付息，建立月和半年费用最低支付水平和年底结算机制，要求付款方建立费用特别账户提高费用支付保证度。

（5）在PPP项目合同中须明确说明，政府部门需要对项目公司的经营过程实施监管，在条件满足时有权采取相应的措施。

7. 股权变更条款的法律风险

根据PPP项目的特点，社会资本方股权的变更对项目的顺利实施有较大的影响，项目合同中需约定社会资本对项目公司股权变更的锁定期，按照财政部规范性文件的要求，一般为自合作期开始5年。如合同条款未约定股权变更锁定期，或约定过于严苛，可能导致社会资本将股权转让给不合适受让方，也可能导致项目融资运营受到较大影响。最直接的后果是，带来项目融资、建设或运营的困难。

8. 付费机制条款的法律风险

（1）付费机制不与绩效评价挂钩。

《财政部关于规范政府和社会资本合作合同管理工作的通知》（财金〔2016〕90号）规定："防止政府以固定回报承诺、回购安排、明股实债等方式承担过度支出责任。"

付费机制如不与绩效评价进行衔接，有可能会出现每一付费周期付费的额度固定，从而带来政府隐性债务，被视为固定回报。

（2）缺少超额利润分享机制的风险。

《关于印发政府和社会资本合作模式操作指南（试行）的通知》（财金〔2014〕113号）规定："设置超额收益分享机制的，社会资本或项目公司应根据项目合同约定向政府及时足额支付应享有的超额收益。"

财政部《关于规范政府和社会资本合作合同管理工作的通知》（财金〔2016〕90号）规定："对于使用者付费完全覆盖成本和收益的项目，要依据合同将超额收益的政府方分成部分及时足额监缴入国库，并按照事先约定的价格调整机制，确保实现价格动态调整，切实减轻公众负担。"

PPP项目可以让社会资本方享有合理的收益，但应注意盈利不暴利，应设置超额收益分享机制，尤其是对于使用者付费的项目，否则造成社会资本方暴利，违背社会资本方盈利不暴利的宗旨。

9. 绩效考核条款的法律风险

《政府和社会资本合作项目财政管理暂行办法》（财金〔2016〕92号）规定："合同应当约定项目具体产出标准和绩效考核指标，明确项目付费与绩效评价结果挂钩。"

财政部《关于印发政府和社会资本合作模式操作指南（试行）的通知》（财金〔2014〕113号）第二十六条规定："政府有支付义务的，项目实施机构应根据项目合同约定的产出说明，按照实际绩效直接或通知财政部门向社会资本或项目公司及时足额支付。"

PPP项目合同实务中的绩效考核条款多数过于简单且不够科学合理。例如，无考核主体、考核流程、考核细则，进行考核的指标设置要么过于简单宽松，要么过于复杂严苛，要么不具有实操性，有的甚至不与政府付费挂钩等。

绩效考核的具体内容应具有可操作性，应设置提高项目的执行效率，体现行业特点，公共服务设施应关注公众满意度的绩效考核指标，以真正实现国家推行PPP模式"按效付费"的初衷。

10. 政府方监督和介入条款的法律风险

（1）政府监管职责不明或过度。

《关于印发政府和社会资本合作模式操作指南（试行）的通知》（财金〔2014〕113号）规定："项目实施机构应根据项目合同约定，监督社会资本或项目公司履行合同义务。"为防止政府滥用监督权，影响项目的正常运行，政府方的监管内容应当明确具体还应符合法律法规，且政府监督不应过多干预项目公司的资助经营权。

（2）政府介入不明和不合理。

对于PPP项目的政府方的介入情形和介入的法律后果，应严格遵照规范性文件的要求。为避免政府随意介入影响项目的进行，应在PPP项目合同中明确政府或介入的前提、程序、持续时间和范围以及法律后果，并在履约时严格遵照执行。

11. 违约责任不明的法律风险

《关于印发政府和社会资本合作模式操作指南（试行）的通知》（财金〔2014〕113号）规定："项目实施机构、社会资本或项目公司未履行项目合同约定义务的，应承担相应违约责任，包括停止侵害、消除影响、支付违约金、赔偿损失以及解除项目合同等。"

在项目合同中对政府方违约和项目公司违约的具体情形、违约行为的认定以及免除责任或限制责任的事项如果约定不清，在PPP项目合同履行过程中，就会因违约情况界定不清、违约处理约定不明，从而导致守约一方的合法权益无法得到保障。

12. 提前终止补偿机制条款缺失的法律风险

提前终止是指PPP项目在合作期限尚未届满的情况下，由于特定情况的出现，导致PPP项目合同提前解除。通常当事方对于违约导致的提前终止较容易理解，而容易忽视法律变更、不可抗力所导致的提前终止。

实务中对于提前终止条款的设定需要注意以下问题。

(1) 明确提前终止的法律后果。一旦发生合同提前终止，项目公司需要进行项目设施移交，政府方要根据事先约定的金额，向项目公司支付提前终止补偿金额。从提前终止事件发生到合同实际提前终止，往往还有一段时间（例如，双方对提前终止事件的发生进行通知，对争议进行协商，对提前终止补偿金额进行计算等），截至提前终止日，PPP项目合同依然是有效的，双方仍应履行合同项下的义务。

即使是在终止日之后，PPP项目合同已经终止，双方仅是不负有继续履行合同的义务，对于终止日之前，由于双方的履约行为已经实际产生的合同义务，仍应该继续履行（例如，按照约定支付服务费）。此外，由于提前终止后将伴随着资产的清点、移交等，因此，项目公司在项目设施移交完毕之前，应合理地对项目设施进行照管。同时，按照《合同法》的规定，发生PPP项目合同的提前终止，并不意味着全部合同条款的终止，在PPP项目合同中约定的其他条款，如法律适用、争议解决、合同效力等，均应继续有效。

(2) 提前终止补偿。《政府和社会资本合作项目财政管理暂行办法》（财金〔2016〕92号）规定："如因政府原因或不可抗力原因导致提前终止的，应当依据合同约定给予社会资本相应补偿。"

PPP项目的提前终止对政府方和社会资本方来说都会造成损失。提前终止补偿机制如不明确，会导致政府方和社会资本方的损失进一步扩大。PPP项目提前终止补偿还需在合同中具体规定补偿的数额和可以获得补偿的情形。

提前终止补偿是指当发生PPP项目合同提前终止时，项目公司把项目设施移交给政府方，由政府方支付给项目公司的补偿款。提前终止补偿款的计算是一个综合类问题，需要从法律和财务两个角度通盘考虑双方的责任、项目建设情况（建设期还是运营期，项目设施是否已经可直接使用）、项目融资情况等多种因素，并要结合已有的违约条款、移交条款、权属变更条款等进行综合分析。

提前终止补偿金额是在发生PPP项目合同提前终止的情况下对项目公司的补偿，具体金额的计算应结合项目实际情况统筹考虑，而不宜简单复制其他项目的补偿方式。

13. 项目移交条款的法律风险

《关于印发政府和社会资本合作模式操作指南（试行）的通知》（财金〔2014〕113号）规定："项目合同中应明确约定移交形式、补偿方式、移交内容和移交标准。""项目移交工作组应委托具有相关资质的资产评估机构，按照项目合同约定的评估方式，对移交资产进行资产评估，作为确定补偿金额的依据。"

（1）移交中的税收风险。《中华人民共和国税收征收管理法》第三条规定："税收的开征、停征以及减税、免税、退税、补税，依照法律的规定执行。任何机关、单位和个人不得违反法律、行政法规的规定，擅自做出税收开征、停征以及减税、免税、退税、补税和其他同税收法律、行政法规相抵触的决定。"

由于PPP项目一般投资巨大，所以涉及的税款相当高，开具何种发票、何时开具发票、税收与政府补贴的关系等，都需要明确，防止产生税收风险，导致税收损失。所以关于移交费用的承担应做出明确的规定，尤其是关于是否含税、税的承担问题，否则，极易引起双方的矛盾和纠纷。

（2）移交后的责任期缺失的风险。设置项目移交后的缺陷责任期。建议明确在缺陷责任期内（一般为12个月），项目公司及社会资本方负有对项目设施进行保修的义务，所产生的费用一般由政府方承担。

14. 适用法律及争议解决条款的法律风险

《关于适用〈中华人民共和国仲裁法〉若干问题的解释》第七条规定："当事人约定争议可以向仲裁机构申请仲裁也可以向人民法院起诉的，仲裁协议无效。"PPP项目合同的争议解决机制应该明确，解决方式应该明确，PPP项目合同的争议解决条款最好在诉讼和仲裁中任选其一，避免出现"既可以仲裁又可以诉讼"的约定。同时建议选择由项目所在地人民法院管辖的争议解决条款。

15. 不可抗力的法律风险

不可抗力是指不能预见、不能避免并不能克服的客观情况。不可抗力可分为几类：自然事件（天灾）、社会事件（如全国性的罢工、瘟疫传播）、政治事件（如战争、宣战、禁运、征收征用等）。

实务中不可抗力的处理原则有以下几条。

（1）受到不可抗力影响的一方，在不可抗力影响的范围内，可以免于履行合同，且免于承担违约责任。

（2）受到不可抗力影响的一方，应尽快通知其他方，并采取有效的补救措施降低不可抗力的影响。

（3）由于不可抗力导致PPP项目合同履行的条件发生重大变化的，双方应就PPP项目合同的继续履行、履行条件进行协商，达成一致后，可继续履行PPP项目合同，无法达成一致的，PPP项目合同提前终止。

（4）因不可抗力发生的损失，首先应通过保险覆盖，无法解决的，依据"风险共担"的原则由双方分担。

对不可抗力条款的约定应注意以下几点。

（1）明确不可抗力事件的范围。由于不可抗力将触发对PPP项目合同的修改和提前终止，因此应严格限定不可抗力事件的范围，对于可通过其他途径追究相关责任方、但对项目本身存在不利影响的事件（如付款延误、供应商责任等），不应列为不可抗力事件。

（2）明确不可抗力事件的后果。发生不可抗力后，并不意味着当事方可以不再履约，也并不意味着PPP项目合同将根据不可抗力的影响必然进行修改或提前终止。因此，在不可抗力发生阶段，双方应该尽量维持PPP项目合同的正常履行，并积极采取措施避免损失的扩大，很多人认为发生不可抗力后，将互不追责，也不承担任何责任，这样的理解是不准确的。

（3）明确风险共担的处理原则。在PPP项目实施方案中，通常均约定在发生不可抗力的情况下，风险由双方共担。但这一点，从目前通常可见到的PPP项目合同版本来看，落实得并不明显。在通常版本中，对于不可抗力的损失承担，往往规定为双方各自承担。但其实不同类型的不可抗力事件，对于项目各方的影响并不相同，特别是对于项目公司而言，建设和运营项目需要大量的投资和持续的投入，不可抗力事件对项目公司的影响通常都大于对政府方的影响。一个好的不可抗力条款，应区分不同的情况，将"风险共担"的基本原则落到实处。

（二）PPP项目合同外部因素影响的法律风险及应对措施

（1）法律及监管体系不完善带来的风险，在PPP项目合同中将争端解决程序、双方的权利义务等关键内容描述清楚，尽可能减少该风险所导致的危害。

（2）法律变更风险，分担主体为政府。建议在PPP项目合同中明确说明，当已发生或即将发生的法律变更对项目的正常运营产生影响时，任何一方可致函另一方，表明对其可能造成后果的意见及措施。在收到任何一方发出的任何通知后，双方应在可能的情况下尽快进行讨论并达成一致意见。

（3）不可抗力风险。在PPP项目合同中需要对不可抗力事件做出明确定义，明确发生不可抗力事件之后的应对措施，此外也需要明确不得声称为不可抗力的事件。

（4）经济风险。

1）利率风险，由政府和社会资本共担。可以在价格调整公式上对利率变化加以调整。设置一个界限值，当利率变化大于该界限值时，启用调价公式对价格进行调整。

2）外汇风险，由政府和社会资本共担。在使用外资的情况下，政府方应明确项目公司中，建设承包商和运营维护承包商在中国境内开立、使用外汇账户，向境外账户汇出资金等事宜和条件。当利率风险类似，双方应该设置一个界限值，当汇率变化大于该界限值时，可以通过调价公式来调整价格收费，从而实现双方共同承担重大的汇率变化风险的目标。

3）通货膨胀风险，由政府和社会资本共担。可以在调价公式中设置相应的调整系数进行调整。应在合同中约定，物价指数变化在约定的幅度内不做调整，超过约定的变化幅度则进行调整。

4）税收调整风险，由政府和社会资本共担。社会资本可以要求政府部门尽最大努力帮助项目公司根据国内有关法律、法规、规章，争取税收优惠，并获得签约级政府在其权限范围内的地方税收优惠。

(5) 合作风险。

1）社会资本投资者变动风险，承担主体为社会资本。在 PPP 项目合同中应明确规定未经政府部门的事先书面同意，社会资本不得转让其在本协议项下的全部或任何部分权利或义务。也可以在 PPP 项目合同中约定股权的锁定期，在锁定期内社会资本不能转让在项目公司中的股权。还应在 PPP 项目合同中约定社会资本的股权退出机制和社会资本的股权退出程序。

2）组织协调风险，承担主体为社会资本。社会资本可以争取政府部门在 PPP 项目建设和运营过程中，协助项目公司协调与有关单位的关系。

3）社会资本能力不足风险，承担主体为社会资本。应明确规定构成项目公司违约事件的范围和政府部门采取相应措施的程序和方式。

4）合同文件冲突或不完备的风险，由政府和社会资本共担。PPP 项目合同中应设置诚信谈判声明和程序说明，当发生严重不利于项目正常运营的事件，且该事件在协议中没有明确的处理办法说明时，双方将秉承诚意进行协商，若双方未能达成一致意见，则进行争议解决程序。

四、PPP 项目合同律师法律服务要点

基于 PPP 项目合作周期长，投资大，参与主体多，项目融资、建设、运营、移交情况复杂等因素，PPP 项目合同的条款不宜过于僵化，以免无法应对协议期限内发生的经济环境或法律政策等变化，对于 PPP 合同应依法依规设立弹性的合同条款。

按照《政府和社会资本合作项目财政管理暂行办法》第十七条的规定，PPP 项目合同审核时，应当对照项目实施方案、物有所值评价报告、财政承受能力论证报告及采购文件，检查合同内容是否发生实质性变更，并重点审核合同是否满足以下要求。

(1) 合同应当根据实施方案中的风险分配方案，在政府与社会资本双方

之间合理分配项目风险,并确保应由社会资本方承担的风险实现了有效转移。

(2) 合同应当约定项目具体产出标准和绩效考核指标,明确项目付费与绩效评价结果挂钩。

(3) 合同应当综合考虑项目全生命周期内的成本核算范围和成本变动因素,设定项目基准成本。

(4) 合同应当根据项目基准成本和项目资本金财务内部收益率,参照工程竣工决算合理测算确定项目的补贴或收费定价基准。项目收入基准以外的运营风险由项目公司承担。

(5) 合同应当合理约定项目补贴或收费定价的调整周期、条件和程序,作为项目合作期限内行业主管部门和财政部门执行补贴或收费定价调整的依据。

作为为 PPP 项目提供法律服务的律师,在审核 PPP 项目合同时,首先要对合同的效力进行准确界定,其次,要对 PPP 项目合同条款内容中涉及的项目出资及融资安排、项目公司组建及架构设立、风险分配、项目融资责任、项目建设运营、工程质量保障、计价标准、项目定价与调价机制、付费来源、绩效考核、股权锁定、政府监管、项目移交、争议解决方式、违约责任、合同解除、再谈判条款等要件是否齐全完备并符合法律法规和政策制度的规定方面,提出准确且合法合规的律师审核意见。

(一) PPP 项目合同律师审查要点

《关于推广运用政府和社会资本合作模式有关问题的通知》(财金〔2014〕76 号)规定:

(四) 细化完善项目合同文本。地方各级财政部门要会同行业主管部门协商订立合同,重点关注项目的功能和绩效要求、付款和调整机制、争议解决程序、退出安排等关键环节,积极探索明确合同条款内容。财政部将在结合国际经验、国内实践的基础上,制定政府和社会资本合作模式操作指南和标准化的政府和社会资本合作模式项目合同文本。在订立具体合同时,地方各级财政部门要会同行业主管部门、专业技术机构,因地制宜地研究完善合同条款,确保合同内容全面、规范、有效。

为此,律师在审核 PPP 项目合同时,应重点关注以下要点:

（1）审核时应当对照PPP项目的实施方案、物有所值评价报告、财政承受能力论证报告及采购文件等，检查合同内容是否发生实质性变更。

（2）合同是否履行了政府审批手续。

（3）合同主体是否适格，是否符合法律法规及规范性文件的要求。

（4）合同内容是否合法合规，是否存在违规违法条款。

（5）合同条款是否完善，是否能起到预防化解矛盾和纠纷的作用。主要包括：

1）是否根据实施方案中设定的风险分配方案，在政府与社会资本双方之间合理分配项目风险，并确保应由社会资本方承担的风险实现了有效转移。

2）合同应当约定项目具体产出标准和绩效考核指标，明确项目付费与绩效评价结果挂钩。

3）合同应当综合考虑项目全生命周期内的成本核算范围和成本变动因素，设定项目基准成本。

4）合同应当根据项目基准成本和项目资本金财务内部收益率，参照工程竣工决算合理测算确定项目的补贴或收费定价基准。项目收入基准以外的运营风险由项目公司承担。

5）合同应当合理约定项目补贴或收费定价的调整周期、条件和程序，作为项目合作期限内行业主管部门和财政部门执行补贴或收费定价调整的依据。

6）对于股东出资以及资本金到位的时间、数额及相应违约责任的相关约定是否明确。

7）社会资本方提供的投资计划及融资方案是否合法合规、具有可操作性。

8）项目的总投资确定原则、计价标准、投融资监管及相应的违约责任等事项是否约定明确。

9）工程建设范围、标准、总投资控制、进度安排、质量要求、安全要求、工程变更管理、工程交竣工验收、工期延误、工程保险等事项是否约定明确。

10）运营维护的内容、标准、成本核算、绩效考核等事项是否约定明确。

11）运营期限中对设施设备的保养、维护、大中小修以及运营期保险、政府监管、运营支出及违约责任等事项是否约定明确。

12）项目定价和调价机制，以及变更和调整机制是否明确。

13）政府付费的来源、付费公式、支付时间及支付流程是否明确，政府付费及缺口补助是否明确与PPP项目的绩效考核挂钩。

14）建设期及运营期绩效考核设置的考核内容、考核方法、考核指标及考核流程和考核结果的应用等事项，应当合理且可执行；建设期、运营期的绩效考核结果均应作为政府付费及支付补贴的依据。

15）是否设置合理的关于股权退出的限制性条款或门槛条件。

16）对社会资本方股东的股权抵押、质押等是否有明确限制或约定。

17）股权受让人相应的资质条件，可以对包括PPP基金在内的产业发展类基金等的进入保留"入口"等。

18）政府向社会资本主体移交托管资产的范围、托管形式（有偿还是无偿）、移交程序及违约责任等是否明确。

19）社会资本主体向政府移交项目的过渡期、移交范围和标准、移交程序、质量保证及违约责任等是否明确。

20）合同的退出机制是否合法合规，具有可操作性。

21）PPP项目合同可以提前终止的情形及补偿机制是否约定清楚。

22）提前终止后的提前移交范围和程序，提前终止如何进行补偿的计算方法，以及导致提前终止的违约责任承担方式等是否明确约定。

23）不可抗力和法律变更约定是否清晰：重点审查不可抗力事件范围以及法律变更的处理原则。

24）合同解除约定是否清晰：重点审查合同的退出机制，明确合同解除事由、解除程序以及合同解除后的清算、项目移交等事项。

25）违约处理约定是否清晰：对于合同中涉及违约的各种情形在合同中予以明确规定，并对相应的违约责任进行明确细化。

26）争议解决方式是否明确：协商、调解、仲裁或诉讼；管辖仲裁机构或管辖法院。

律师服务 PPP 项目，审核项目合同的合规合法及完整性，只是 PPP 项目合同签订及履行中的一个方面，为了将政府和社会资本合作纳入法治化轨道，保证各方利益，确保项目的实施，需要实行阳光运作，加强政府部门的契约精神。在项目的实施过程中，保障公众的知情权，披露与 PPP 项目相关信息，在参与各方间形成有效的监督制约机制，才能真正起到利用 PPP 项目合同预防和化解风险和矛盾的初衷。

（二）把握好 PPP 项目合同的法律热点问题

1. 关于 PPP 协议的性质问题

对于因 PPP 协议引发的争议属于民事争议还是行政争议，实践中存在两种观点。第一种观点认为，2015 年 5 月 1 日施行的《最高人民法院关于适用〈中华人民共和国行政诉讼法〉若干问题的解释》第十一条规定："行政机关为实现公共利益或者行政管理目标，在法定职责范围内，与公民、法人或者其他组织协商订立的具有行政法上权利义务内容的协议，属于行政诉讼法第十二条第一款第十一项规定的行政协议。"根据该规定，PPP 协议性质属于行政协议，应作为行政案件受理。其理由是：

（1）从合同主体看，一方为政府，另一方为社会资本方，符合行政协议的主体要件。

（2）从订立协议的目的看，PPP 协议的签订目的不是实现私益，而是基于社会公共利益的需要，地方政府为实现经济和社会管理目标的一种手段。

（3）从协议内容看，PPP 协议通常包含多项政府基于其行政管理职能做出的优惠承诺和政策扶持，绝大多数涉及公权力的行政、处分和承诺，如项目规划审批、用地指标取得、土地出让收益处分、税收奖励等，均非平等主体之间所能处分的私法上权益。

另一种观点认为，PPP 协议属于民事合同，应当作为民事案件受理。因为尽管合同当事人中有一方是政府，但是双方合同的主要内容是对合作开发进行的约定，合同签订完全遵循平等、自愿、等价有偿的原则，而不存在行政命令和强迫的意思。对于 PPP 争议中涉及政府特许经营协议的授予、收回，政府采购投诉，政府信息公开，项目规划许可，对项目公司的处罚，对项目公司征收补偿决定、收费标准的确定等争议的，因涉及相关行政审批和行政许可内容，属于行政争议。

对于 PPP 协议的履行、变更、解除等行为，体现了当事人平等、等价协商一致的合意，其内容不受单方行政行为强制，合同内容包括了具体的权利义务及违约责任，属于民事法律关系的范围，当事人就此可以提起仲裁，也可以提起民事诉讼。常见的包括土地使用权的取得、项目产权的归属、项目收益的分配、项目公司融资、项目担保、工程建设、项目收益权抵押、项目回购、税费负担、违约责任等。

2. 关于 PPP 协议的效力问题

因 PPP 协议引发的纠纷中，合同效力问题往往成为当事人争议的焦点问题，当事人往往以违反现行法律、行政法规强制性规定主张 PPP 协议无效，实践中主要包括以下问题。

（1）关于社会资本方资质问题。社会资本方参与 PPP 项目是否必须具备施工企业资质，对此存在不同观点。一种观点认为，社会资本方必须具备施工资质，否则 PPP 协议无效；另一种观点认为，社会资本方无须具备施工资质，PPP 协议并不因此无效。我们认为，对此需要区分情况，如果 PPP 协议包含工程建设的内容，社会资本方应具备相应的施工资质，或者通过联合体投标，以符合资质规定。如果 PPP 协议不包含工程建设的内容，则社会资本方无须具备施工资质。

（2）关于招投标问题。国家发展改革委印发的《传统基础设施领域实施政府和社会资本合作项目工作导则》规定以公开招标、邀请招标、两阶段招标、竞争性谈判等方式确定社会资本方，由此带来的问题是包含工程建设的 PPP 项目未经招投标，合同效力如何认定？我们认为，如果合同内容中包含建设工程施工，则该合同属于法定的必须强制招投标的项目，PPP 协议未经招投标的，该协议无效。

实践中，对于包含建设工程施工内容的 PPP 协议，经过招投标确定了社会投资方，施工合同是否还需要进行二次招标？我们认为，国家发展改革委《传统基础设施领域实施政府和社会资本合作项目工作导则》规定，已通过招标方式选定的特许经营项目投资人依法能够自行建设、生产或者提供的，可以不进行招标。既然社会资本方同时作为施工方，之前已经履行了招投标程序，在施工环节再履行招投标程序已无必要，也不符合PPP协议订立的目的，故在此情形未经二次招标的，施工合同并不因此无效。

（3）关于土地问题。PPP协议中对于土地进行捆绑运作，土地使用权未经招拍挂程序的，该协议效力如何认定？实践中对此争议较大，我们认为，根据国土资源部2016年《产业用地政策实施工作指引》的规定，采用PPP方式实施项目建设时相关用地需要有偿使用的，可将通过竞争方式确定项目投资主体和用地者的环节合并实施，该规定系对PPP项目中土地出让的特殊规定，可以认可该协议的效力。

（4）关于政府承诺的效力问题。在PPP项目中，一些地方政府会做出一定的优惠或奖励承诺，对该承诺的效力如何认定？实践中存在两种观点：一种观点认为，该承诺属于行政允诺，应认可其效力；另一种观点认为，政府的优惠或奖励超越其职权，该承诺无效。我们认为，对此需要予以区分，如果政府的优惠或奖励违反了法律、行政法规规定的强制性规范，比如违反税收规定减免税收，或者造成国有资产流失等侵犯社会公共利益，该政府承诺无效。如果政府的优惠或奖励并不违反法律的强制性规定和社会公共利益，基于允诺禁反言原则，该承诺应为有效。

3. 关于PPP合同义务群问题

PPP项目系由包含一系列协议在内的合同群组成，各协议之间的关联及法律关系的确定成为审理的难点，主要包括以下问题。

（1）关于协议的关联性问题。在PPP项目中，政府与社会资本方签订了PPP项目合作协议书，项目公司与社会资本方指定的第三人签订了建设工程施工合同，对于PPP项目合作协议书与建设工程施工合同的关系如何，当PPP合作协议书终止时，涉及工程款的结算与垫资款本金及利息的返还是否属于同一法律关系，实践中存在争议。

一种观点认为，工程施工合同系履行PPP协议中必须完成的一项工作，故建设工程施工合同依附于双方签订的PPP协议，工程款的支付与垫资款的支付应当一体处理。另一种观点认为，建设工程施工合同与合作协议有事实上的关联但并不存在依附关系，垫资款的支付与工程款的支付可以分别处理。

我们认为，对此应当看 PPP 协议中是否对建设工程施工合同予以特别约定，如果没有特别约定，应认定为彼此独立的合同。

（2）关于投标保函问题。在 PPP 项目运作中，政府要求投资人出具见索即付的投标保函，对于政府与投资人之间的争议约定仲裁，对于政府依据保函规定的条款提出索赔要求，是否受仲裁条款的约束？对此存在两种观点：一种观点认为，投标保函属于从合同，需要受主合同的约束，应受仲裁条款约束；另一种观点认为，见索即付保函中担保人的赔偿义务是第一性的，不受主合同的约束。我们认为，对于投标保函争议，与政府和投资人之间的争议属于同一法律关系，两者是主合同与从合同的关系，应受主合同仲裁条款的约束。

（3）施工合同发包人的确定问题。政府与社会资本方签订了 PPP 合同，项目公司与承包人签订了施工合同，此时施工合同的发包人是谁？一种观点认为，政府和社会资本方为施工合同的发包人；另一种观点认为，项目公司为施工合同的发包人。我们认为，PPP 合同与施工合同是相互独立的合同，此时应认定项目公司为施工合同的发包人。

（4）关于 PPP 收益权质押问题。对于特许经营权能否出质的问题，最高人民法院第 53 号指导性案例"福建海峡银行股份有限公司福州五一支行诉长乐亚新污水处理有限公司、福州市政工程有限公司金融借款合同纠纷案"对此予以明确，特许经营权的收益权可以质押，并可作为应收账款进行处质登记。实践中对于 PPP 项目中，PPP 项目的收益权能否质押，对此没有明确规定。

我们认为，比照第 53 号指导性案例的规定，对于 PPP 项目收益权质押应认可其效力。该 PPP 项目收益权质押应当按照《物权法》的规定，在中国人民银行征信中心的应收账款质押登记公示系统进行公示。同时，PPP 项目收益权质押的实现不同于一般的权利质押，其权利质押必须在项目建设完成，项目收费经过审批后才能设定。质权人优先受偿无须经过折价、拍卖、变卖等手段，可以直接请求人民法院判决其向债务人收取金钱优先受偿其债权。

（三）PPP项目公司章程协议法律服务要点

在PPP项目中，项目公司的股东协议和章程是政府方和社会资本方合作的基础，对整个项目起着重大的作用，预防股东协议和章程制定过程中易出现的法律风险，也是律师服务PPP项目的一项主要工作。

1. 股东协议的法律风险

（1）项目公司的组织形式：要明确项目公司的组织形式，是有限公司还是股份公司；关于股东分红比例，特别要明确政府方股东是否参与分红。

（2）注册资本和股权比例：需要明确约定股东各方注册资本出资义务完成的时间进度，避免因一方的出资延误导致整个项目实施的延期。

（3）股东各方的权利义务：根据股东各方所能够承担责任的内容不同，明确政府方股东、社会资本方股东应承担的责任和义务。如政府方股东在涉及公共利益及项目公司重大事项决策等事项享有的一票否决权；社会资本方股东对项目进行融资、出具履约保函等义务。

（4）股东权益及股权变更事项：因PPP项目具有投资大、建设运营时间长，对社会资本方股东的资质及运营能力要求较高等特点，项目公司股权变更需要明确：股权转让的锁定期，即在一定时间内，非经政府方书面同意，社会资本方股东不得转让股权；在任何情况下，非经政府方书面同意，社会资本方不得转让股权；包括项目公司股东之间转让或股东向股东之外的第三方转让；如项目的建设运营对社会资本方资质及能力有特殊要求，需要明确对股权受让方的资质要求；需要明确股权转让的程序，包括项目公司内部审批程序。

（5）股东会的权利：股东表决事项及表决权需要根据项目公司实际情况予以明确。如哪些事项需股东会全体股东一致同意；哪些事项需股东会全体股东2/3同意；哪些事项可以书面表决等；还需注意首次股东会议应由出资最多的股东负责召集并主持，而非政府方负责召集并主持；明确股东会议不能形成有效决议时的解决方案；需要明确政府方享有一票否决权的事项内容，包括但不限于股权变更、投资事项、增加/减少注册资本和重大融资资金使用等。

（6）董事会的组成等方面：根据《公司法》规定，股东双方都是国有企业，则董事会成员中必须有职工代表，职工董事的产生需符合公司法规定；需要明确董事本人不出席董事会会议也不委托其他董事代表出席会议，致使董事会不能形成有效决议的解决方案。

（7）监事会的组成：监事会成员中必须有职工代表且不低于监事会人数的1/3；监事会主席只能由全体监事过半数选举产生；董事、公司高级管理人员不得兼任监事。

（8）经营管理机构的设置：总经理由董事会决定聘任或者解聘；总经理可提请聘任或者解聘公司副总经理、财务负责人。

（9）协议终止的约定：除各方股东协商一致同意终止外，遇到股东协议终止事项，提出终止的一方负有终止通知的义务。

（10）股东的退出：合作期中退出时要注意是否满足已过股权锁定期，是否需政府方书面同意等条件；合作期期满退出时要注意公司需先清算再注销，不得约定公司清算时作为政府方或政府方出资代表的股东不参与盈余分配。

（11）违约责任：应在协议中约定，对于由一方委派或推荐至项目公司担任董事或高级管理人员职务的员工所做出的损害合资他方利益的行为，应由委派方承担与此相关的违约责任；需约定如果损失部分地由受损害方的作为或不作为造成的，或部分地产生于应由受损害方承担风险的另一事件，赔偿的数额应扣除这些因素对受损害方造成的损失。

2. 股东章程的法律风险

（1）公司向其他企业投资或为他人提供担保。公司可以向其他企业投资或向他人提供担保但决议权力机关不一样。依照公司章程的规定，由董事会或者股东会、股东大会决议；如为公司股东或实际控制人担保，必须由股东会或股东大会决议。

（2）股东会议事方式、表决程序。《公司法》第四十四条规定，股东会的议事方式和表决程序，除本法有规定的外，由公司章程规定。此处需注意，股东会的议事方式和表决程序如公司法已有规定，不得再通过公司章程变通或修改。

(3) 董事的任期。董事会议事方式、表决程序。《公司法》第四十八条规定，董事会的议事方式和表决程序，除本法有规定的外，由公司章程规定。董事会的议事方式和表决程序如公司法已有规定的，不得再通过公司章程变通或修改。

(4) 监事会议事方式、表决程序。《公司法》第五十五条规定，监事会每年度至少召开一次会议，监事可以提议召开临时监事会会议。监事会的议事方式和表决程序，除本法有规定的外，由公司章程规定。监事会议事方式、表决程序如公司法已有规定的，不得再通过公司章程变通或修改。

(5) 监事会中关于股东代表和职工代表的具体比例。监事会应当包括股东代表和适当比例的公司职工代表，其中职工代表的比例不得低于1/3，具体比例由公司章程规定。此处需注意，监事会中关于股东代表和职工代表的具体比例首先按公司法规定执行，然后适用选择性条款确定具体事项等。

第五章

PPP 项目公司（SPV）法律咨询服务要点

SPV 是 Special Purpose Vehicle 的简称，中文意思为"特殊目的载体"。简单而言，SPV 是政府与社会资本组成的一个特殊目的机构，政府以该机构为载体引入社会资本，双方对公共产品或服务进行共同设计开发，共同承担风险，全过程合作，期满后再将项目移交给政府。《PPP 项目合同指南（试行）》指出："在 PPP 实践中，社会资本通常不会直接作为 PPP 项目的实施主体，而会专门针对项目成立项目公司，作为 PPP 项目合同及项目其他相关合同的签约主体，负责项目具体实施。"

成立 PPP 项目公司的优势：一是开展项目融资、实现有限追索；二是加强公司治理、优化资本结构；三是便于股权管理、服务投资战略；四是实现属地管理、税收缴纳当地；五是明确责权关系，有利于目标实现。

SPV 是依法设立的自主运营自负盈亏的具有独立法人资格的经营性实体公司，可以由社会资本单独出资设立，也可以由政府和社会资本共同出资设立，但政府在项目公司中持股比例应低于 50%，且不能有实际控制及管理权。

SPV 的成立，可以更快速地推动 PPP 项目建设，理顺与政府的关系，有效管理投融资工作，通过对 PPP 项目和 SPV 的运作，不断完善自身的管理内容，提升公司的管理能力。

《关于印发政府和社会资本合作模式操作指南（试行）》（财金〔2014〕

113号)第二十三条规定,社会资本可依法设立项目公司。政府可指定相关机构依法参股项目公司。项目实施机构和财政部门(政府和社会资本合作中心)应监督社会资本按照采购文件和项目合同约定,按时足额出资设立项目公司。

第二十四条规定,项目融资由社会资本或项目公司负责。社会资本或项目公司应及时开展融资方案设计、机构接洽、合同签订和融资交割等工作。财政部门(政府和社会资本合作中心)和项目实施机构应做好监督管理工作,防止企业债务向政府转移。

社会资本或项目公司未按照项目合同约定完成融资的,政府可提取履约保函直至终止项目合同;遇系统性金融风险或不可抗力的,政府、社会资本或项目公司可根据项目合同约定协商修订合同中相关融资条款。

当项目出现重大经营或财务风险,威胁或侵害债权人利益时,债权人可依据与政府、社会资本或项目公司签订的直接介入协议或条款,要求社会资本或项目公司改善管理等。在直接介入协议或条款约定期限内,重大风险已解除的,债权人应停止介入。

《传统基础设施领域实施政府和社会资本合作项目工作导则》(发改投资〔2016〕2231号)第十六条规定,社会资本方可依法设立项目公司。政府指定了出资人代表的,项目公司由政府出资人代表与社会资本方共同成立。

项目公司应按照PPP合同中的股东协议、公司章程等设立。项目公司负责按PPP项目合同承担设计、融资、建设、运营等责任,自主经营,自负盈亏。除PPP项目合同另有约定外,项目公司的股权及经营权未经政府同意不得变更。

一、PPP项目设立SPV的目的

PPP项目设立SPV的目的主要是管控PPP项目风险,提高公司项目收益。SPV是实现PPP项目有限追索、风险隔离的重要载体。SPV的设立一定程度上能实现项目风险的隔离,一旦出现风险,债权人只能向PPP项目公司进行有限追索而不会影响到公司的资产。

二、SPV 的职责

SPV 代表公司全面负责投融资项目的投资、建设、运营、风险管控管理；合法合规地完成投资，提高项目收益；与政府建立良好关系，推动政府履行职责，为项目的报批报建、项目实施建立良好的外部环境；负责落实项目融资条件，推动项目资金落实；负责协调项目参建各方关系，为 PPP 项目建设做好支撑和服务，推进项目的建设、运营、移交等。

三、SPV 的"三会"

股东会、董事会和监事会是 PPP 项目 SPV 的三大权力及决策机构，SPV 对 PPP 项目的建设、运营也都由这三个机构决策、执行。不同的项目、不同的股权比例及各方不同的诉求，都可以通过股东会、董事会、监事会的具体职权划分及职责履行方式在公司章程中进行明确和调整。

股东会是 SPV 的权力机关，相当于国家的人大和人大常委会，由公司的股东组成，一般对关系公司存续、经营等重大事项进行表决，例如：①决定公司的经营方针和投资计划；②选举和更换非由职工代表担任的董事、监事，决定有关董事、监事的报酬事项；③审议批准董事会的报告；④审议批准监事会或者监事的报告；⑤审议批准公司的年度财务预算方案、决算方案；⑥审议批准公司的利润分配方案和弥补亏损方案；⑦对公司增加或者减少注册资本做出决议；⑧对发行公司债券做出决议；⑨对公司合并、分立、解散、清算或者变更公司形式做出决议；⑩修改公司章程等，并且，各股东还可以根据各方协商情况，在公司章程中约定其他的职权，如股权转让的事宜等。

董事会是 SPV 股东会的执行机关，是对内掌管公司事务、对外代表公司的经营决策机构，负责执行股东会的决策。董事会成员一般为 3～13 人，股东人数较少或者规模较小的有限责任公司，可以设一名执行董事，不设董事会。但 PPP 项目中 SPV 里因为有政府方出资代表持股，也就是有国有股，根据《企业国有资产监督管理暂行条例》国有参股、控股的企业，应该设有董事会的规定，SPV 一般会有董事会。根据《公司法》第四十六条规定，董事会对股东会负责，行使下列职权：

（1）召集股东会会议，并向股东会报告工作；

（2）执行股东会的决议；

（3）决定公司的经营计划和投资方案；

（4）制订公司的年度财务预算方案、决算方案；

（5）制订公司的利润分配方案和弥补亏损方案；

（6）制订公司增加或者减少注册资本以及发行公司债券的方案；

（7）制订公司合并、分立、解散或者变更公司形式的方案；

（8）决定公司内部管理机构的设置；

（9）决定聘任或者解聘公司经理及其报酬事项，并根据经理的提名决定聘任或者解聘公司副经理、财务负责人及其报酬事项；

（10）制定公司的基本管理制度；

（11）公司章程规定的其他职权。

监事会是由SPV股东会选举的监事及由公司职工民主选举的监事组成的，对公司的业务活动进行监督和检查的法定必设和常设机构。主要职权为：①检查公司财务；②对董事、高级管理人员执行公司职务的行为进行监督，对违反法律、行政法规、公司章程或者股东会决议的董事、高级管理人员提出罢免的建议；③当董事、高级管理人员的行为损害公司的利益时，要求董事、高级管理人员予以纠正；④提议召开临时股东会会议，在董事会不履行本法规定的召集和主持股东会会议职责时召集和主持股东会会议；⑤向股东会会议提出提案；⑥依照本法第一百五十一条的规定，对董事、高级管理人员提起诉讼；⑦公司章程规定的其他职权。监事会一般不少于三人，且股东人数较少或者规模较小的有限责任公司，可以设一至二名监事，不设监事会。因PPP项目中SPV里有政府方出资代表持股，根据《中华人民共和国企业国有资产法》"国有独资公司、国有资本控股公司和国有资本参股公司依照《中华人民共和国公司法》的规定设立监事会。"因此，SPV一般都需设监事会，并且董事和高级管理人员不得担任监事。

四、SPV的股东权益

有限责任公司的股东权益一般包含实收资本、资本公积金、盈余公积金、法定公积金和未分配利润。一般的公司成立后，随着运营，需要再生产或者扩大再生产，需要保持一定的实收资本，并从净利润中提取法定盈余公积金等来应对公司经营风险。而 SPV 成立后，社会资本需要逐步收回成本并获得合理回报，所以 SPV 的股东权益在运营期间的处理也会有所不同。

实收资本：实收资本是指投资者按照企业章程，或合同、协议的约定，实际投入企业的资本。在实践中，大部分 SPV 的资本金在总投资的 20%，要求足额缴纳，不得以债务性资金充当资本金，并且对资本金实行"穿透"原则，任何时候不得抽回。

《关于规范政府和社会资本合作（PPP）综合信息平台项目库管理的通知》（财办金〔2017〕92 号）规定：

（三）不宜继续采用 PPP 模式实施，包括入库之日起一年内无任何实质性进展的；采购文件中设置歧视性条款、影响社会资本平等参与的；未按合同约定落实项目债权融资的；违反相关法律和政策规定，未按时足额缴纳项目资本金、以债务性资金充当资本金或由第三方代持社会资本方股份的。

财政部《关于进一步加强政府和社会资本合作（PPP）示范项目规范管理的通知》（财金〔2018〕54 号）规定：

（五）强化项目履约监管。夯实社会资本融资义务，密切跟踪项目公司设立和融资到位情况。不得以债务性资金充当项目资本金，政府不得为社会资本或项目公司融资提供任何形式的担保。落实中长期财政规划和年度预算安排，加强项目绩效考核，落实按效付费机制，强化激励约束效果，确保公共服务安全、稳定、高效供给。

资本公积金：资本公积金是在公司生产经营之外，由资本、资产本身及其他原因形成的股东权益收入，SPV 产生资本公积金的情况较少。

盈余公积金：作为 PPP 项目，社会资本方最关心的是如何收回投资并获得合理回报，没有提取法定盈余公积金的需要。

法定公积金：作为 SPV 尤其是完全由政府付费的 PPP 项目的 SPV，在运营期间员工较少，提取法定公积金意义不大。

未分配利润：未分配利润在以后年度可继续进行分配，在未进行分配之前，属于股东权益的组成部分。SPV 是特殊目的公司，在运营过程中，不需要留存未分配利润用于公司的发展，往往在实操中会将未分配利润全部用于分红。

五、SPV 的法律风险

（一）股权出资的法律风险

PPP 项目执行阶段最重要的问题就是 SPV 设立时，股东出资义务能否实际履行的问题，因为项目投资金额巨大，股东出资义务是否及时履行，既关系到项目能否顺利推进，能否真正落地，也关系到股东后续退出问题。因此，股东出资义务和未及时履行出资义务的违约责任承担等条款，在 PPP 项目合同中的合理安排和及时履行是防范股权纠纷、项目建设进度迟延纠纷的重要保障和基础。

（二）SPV 治理的法律风险

SPV 治理是否良好，是项目融资、建设、运营各环节顺利进行的重要基础，也是政府对项目公司在建设期运营期绩效考核的重要指标之一，事关政府付费的依据和项目公司的利益回报。

如果社会资本方为联合体，那么联合体成员构成越复杂，对公司治理结构、公司正常运转的影响越大。为此，需要在设计公司章程、投资协议制定时就进行严格把关，从有利于项目顺利推进角度对项目公司日常经营决策机制进行合理设置。

（三）股权转让的法律风险

在 PPP 项目的合作期内，尤其是建设期结束进入运营期后，会面临社会资本方要转让在项目公司的股权问题，这对于政府或项目公司的运营而言，有弊有利。为此，不仅需要在 PPP 合同中合理设置股权转让条款，既不能限制太死，也不能影响项目的正常运营，更不能违背 PPP 项目实施的初衷；而且在实际股权转让过程中既要考虑国有股权交易监管规定，同时也要考虑涉及特定领域的特殊监管要求，切实履行股权转让合规程序，保证交易合法性。

（四）SPV 融资的法律风险

PPP 项目进入执行阶段，项目所有的融资责任都由社会资本或项目公司负责和承担，社会资本或项目公司应及时开展融资方案设计、机构接洽、合同签订和融资交割等工作。但随着金融环境的变化，项目公司融资受到越来越多的制约和影响，融资也存在着很大的风险和不确定性，为此，作为负有融资监管责任的政府，尤其要注意以下几点。

（1）监督社会资本方或项目公司严格按照 PPP 项目合同的约定，及时足额完成项目建设融资。

（2）加强对项目公司的融资监管和绩效考核。

（3）未能完成融资的，政府可提取履约保函或追究其违约责任直至终止项目合同。

（4）项目出现重大经营或财务风险，威胁或侵害债权人利益时，债权人可要求社会资本或项目公司改善管理等。

（5）严防项目公司融资带来的隐性风险，对项目公司融资不得提供任何形式的承诺或担保等。

（五）SPV 的绩效考核的法律风险

对项目公司的绩效考核，实行"按效付费"，是财政部一系列规范性文件的重要规定，否则，就被视为违规运作。为此，项目公司在建设期和运营期都要严格按照 PPP 项目合同的要求，按照相关法律法规及行业规范等的要求，对项目的投资建设运营都要高标准严要求，力争绩效考核达标。

（六）SPV 履约管理的法律风险

对项目公司的融资、建设、运营等交易活动和签订的合同等履约行为进行规范化管理对于预防借款纠纷、工程款纠纷、材料款纠纷等具有重要作用，因此，项目公司应当加强合同及履约过程的各项管理工作，由专业人员对项目公司合同起草、签订、履约跟踪管理等进行全方位把关，防微杜渐，避免不必要的风险和纠纷。

（七）SPV 日常运营管理的法律风险

SPV 设立的目的就是通过风险分配机制来与政府和社会资本在项目全过程的合作，以提高公共产品和服务的质量和效率。为此，SPV 在日常运营过程中必须要有充分的自主经营权，包括经营决策权、人事权、财务管理权、收益分配权等。而有的地方政府过于强势和霸道，随意更改合同内容，随意不履行合同义务的现象时有发生，还有的以公共利益需要为理由，干扰 SPV 公司的自主经营权，导致项目公司无法正常运作。

六、SPV 法律咨询服务要点

SPV 区别于传统的有限责任公司，其公司治理、日常运营事先已在项目实施方案和以《PPP 项目合同》为主的合同体系等文件中予以明确了，具有其自身特有的特殊性。而且 SPV 的运行承载着政府与社会资本双方的合作目标和利益，在这种长期的合作过程中，各种潜在的法律风险，诸如政策的变化，来自外部经济与环境的变化，来自政府或社会资本一方的违约等，重启合同的再谈判，重新签订补充协议，重新确定双方的权利义务关系，都是必然和必须会发生的。而在此漫长的合作和复杂的关系处理方面，要有效地防范各类法律风险的发生，化解各种矛盾和纠纷的产生，均需 PPP 领域的专业律师参与并提供专业的法律服务。为此，建议律师的法律服务要点如下。

（一）项目公司日常管理中的法律咨询服务要点

公司必须要有充分的自主经营权，实现项目公司的自主经营权是项目公司日常法律的重心，在此过程中法律服务的内容主要有以下几方面。

（1）协助项目公司按照 PPP 项目合同与股东协议的约定进行股权转让，审查股权转让协议及受让方资格；

（2）审查股东会、董事会与监事会的决议，确保其表决程序及决议内容既符合《公司法》的相关规定，也符合 PPP 项目合同和股东协议的一些限制约定；

（3）协助项目公司建设期、运营期的绩效考核，维护项目公司在考核中的权利；

（4）协助处理项目合作期内因一方违约行为而引发的纠纷和矛盾；

（5）协助处理有关提前终止补偿的有关事宜；

（6）协助项目公司完成移交，处理移交过程中的有关法律事务；

（7）在项目合作期满时，协助 SPV 依法进行清算解散；

(8) 涉及项目公司融资、建设、运营等的其他法律事务。

(二) 项目公司融资的法律咨询服务要点

《关于印发政府和社会资本合作模式操作指南（试行）的通知》（财金〔2014〕113号）第二十四条明确规定，项目融资由社会资本或项目公司负责。社会资本或项目公司应及时开展融资方案设计、机构接洽、合同签订和融资交割等工作。财政部门（政府和社会资本合作中心）和项目实施机构应做好监督管理工作，防止企业债务向政府转移。

社会资本或项目公司未按照项目合同约定完成融资的，政府可提取履约保函直至终止项目合同；遇系统性金融风险或不可抗力的，政府、社会资本或项目公司可根据项目合同约定协商修订合同中相关融资条款。

当项目出现重大经营或财务风险，威胁或侵害债权人利益时，债权人可依据与政府、社会资本或项目公司签订的直接介入协议或条款，要求社会资本或项目公司改善管理等。在直接介入协议或条款约定期限内，重大风险已解除的，债权人应停止介入。

依法合规保证融资的顺利完成是PPP项目公司承担的主要义务，融资计划的落实和安排就是PPP项目实施的关键环节，此过程中律师的法律服务重点为：

(1) 负责审查融资合同，协助签订融资合同，确保项目公司能按照PPP项目合同的约定提供项目建设和运营的资金，包括不限于贷款合同、担保合同等；

(2) 参与与金融机构接洽与谈判，提供融资方案和计划的法律风险分析和律师建议，保证融资方式的选择既符合PPP相关规范性文件的要求又能有效实现等；

(3) 处理因融资不足或不能引发的一方的违约问题。

(三) PPP项目建设期的法律咨询服务要点

SPV在建设阶段的主要任务就是按照建设工程的法律法规中所规定的基本建设程序、PPP项目合同的约定等对PPP项目建设进行管理，既要提高效率，又要保证项目建设依法合规，此过程中法律服务主要有以下几方面。

（1）合同的管理和审查，包括工程承包合同、原料供应合同、建设期保险合同等，尤其是工程承包合同的审查。

（2）协助选择承包商和供应商等，需要进行招投标选择设计单位、施工单位、监理单位、勘察单位等，应规范适用招投标的法律法规规定。

（3）参与PPP项目建设管理，对工程建设过程中产生的合法合规性问题进行论证并提供解决方案。

（4）参与处理因工期延误、工程竣工验收、工程款结算等原因产生的纠纷。

（5）协助项目公司的建设期绩效考核，对可能产生的绩效考核结果异议出具律师意见或建议等。

（四）SPV运营期的法律咨询服务要点

PPP模式强调社会资本参与项目全生命周期的运营，基于运营期的考核评价进行对价支付，因此，运营期的效率和管理是SPV的工作重心，运营期的主要法律服务有以下几方面。

（1）协助SPV按照合法合规的程序选择资信状况良好、管理经验丰富的运营机构。

（2）根据PPP项目实施方案和项目合同确定的绩效考核标准、考核指标等，协助SPV做好绩效考核工作。

（3）协助SPV启动价格调整机制，依照事先约定适时合法合规地调整运营期的服务价格。

（4）审查运营服务合同和运营期保险合同，确保通过风险分配机制或投保相关保险来实现转移运营风险。

（5）协助SPV处理项目运营期间可能发生的矛盾和纠纷。

（五）SPV移交的法律咨询服务要点

SPV应重点关注项目移交中资产评估、性能测试及合同权利义务转让的风险，此阶段的法律服务主要有以下几方面。

（1）协助SPV按照项目合同约定的形式、内容、标准与规范性文件要求的程序保质保量地移交项目。

(2) 协助制订移交方案或审查项目移交委员会制订的移交方案。

(3) 项目移交中相关合同和技术转让的法律审查、项目实施相关人员移交的合法性把握。

(4) 协助完成项目公司积极正常的移交，处理移交过程中可能发生的矛盾和纠纷等。

七、有关 SPV 的其他法律问题

(一) 项目公司签订 PPP 项目合同的主体问题

按照财政部财金〔2014〕156 号的规定，PPP 项目合同的签订主体是项目公司，但在项目初期，社会资本中标后，项目公司尚未成立，《PPP 项目合同指南（试行）》中明确有两种签订方式：政府方先与社会资本签订意向书或框架协议约定关键权利义务，待项目公司成立后，重新签署正式的 PPP 协议；政府方与社会资本签订 PPP 协议，待项目公司成立后，签署承继协议。

在实践中较为普遍的做法是，先签订框架协议，待项目公司成立后签订正式的 PPP 项目合同，优势在于框架协议仅对关键的权利义务和项目公司成立的前期工作进行约定，优先签署不仅可以缩短双方协议非核心条款的谈判时间，也可以通过合同条款督促项目公司的成立。另外，与社会资本方签订 PPP 合同，合同条款势必会有项目公司和社会资本方权利义务混同的情形，在签订承继协议时可能出现遗漏的情形。

(二) 项目公司设立时的资本金出资问题

项目资本金是投资者在建设项目中投入的非债务性资金，新建项目设立专门的项目公司的，项目资本金一般来源于股东出资（俗称公司注册资本金），如果在项目建设工程中股东对项目公司溢价增资的，则溢价部分也视为股东投入纳入项目资本金计算额度。以现有企业为项目法人不再新设项目公司的（如扩建项目），则扩建时的项目资本金可以来源于现有企业的自有留存资金（非债务性资金），不一定都需要股东另行出资。

项目资本金制度是国务院于 1996 年设立的制度，实施项目资本金制度的本意是防范银行信贷风险。对最低项目资本金比例的管控，类似于我国目前房地产调控政策中对住房按揭贷款首付款比例的管控。目前，各类项目所适用的最低项目资金本比例详见《国务院关于调整和完善固定资产投资项目资本金制度的通知》（国发〔2015〕51号）的要求，除特别规定外，一般项目适用的最低项目资本金比例为20%。基于降低资金成本的需要，项目资本金一般不需要一次性缴足，投资者可以根据项目建设进度缴付，并需要根据项目最终总投资额来调整项目资本金的额度。

（三）项目公司设立时注册资本金与项目资本金是否应当一致

项目资本金是总投资中投资者认缴的非债务性资金，是其进行投资时至少需要持有的自有资金；注册资本金是公司注册时认缴的出资额，是股东承担有限责任的限额。对PPP项目公司而言，项目资本金涵盖其所有的非债务性资金，包括但不限于注册资本。项目公司的注册资本金额并不必然等于项目资本金额，因项目公司的股权结构设计需要，注册资本金设置也可低于项目资本金，可考虑将部分项目资本金在法律上处理为资本公积金或以股东借款（股东已明确承诺银行固定资产贷款偿还前放弃该股东借款本息偿还义务）形式补足项目资本金。如果为了项目融资的需要，对于初设的项目公司，一般建议注册资本金等同于项目资本金，并在项目公司注册时一次交清。

第六章

财政视角下的 PPP 项目全生命周期法律风险防范

一、财政改革与财政风险

在中国经济史上，政府盛衰更替的周期必然和财政休戚相关，往往是先有财政困境，后有财政经济改革。从大禹拟定华夏最先的税制到春秋战国时期土地由公有制向私有制的变化，再到中华人民共和国改革开放所有制和税制的改革，这一切都在昭示国家治理和政府运转中财政的核心地位。自1978年中共中央决定实行改革开放伟大国策以来，中国经济从传统的计划经济逐步步入市场经济，已经走过了40年的历程。作为经济改革的重头戏，财政改革一直都扮演着举足轻重的角色，为我国经济改革的稳步推进"铺路搭桥"。回顾改革开放40年的光辉历程，财政体制改革经历了从全口径、一体化、规范化到透明化、高效化、科学化、公开化、法治化的发展过程。财政是经济发展和社会治理的基石和重要支柱，财税体制在国家治理的工作中始终发挥着制度性、保障性、基础性作用。新《预算法》于2015年颁布实施，以此为里程碑，财政系统改革的诸多阶段性成果和经验以法律的形式最终确立下来，为改革的进一步深入推进奠定了扎实的基础。

回顾财政改革历程，财税改革作为市场经济的改革先锋，当前新形势下财税体制改革是党中央全面深化体制改革的先锋，引领的是一场关系中国国家管理系统和管理能力现代化进程的重大变革，必须从立足全局、着眼长远的角度进行财政制度创新。中央政府在多次会议上提出了"防范系统性财政风险"的相关论述,中央政府顶着经济下行的压力和挑战做出有关改革部署,中央经济工作会议多次提出,必须要高度重视财政、金融系统存在的风险爆发点,一定坚决守住不发生系统性和区域性金融风险的最终底线。财政改革不断推进,成效逐步显现。由于我国社会改革深入推进,财政系统改革亦逐步进入深水区,加上外围国际经济环境的压力,我国财政改革的压力仍然十分巨大,工作仍然繁重,财政改革面临着风险与挑战并存的局面。

从19世纪90年代开始,国内学术界开始关注财政风险问题的课题,国内学者从各自研究角度对财政风险进行了定义。中国人民大学教授岳树民认为,狭义角度的财政风险主要是由财政收入增长的惰性和财政支出增长的刚性,以及两者合力所形成的财政困难,可能引发的财政危机的一种状况。财政风险直接导致财政困难,消除财政风险关键在于解决目前的财政困难,特别是中央财政困难。[①] 中国财政科学研究院院长刘尚希认为,单纯从某一个方面出发是不够的,如研究债务风险,仅仅就债务论债务没有意义,必须把它和清偿债务的资源联系起来。而且,不仅仅是借债才会形成债务,拖欠的款项、应办而没有办的事务,实际上都构成债务。债务是未来的支出成本,反映的是未来的支出压力,体现出未来一个时期政府的支出责任和义务。因此,财政风险应当是未来出现政府支付危机的一种前奏反映。但财政风险不等同于财政危机。财政危机是确定性的事件,而财政风险是不确定性的事件,只是一种可能性。[②] 武汉大学教授吴俊培与刘尚希所持态度近似,其认为财政风险实际上是社会风险的集中体现,因此,财政风险并不是财政部门的风险。社会风险包括政治的、经济的、道德的各种风险,但都会在财政上反映出来。[③] 财政风险是政府拥有的公共资源不足以履行其应承担的支出责任和义务,以致经济、社会的稳定与发展受到损害的一种可能性。西北师范大学教授梁红梅认为财政风险是指在国家组织收入和安排支出过程中,由于财政

[①] 岳树民、刘红艺:"财政困难与财政风险",载《当代经济研究》2000年第1期,第66页。
[②] 刘尚希:"财政风险:一个分析框架",载《经济研究》2003年第5期,第23~24页。
[③] 吴俊培、张斌:"中国市场经济体制建构中的财政风险",载《财贸经济》2012年第1期,第10页。

第六章　财政视角下的PPP项目全生命周期法律风险防范

制度和财政手段本身的缺陷以及多种经济因素的不确定性造成损失和困难的可能性。[①] 笔者主张应当从财政业务自身的角度来研究地方财政风险，重点关注由财政改革所带来的地方财政收支变化引发的风险问题。因此，我们认为，财政风险是指在财政系统运行过程中，因受系统内、系统外各种不确定性因素的影响，造成地方财政系统运行出现问题，从而导致地方政府无法履行职能的可能性。总的来说，财政风险主要来自以下三个方面。

(一) 政府债务风险

政府债务的本质是政府为了促进社会经济发展而对财政资金进行的一种跨期安排。政府投资建设的公益性项目往往具有前期投资规模大，投资回收期长的特点，通过债务融资的方式在解决当期建设期大量资金需求的同时，也增加了地方政府未来的财政负担。地方政府适度举债对于推动当地经济发展的前提在于项目的投资回报能够较好地覆盖未来的资金需求，实现项目自负盈亏；但如果地方政府当期举债规模过大，而项目投资收益低于预期，则会出现未来现金流无法覆盖资金需求的情况，这会严重影响未来地方政府的现金流，形成地方政府性债务违约风险。

经济学者蔡宁、刘勇以地方政府预算约束恒等式为基础，运用国家审计署公开对外发布的经济数据，对中国"十三五"过程中各省政府的政府性债务规模进行了预测，其研究结果表明我国地方政府政府性债务规模每年将保持6.5%左右的增长速度，到2020年地方政府性债务规模将达到29.7万亿元。地方政府性债务规模的不断增长意味着地方政府除每年需要承担巨额的利息外，还要通过债务融资获得资金流入，这样会使得债务风险不断累积。在财政改革深入推进的大背景下，地方政府已被财政收支缺口扩大的压力所困扰，地方政府债务规模的继续扩大将进一步增加各级地方政府的财政债务负担，导致地方政府债务风险加大。

(二) 地方财政部门行政风险

在供给侧改革背景下，地方财政部门的行政风险主要表现在以下两个方

---

① 梁红梅："转轨时期的财政风险及其防范与控制"，载《财政研究》1999年第3期，第37页。

215

面：一是地方财政部门不按照新《预算法》和《政府信息公开条例》等法律法规对有关地方政府财政数据进行公开，导致上级部门和社会群众无法了解地方财政的真实运行情况，在信息不对称的情况下对当地财政情况做出错误判断。二是由于我国地方财政收入增速明显放缓，地方财政支出增速加快，地方财政资金缺口出现扩大，有些地方政府为了弥补财政资金需求缺口，可能存在违反新《预算法》规定，对地方财政和税务部门下达收入指标，将明收改为暗收、收费改为罚款、更换收费名目，或将收费权利转给下属或关联单位等做法。这些行为的出现将对地方政府的信用产生影响，不利于当地政府发行债券。

（三）PPP模式产生的风险

提出PPP模式的根本出发点是解决地方政府融资难问题，进一步化解各级地方政府存量债务。我国PPP项目近几年获得了突飞猛进的发展，从实践中来看，由于缺乏PPP的专门立法，现行与PPP相关的法规政策权威性不足，多为部门规章、地方性法规或者规范性文件，部分文件之间甚至相互矛盾，实践中对重要概念理解不一致，执行有差别，带来了较大的风险。

财政改革与财政法治是当今中国财政发展的两大主题，在改革已经成为新常态的宏观大背景下，如何稳妥地推进财政改革，降低财政改革的经济和法律风险，保障财政的可持续运行，规范财政改革在法治的轨道上进行，是非常现实的问题。

二、财政视角下的PPP模式风险

在党的十八届三中全会上，党中央做出了《中共中央关于全面深化改革若干重大问题的决定》，该决定提出，"允许社会资本通过特许经营等方式参与城市基础设施投资和运营"，拉开了政府与社会资本合作的序幕。

2015年5月13日，国务院常务会议部署了推广政府和社会资本合作模式，汇聚社会力量增加公共产品和服务供给。会议认为，在交通、环保、医疗、养老等领域，推广政府和社会资本合作模式，以竞争择优选择包括民营和国有企业在内的社会资本，扩大公共产品和服务供给，并依据绩效评价给予合理回报，是转变政府职能、激发市场活力、打造经济新增长点的重要改革举措。

2015年5月19日,《国务院办公厅转发财政部　发展改革委　人民银行关于在公共服务领域推广政府和社会资本合作模式的指导意见的通知》(国办发〔2015〕42号),提出财政部门要会同有关部门,加强政策沟通协调和信息交流,完善体制机制。

党的十九大报告提出"深化投融资体制改革,发挥投资对优化供给结构的关键性作用""全面实行预算绩效管理"。

《中国共产党章程(修正案)》在对党章进行系统、科学的修改当中,把"发挥市场在资源配置中的决定性作用"写入党章。

2018年5月,习近平总书记在出席全国生态环境保护大会时发表重要讲话,他指出,"要充分运用市场化手段,完善资源环境价格机制,采取多种方式支持政府和社会资本合作项目"。

《国务院办公厅关于保持基础设施领域补短板力度的指导意见》(国办发〔2018〕101号)规定:

规范有序推进政府和社会资本合作(PPP)项目。鼓励地方依法合规采用政府和社会资本合作(PPP)等方式,撬动社会资本特别是民间投资投入补短板重大项目。对经核查符合规定的政府和社会资本合作(PPP)项目加大推进力度,严格兑现合法合规的政策承诺。加强政府和社会资本合作(PPP)项目可行性论证,合理确定项目主要内容和投资规模。规范政府和社会资本合作(PPP)操作,构建合理、清晰的权责利关系,发挥社会资本管理、运营优势,提高项目实施效率。规范有序盘活存量资产,鼓励采取转让-运营-移交(TOT)、改建-运营-移交(ROT)等方式,将回收资金用于在建项目和补短板重大项目建设。

在积极大力推广应用PPP模式的同时,也应该看到,PPP模式提供的公共服务供给,是具有较高财政风险的。PPP模式项目技术复杂,运营周期长,在项目进行的全生命周期里,有可能面临地方政府领导换届,相关法律法规政策变动,技术进步导致的技术贬值,市场消费者偏好转变等一系列不确定因素,这些因素,都有可能对整个项目的运营产生根本性的影响,进而造成各级政府的财政风险。

(一) PPP 模式带来的财政经济风险

在 PPP 模式运行最为良好的状态下，PPP 模式如果能够成功推广实施，可以将地方资产负债表中的表内债务数字缩小，实现地方政府资产负债数额减少；同时，通过引入社会资本能够对项目资金的使用起到一定监督作用，提高政府财政债务透明度和财政资金使用效率。但从现在的实施情况看，PPP 项目融资也蕴含着大量风险，这些风险会逐步转化为财政风险。

首先，政府 PPP 项目库中的项目并非所有都适合通过 PPP 模式进行建设和运营，根据亚洲开发银行对 PPP 项目的追踪和分析，社会资本有投资意愿的 PPP 项目的内部收益率应超过 7%~8%，但目前我国银行长期借款利率为 4.9%，地方债券的利率也在 4% 左右，也就是说，这时候地方政府项目的融资成本高于项目的直接融资成本，在这种情况下强推 PPP 模式，反而会诱发地方政府财政风险，加重地方政府的支出负担。

其次，PPP 项目融资可能导致地方政府债务隐性化，使得地方政府性债务风险被隐藏。当前我国对各级地方政府性债务实行上限管理，政府想办法利用当前政府债务统计政策，通过采用特定的 PPP 项目模式将地方政府性债务转移出资产负债表，从而隐藏政府性债务，达到缩小地方债务数字的目的。在实践中，一些私人部门在参与 PPP 项目时存在"明股实贷"的现象，即通过与政府签订股权回购协定，要求政府在项目投入运营后的一段时间内将私人部门持有的股份进行回购。这种方式使得政府和私人部门无法实现共担长期风险，一旦私人部门从 PPP 项目中抽身，地方政府将承担整个项目的运营风险。一旦集中回购的现象出现，在短时间内地方政府的隐性债务风险将有可能爆发。

最后，在 PPP 项目中，地方政府倾向于借此向社会大众提供公共产品或服务，而私人部门则更看重项目是否可以获得利润回报，这种地方政府和私人部门的利益倾向不同，会导致私人部门借助 PPP 模式侵占公共部门利益的风险出现。在实践中，部分地方政府通过各种严令禁止的担保、承诺、过高补贴等手段来吸引社会资本参与 PPP 项目，这样做必然会导致地方财政负担加重，增加财政风险。

第六章 财政视角下的PPP项目全生命周期法律风险防范

（二）PPP项目实施带来的法律风险

PPP项目需要艰苦的谈判、严谨的论证，PPP合同需要凝聚彼此的共识、明确双方的权利义务。PPP项目投资金额大、合作周期长、法律和政策制度涉及面广、管理环节多、风险防控压力较大，隐性风险集聚。在实践中，PPP合作模式蓬勃发展，但PPP的专门立法并未能够跟上PPP大发展的脚步，目前贯彻施行的PPP相关依据多为部门规章、地方性法规和规范性文件，依据缺乏权威性，部分文件之间存在相互矛盾的情况。实际操作中各方主体对于PPP的模式问题、性质及效力问题、主体问题、运行程序等问题更是没有形成统一共识。在PPP大发展前已经开始运行的BT、BOT、TOT等模式导致的纠纷仍然大范围存在，仍然会诱发新的案件。今后PPP项目也必将成为国家监察委员会、审计署巡视、审计、督查的重点。

当下，各级政府大力推行PPP合作模式，然而目前立法层面对此尚属空白，主导部门职责尚不完全清晰，理论实务界对PPP的定位尚不清楚，前几年PPP项目多在刚刚谈判签署合同阶段，或者处于起步期，直接因PPP项目引发的纠纷尚未到达爆发阶段。我们可以想象，随着项目运行的推进，PPP项目纠纷必将逐年增多，PPP项目面临的法律风险也将爆发。

1. 立法层面严重滞后，PPP风险问题无法回避

首先，法治保障是PPP模式的良性运行和健康发展的前提。作为我国的一项重要国家战略，PPP合作模式需要科学完善的顶层制度设计。但是，当前实践中的PPP模式没有系统完备的法律框架对其加以规范和约束，《预算法》《招标投标法》《政府采购法》等法律都没有对PPP做出专门规定。《国务院办公厅转发财政部　发展改革委　人民银行关于在公共服务领域推广政府和社会资本合作模式指导意见的通知》（国办发〔2015〕42号）仅为行政法规，法律位阶不高，属于政策性文件，相关规定的层次和位阶比较低，法律权威性和效力较低，其效力低于民事、行政的相关法律，PPP合作模式的法治保障并未获得成功构建。虽然该意见首次提出了政府在公共领域推广PPP模式，但该指导意见效力层级不高，导致社会资本方对进行PPP模式合作自身权益的保障性存在相当的担忧，一定程度上阻碍了民营资本投身PPP合作模式的积极性。

其次，下位法重复立法、内容存在冲突。我国PPP合作模式的法律层面立法尚无结果，在经济大发展、PPP模式大规模推进的形势下，财政部、国家发展改革委以及各地方政府围绕各自工作内容竞相出台文件，建章立制指导PPP模式的开展，然而这些文件缺乏体系性和规划性，常引发文件内容的重复或冲突。国家发展改革委和财政部都具有管理PPP项目的相关职权，二者在工作中为了获得PPP项目的决策和立法权会产生一定程度的竞争，其分别制定的管理办法和政策，极有可能引发部门冲突，并造成监管资源的浪费。

目前PPP立法仍处在酝酿之中，已经印发的PPP政策文件法律位阶低。实践中，对于PPP合作模式的概念含义、PPP模式纠纷的法律性质、PPP模式与政府特许经营权的关系、PPP纠纷的争端解决机制等都没有形成统一的标准，给PPP合作模式的进一步推行造成了阻碍，也极大地增加了引发法律纠纷的可能性。

2. PPP操作流程不明确，存在合法性合规性隐患

PPP模式横跨财务、法律、建设工程等多个专业领域，实务中涉及金融、财政、税收、规划、土建、施工等多个方面，项目动辄投资几个亿甚至几十亿。然而面对如此重大的项目，当下缺乏对PPP合作模式专门的程序设计，事前、事中、事后操作流程差异非常明显，合法性合规性风险不容忽视。实践中争议较大的问题比比皆是，对于诸如PPP工程发包是否需要在政府采购招标后进行再次招标，PPP项目如何享受税收优惠问题，PPP项目用地招拍挂程序缺失效力如何认定，理论实务界观点并不一致。

3. PPP项目管辖权不清，有待进一步厘清

根据目前国务院关于PPP项目管理职责的分工，国家发展改革委负责传统基础设施领域PPP项目，财政部牵头负责公共服务领域PPP项目，基础设施领域与公共服务领域并不是非黑即白、非此即彼的问题，二者经常性地存在交叉，基础设施和公共服务概念区分目前没有明确的定论。在目前多头管理体制下，国家发展改革委和财政部门的权限边界，中央和地方政府的权限边界，国土、规划、建设等各政府组成部门之间权限的边界等问题都有待进一步厘清。

第六章 财政视角下的 PPP 项目全生命周期法律风险防范

4. 政府需要牢固树立契约精神

当前许多地方政府在推进 PPP 模式的过程中，缺乏相应的契约意识，习惯以行政命令的方式对待合作伙伴，甚至或出于自利动机，或为了公共利益等，随意改变合约条款、不执行承诺等，尤其是主要领导换届后对原有合约进行"推倒重来"，严重背离了契约精神，导致具有法律效力的契约或合同成为一纸空文，法制也被束之高阁。

三、财政视角下的 PPP 项目全生命周期的法律风险防范

（一）PPP 项目识别论证阶段

根据财政部《政府和社会资本合作项目财政管理暂行办法》（财金〔2016〕92 号）文件精神，各级财政部门与行业主管部门共同做好项目前期的识别论证工作。政府发起 PPP 项目，由行业主管部门提出项目建议，由县级以上人民政府授权的项目实施机构编制项目实施方案，提请同级财政部门开展物有所值评价和财政承受能力论证。社会资本发起 PPP 项目，由社会资本向行业主管部门提交项目建议书，经行业主管部门审核同意后，由社会资本编制项目实施方案，由县级以上人民政府授权的项目实施机构提请同级财政部门开展物有所值评价和财政承受能力论证。在实践中，从财政角度看 PPP 项目识别论证阶段的风险主要存在于以下几个方面。

1. 关于 PPP 项目的物有所值评价

《政府和社会资本合作模式操作指南（试行）》（财金〔2014〕113 号）阐明了 PPP 项目物有所值的内涵，它指的是一个组织运用其可利用资源所能获得的长期最大利益。VFM 评价是在国际上广泛采用的一种评价方法，传统上由政府提供的公共产品和服务是否可运用政府和社会资本合作模式的评估体系，旨在实现公共资源配置利用效率最优化，是 PPP 项目决策过程中的关键指标。[1] 是否物有所值是政府决定实施 PPP 项目的重要原因，也是传统基础设施采购一直以来追求的目标。然而在进行项目物有所值评价的过程中，

---

[1] 姜爱华："政府采购'物有所值'制度目标的含义及实现——基于理论与实践的考察"，载《财政研究》2014 年第 8 期，第 72 页。

上自国家政策支持下到评估方法选取都面临着各种问题和挑战。

（1）基于主观判断的定性分析较难保证结果的有效性。专家小组通常由7名各领域专家组成，包括工程技术、金融、项目管理、财政和法律。由于每个专家只对他所熟悉的领域具有权威的判断，在其他领域也是门外汉，定性评估主要是依据专家的主观经验，因此，采用评委平均分制失去了实际意义，而且对口领域专家的打分还有可能成为最高或最低分被剔除掉。定性分析，更多地依赖于专家的主观判断，很难客观、科学地对项目做出真正的评价，无论是求均值还是比较标准差和检验归一性，其结果的有效性都难以保证。

（2）评价的假设性前提使得评价结论不足以提供决策依据。无论定性评价还是定量评价，只有在项目实施后才能获得有关项目实施效果的所有信息。因此在项目准备或识别阶段开展的物有所值评价是基于某些假设，这导致评价在PPP项目的实施过程中频繁出现折中妥协。

（3）定量评价是相对客观的，有更加明确的步骤和程序，但定量评价依赖于大量充分的数据支持，其中太多的不确定性因素导致难以构建科学的评价体系。实践过程中，由于缺乏充足的数据积累，目前还未形成成熟的评价体系，且不同行业都应有符合其行业特点的独特评价体系，并不存在标准的通用模型。

（4）区域和行业性特征的差异促使评价执行需针对政府和社会资本双方进行竞争性中立合理调整。物有所值评价执行受到政治、文化和地区差别的极大影响，不同地区的行政效率差别明显，同一区域的不同企业也各不相同。与PPP模型相比，政府的传统采购模式可能有不同的方面，如监管要求、税收优惠、土地费用等，而这些差异合理调整，以使得物有所值评价在比较两种采购模式时更加公允。

（5）行业主管当局多头管理，使得评价无法发挥实质意义。从目前来看，不同部门对于物有所值评价体系尚未完全形成共识，我国财政部门一直以来积极倡导物有所值评价，而国家发展改革委对此评价方法却持一定保留意见，因为其可操作性差。在中国目前的操作实践中，物有所值评价大多也只是在形式层面，并未发挥实质性的作用。

第六章 财政视角下的 PPP 项目全生命周期法律风险防范

2. 关于 PPP 项目的财政承受能力论证

(1) 财政承受能力论证 10% 限额统计口径不统一。

根据《政府和社会资本合作项目财政承受能力论证指引》(财金〔2015〕21号)规定,每一年度全部 PPP 项目需要从预算中安排的支出责任,占一般公共预算支出比例应当不超过 10%。根据《预算法》第七条规定,地方各级一般公共预算支出包括地方本级支出、对上级政府的上解支出、对下级政府的税收返还和转移支付。财政承受能力论证实践中,一般公共预算支出的统计口径有的涵盖《预算法》的四种预算支出种类,即地方本级支出、对上级政府的上解支出、对下级政府的税收返还和转移支付,而有的地方仅以地方本级支出作为统计基数。

PPP 项目支出责任中,10% 的限额范围是否应当包含采用政府性基金预算支出的部分也存在争议。有些意见认为,所有预算支出(含一般公共预算、基金预算等)均应纳入 10% 考虑因素;也有意见认为,"所谓 10% 比例限制的是当地区每一年度所有 PPP 项目需要从一般公共预算中安排的支出,占一般公共预算的比例不超过 10%,该比例应当仅限于需要从一般公共预算中安排的支出部分,不应当包括政府性基金预算和政府以土地、实物资产、无形资产等形式的投资。这些政府支出责任需要识别和全面把握,但不受 10% 比例限制"。

(2) 支出责任测算指标选用随机性较大。

在 PPP 项目财政承受能力论证过程中,应用较为普遍的指标包括投资财务内部收益率、收益率、年利率、合理利润率等四类,其中财务内部收益率是一个动态指标,考虑了资金的时间价值因素,其他三个是静态指标,没有考虑时间成本。

(3) 一般公共预算支出预测结果不统一。

对于一般公共预算支出预测,根据《政府和社会资本合作项目财政承受能力论证指引》(财金〔2015〕21号)文件精神:"未来年度一般公共预算支出数额可参照前五年相关数额的平均值及平均增长率计算,并根据实际情况进行适当调整。"实际上,同一地区不同 PPP 项目由不同咨询机构提供服务时,对当地一般公共预算支出增长率的预测是不同的,如某地已开展的三个PPP项目中，对同一年份一般公共预算支出增长率的预测从6%到12%不等，财政承受能力论证中分母差异过大。

3. 关于PPP项目的可行性研究报告

PPP项目的可行性研究报告是PPP项目立项或备案的前提，也是PPP项目实施方案编制的基础和依据，因此，可行性研究报告的科学性、合理性、可行性等对于PPP项目实施的重要性是不言而喻的。但现实中并非如此，有的项目甚至还没有做可行性研究报告就开始编制实施方案，有的可行性研究报告极为简单和模板化，根本没有参照的价值。具体问题有以下两方面。

（1）报告的方案单一，多元化不足。

目前投资项目可行性研究一般分为两个部分：方案设计和方案评价。在方案设计部分，因为PPP项目内容复杂，涉及面广，某专业方案有可能存在多个可行方案，但目前的方案选择一般是各个专业方案内部进行，选择出唯一的专业方案，然后各个专业方案之间形成"串联关系"。这样，最终只能得到一个可行的总体方案，不仅不能形成决策所需要的多个可行方案，而且这种串联式的选择流程也仅仅能保证方案可行，但不能确保方案在整体各方面上做到综合最优。

（2）重影响评价、轻效益分析，效益分析片面。

当前投资项目方案评价的内容包括：①财务分析。通过对所拟议方案在财务效益与费用上的分析，进行盈利能力、偿债能力和生存能力的预测，据以评价拟议项目方案的财务可行性。②经济分析。它也被称为国民经济评价，它基于资源的合理配置原则，从项目对社会经济的贡献以及为项目付出代价的社会角度出发，考察拟议项目方案的经济性和效率以及其经济合理性。经济分析主要针对具有自然垄断特征、具有公共产品特征、具有重大外部效应等市场配置资源失灵的项目。③经济影响分析。分析拟议方案投资建设和运营会对地区经济发展、产业经济发展及宏观经济影响评价。④社会评价。确定拟议方案的社会影响以及当地社会环境对拟议项目的适应性和可接受性。

从以上研究报告中可以看出，目前可行性研究报告采用的是"审批"思维方式，即可行性研究报告主要基于获得投资决策机构特别是政府投资主管部门的审批，它实质上是一种申报材料的审批模式，除财务分析部分外，在方案评价部分所涉及的经济分析、经济影响分析、社会评价等内容都是从政府部门审批的角度进行的，重点是投资项目对资源、地区宏观经济和社会环境等的影响，而不是投资项目的效益。

（二）PPP 项目的政府采购管理

《政府和社会资本合作项目财政管理暂行办法》（财金〔2016〕92 号）第十一条规定，项目实施机构应当优先采用公开招标、竞争性谈判、竞争性磋商等竞争性方式采购社会资本方，鼓励社会资本积极参与、充分竞争。根据项目需求必须采用单一来源采购方式的，应当严格符合法定条件和程序。

第十二条规定，项目实施机构应当根据项目特点和建设运营需求，综合考虑专业资质、技术能力、管理经验和财务实力等因素合理设置社会资本的资格条件，保证国有企业、民营企业、外资企业平等参与。

《政府采购法》第二十五条规定："政府采购当事人不得以任何手段排斥其他供应商参与竞争"，也就是说，任何单位和个人不得以不合理的条件对供应商实行差别待遇或者歧视待遇，包括阻挠和限制供应商自由参加招标投标活动，或指定货物的品牌、工程和服务供应商等。在实践中，大有与法律"做游戏"的现象发生：一些采购人认为"钱是我的，爱怎么花就怎么花"的观点，根据个人喜好设定歧视性条款；在编制招标文件中，往往出现歧视性规定。制定歧视性条款，其目的无疑是要排除其他供应商，指定某家公司。

1. 常见的政府采购歧视性条件

（1）不合理设定资质等级要求。根据政府采购和招投标相关法律法规的规定，招标人应根据项目特点，依据资质管理方面的规定，合理确定投标企业应当具备的资质等级及项目经理资质等级要求，不得擅自提高或者降低。如果是特殊工程，需提高相应资质等级的，须征得政府采购监管部门的同意。招标人不得在招标公告和招标文件中设置不合理条件限制或者排斥潜在投标人。

招标文件中歧视性条款非常多。例如，某个项目供应商只要具备国家规定的三级资质就可满足要求了，但招标文件中却规定要达到二级资质；采购普通项目非要采用专业项目参数标准；等等。这样一来就排斥了一大批潜在的供应商，在一定程度上限制了公平竞争。

(2) 技术要求倾向性明显。项目技术需求和规格是招标文件的核心部分，在标书中技术需求与规格是重要的内容，而且规定不得含有倾向性条款，实践中，对政府采购质疑和投诉最多的就是采购文件要求的技术参数是否有倾向性，因此标书的技术需求及规格的确定需要非常慎重。政府采购实践中，有的项目技术需求和规格直接照抄说明书，有的项目部分参数过于苛刻或要求过低，有的采购项目甚至凭空想象，提出的功能要求与采购项目关联度过低，导致投标方被动应付，难以按采购文件要求投标。

(3) 违约责任、付款方式、验收方法等方面的不合理条件。某标的 1 亿元 PPP 公开招标项目的文件规定，"中标方须在合同签订之日起半年内完成工程建设内容，超过一日扣履约保证金壹佰万元，超过二日的没收履约保证金，超过三日的采购人有权终止合同"，这些不合理的恐吓性条款的确有巨大的威慑力；例如，某市医院 PPP 项目招标中规定了中标方的违约责任，"因产品质量问题引起的一切行政的、法律的、经济的责任均由中标方承担"，在如此苛刻的条款下，最终只有一家企业投标。

苛刻的期限要求使供应商望而却步。如在某 PPP 采购项目中采购人要求中标供应商在合同签订之日起 7 个月内完工，但根据建设工程工期测算，正常的工期应该在 9 个月左右，在 7 个月的期限内完工根本不可能做到。响应采购项目的供应商数量必然会因违反常规的期限条款大大减少，而这正中采购人的下怀，成功地为其中意供应商排除了诸多有实力的竞争对手，最终敢于响应此项目的供应商只有 3 家。

(二) 加强对 PPP 项目合同的审核管理

《政府和社会资本合作项目财政管理暂行办法》（财金〔2016〕92 号）第十六条规定，采购结果公示结束后、PPP 项目合同正式签订前，项目实施机构应将 PPP 项目合同提交行业主管部门、财政部门、法制部门等相关职能部门审核后，报本级人民政府批准。

依据此条款规定，PPP 项目合同生效的前提是本级人民政府的审批，政府审批的前提是项目实施机构已经将 PPP 合同提交行业主管部门、财政部门、法制部门审核，没有经过政府审批的 PPP 合同则是无效合同，这与传统的合同生效是有本质区别的。

《政府和社会资本合作项目财政管理暂行办法》（财金〔2016〕92号）第十七条规定，PPP项目合同审核时，应当对照项目实施方案、物有所值评价报告、财政承受能力论证报告及采购文件，检查合同内容是否发生实质性变更，并重点审核合同是否满足以下几点要求。

（1）合同应当根据实施方案中的风险分配方案，在政府与社会资本双方之间合理分配项目风险，并确保应由社会资本方承担的风险实现了有效转移。

（2）合同应当约定项目具体产出标准和绩效考核指标，明确项目付费与绩效评价结果挂钩。

（3）合同应当综合考虑项目全生命周期内的成本核算范围和成本变动因素，设定项目基准成本。

（4）合同应当根据项目基准成本和项目资本金财务内部收益率，参照工程竣工决算合理测算确定项目的补贴或收费定价基准。项目收入基准以外的运营风险由项目公司承担。

（5）合同应当合理约定项目补贴或收费定价的调整周期、条件和程序，作为项目合作期限内行业主管部门和财政部门执行补贴或收费定价调整的依据。

规范性文件对财政等部门审核PPP项目合同的内容都做了严格细致的规定，这也是防范PPP项目可能给财政带来风险的关键点。

（三）PPP项目的财政预算管理

《政府和社会资本合作项目财政管理暂行办法》（财金〔2016〕92号）第十八条规定，行业主管部门应当根据预算管理要求，将PPP项目合同中约定的政府跨年度财政支出责任纳入中期财政规划，经财政部门审核汇总后，报本级人民政府审核，保障政府在项目全生命周期内的履约能力。

第十九条规定，本级人民政府同意纳入中期财政规划的PPP项目，由行业主管部门按照预算编制程序和要求，将合同中符合预算管理要求的下一年度财政资金收支纳入预算管理，报请财政部门审核后纳入预算草案，经本级政府同意后报本级人民代表大会审议。

据此规定，PPP项目的财政支出责任必须纳入政府的预算管理，依约支付，目的就是保障政府在项目全生命周期内的履约能力。

1. 我国 PPP 项目管理政府预算政策存在的风险

（1）PPP 项目预算公开力度有待进一步加强。PPP 项目多数涉及重大社会基础设施建设，其社会影响大、投资额大、周期长、投资不确定性较高、具有较高风险。PPP 项目相关的收支纳入政府预算管理，有利于确保 PPP 项目的建设和运营，为社会提供优质公共服务。但是，在目前中国政府公布的预决算中，有关 PPP 项目的投资、补贴以及承诺等信息，尚不够透明，完整度不够，使社会各界难以对其进行有效监督，也不利于吸引民间资本进入 PPP 领域。

（2）部分地区财政不能保证项目所需资金的及时到位。为加快当地基础设施建设，一些地方政府与社会资本方签订大批 PPP 项目合同。项目完成后，政府难以履行合同义务，做不到按时支付财政补贴或者政府付费资金，出现严重违约情形，严重损害合作伙伴的利益，严重影响地方政府信誉。也有些地方政府在财政预算中，出现随意推迟、拖欠 PPP 项目财政补贴或者政府付费资金的现象，给 PPP 项目建设运营带来很多不稳定因素。

（3）PPP 基金设立不足。PPP 项目前期论证、识别需要消耗大量的人力、财力、物力支撑，离不开专门资金保障。作为 PPP 项目推进的基础性环节，早期论证的质量、识别的质量直接关系到项目全生命周期的风险与效益。目前，除了中央政府设立 PPP 基金支持 PPP 项目建设和运营外，各地区 PPP 基金设立还不够均衡，有些地区尚未建立。

（4）对 PPP 项目的预算控制制度仍在探索完善之中。根据规定，每一年度全部 PPP 项目需要从预算中安排的支出责任，占一般公共预算支出比例应当不超过 10%，这一政策精神目的是良好的，但是未能赋予各地区因地制宜的权力，存在"一刀切"的问题。地方政府应根据各自的财政情况确定支出比例，对超过财政部规定比例的部分向财政部提交审核或备案，此外，对于地方财政支持 PPP 项目的具体规模，指引中要求地方政府在决算报告中反映，并且反映在一般公共预算口径当中，指引并未明确政府性基金预算部分是否可有一定比例用于发展 PPP 项目。

（5）政府预算对 PPP 项目的绩效管理有待加强。

《政府和社会资本合作项目财政管理暂行办法》（财金〔2016〕92 号）

第二十一条规定，财政部门应对行业主管部门报送的PPP项目财政收支预算申请进行认真审核，充分考虑绩效评价、价格调整等因素，合理确定预算金额。

第二十五条规定，各级财政部门应当会同行业主管部门开展PPP项目绩效运行监控，对绩效目标运行情况进行跟踪管理和定期检查，确保阶段性目标与资金支付相匹配，开展中期绩效评估，最终促进实现项目绩效目标。监控中发现绩效运行与原定绩效目标偏离时，应及时采取措施予以纠正。

我国政府的预算绩效管理近十年获得了突飞猛进的发展，但与绩效管理的理论要求相比只能说还处于探索阶段，全国上下没有一套统一的绩效评价体系，各个地方的绩效评价体系也各不相同，纳入绩效评价的财政资金范围口径不统一，具体评价标准的科学性尚有待提高，缺乏相应的权威的评级机构，聘请的绩效专家专业水平也大相径庭，目前的政府预算绩效管理状况，难以满足PPP项目绩效评价的要求。PPP项目的绩效评价，直接关系到能否实现PPP建设运营的目的，企业和居民能否享受到质优价廉的公共服务，关系到政府履行公共管理职能的目标是否能够良好实现。目前，我国PPP项目绩效评价主要存在以下问题。

1）缺乏相关法律基础。在现有制度体系下，针对PPP项目进行绩效评价主要依据财政部、国家发展改革委等相关部门出台文件中的部分条款，缺乏专门的法律文件对PPP项目的评价如何实施、实施主体和监督主体、如何保证评价结果应用到实际等问题进行说明，从而导致PPP项目绩效评价结果的适用性大打折扣。

2）尚未建立体现行业特点的绩效评价指标体系。各行各业都有自身的发展规律，存在着历史沿革形成的行业发展特点，影响着PPP项目合作方式与效果。因此，评价PPP项目绩效时，要设定符合行业发展规律的评价指标，体现行业发展特定目标，忽略行业特点的任何指标体系，将影响整个项目的绩效评价结果，不能完全反映PPP项目的绩效。

3）传统的项目绩效评价框架不适用于PPP项目。现有的PPP项目绩效评价更多的是根据一般项目绩效原理对PPP项目开展评价，忽略了PPP项目的特有属性。PPP项目由于涉及资金多、建设周期长等原因，风险远高于一般项目，充分的风险识别和合理的风险分配是PPP项目能够得到顺利实施的关键。

4）定性分析较多，定量分析较少。PPP项目涉及的主体多、周期长，专门针对PPP项目的绩效评价方法尚在探索，各地目前在开展PPP绩效评价过程中，更多地从定性而非定量的角度进行评价。这一做法虽然在操作上具有简单、便捷等特点，但是也具有主观性较大、结果说服力不够等缺点，影响了绩效评价报告的客观、公正性。

(6) 政府对项目公司接管（介入）的风险。《政府和社会资本合作项目财政管理暂行办法》（财金〔2016〕92号）第二十六条规定，社会资本方违反PPP项目合同约定，导致项目运行状况恶化，危及国家安全和重大公共利益，或严重影响公共产品和服务持续稳定供给的，本级人民政府有权指定项目实施机构或其他机构临时接管项目，直至项目恢复正常经营或提前终止。临时接管项目所产生的一切费用，根据合作协议约定，由违约方单独承担或由各责任方分担。

公共主管部门有监督PPP项目执行情况的权力，在特定情况下，还可以临时接管PPP项目。在PPP项目中，政府介入权对于公私双方的权利义务具有实质影响，并可能直接决定PPP项目的最终命运。PPP项目涉及公共安全或公众民生利益，一般是基础设施或公用设施项目，PPP项目的基本要求是保证公共产品或者服务的持续稳定供给。如果一旦PPP项目面临提前终止，政府方希望获得对于PPP项目采取紧急行动的权力，这有利于政府部门履行其法定职责，也有利于防止对公众关心的公共健康、国家安全或环境安全、人身和财产安全等重大问题造成不利影响。政府介入权意味着政府拥有对PPP项目的最终控制权，政府方掌握着PPP项目的最终命运，政府方可以决定PPP项目是否继续进行，这对于PPP项目资本方、融资机构、施工方以及其他相关利益方的权利义务都会形成直接的影响，产生一定的法律效果。

政府介入权制度的合理构建首先需要明确，政府介入权来自PPP合同的约定或者PPP立法的规定，首先，政府介入权是政府享有的权力，是政府履行监管职责依法介入PPP项目，选择中止或者终止项目公司或者社会资本方的经营管理权，紧急接管PPP项目保障公共服务的连续和稳定供应。因此，政府介入权在性质上应是公权，是政府监管权、强制接管权、项目中止权和项目终止权。其次，从风险防控的角度，应在合同体系或者立法中严格设定权力行使的实体条件和程序条件，否则必然造成政府方公权滥用，对其他合作主体的私权造成侵害，最终造成项目推进混乱，侵害公众利益。最后，需要明确政府介入权的行使后果，即明确对于公私双方、融资机构、施工方以及其他相关利益方权利和义务的影响。政府方在行使介入权前应当在合理期间内与合作方进行充分的沟通，能采取补救措施的积极配合补救，行使介入权应当是不得已而为之。

在政府方行使介入权时，应履行必要的通知义务、在一定时期内接管履行社会资本方部分或全部义务并支付相应的款项，相关方应履行配合协助的义务。政府行使介入权对其他利益相关方与社会资本方（项目公司）之间的权利和义务的影响，要通过合同条款安排，使得在PPP合同终止后利益相关方与政府的法律权利义务清晰，债权债务关系明确，不致引起新的纠纷甚至成讼。

（四）PPP项目的资产负债管理

《政府和社会资本合作项目财政管理暂行办法》（财金〔2016〕92号）第二十九条规定，各级财政部门应会同相关部门加强PPP项目涉及的国有资产管理，督促项目实施机构建立PPP项目资产管理台账。政府在PPP项目中通过存量国有资产或股权作价入股、现金出资入股或直接投资等方式形成的资产，应作为国有资产在政府综合财务报告中进行反映和管理。

第三十一条规定，PPP项目中涉及特许经营权授予或转让的，应由项目实施机构根据特许经营权未来带来的收入状况，参照市场同类标准，通过竞争性程序确定特许经营权的价值，以合理价值折价入股、授予或转让。

1. 关于PPP项目资产评估存在的风险

资产评估机构作为独立的第三方中介机构，具有执业队伍专业化、行业管理机制严格的特点，是PPP项目中必不可少的专业力量。资产评估机构服务于PPP项目的重要方式是参与物有所值评价和传统资产评估服务，但PPP项目在进行融资规模及融资结构方面资产评估的工作中也经常遇到一些关键问题，例如，项目的预期收益是否能够平衡融资的成本，社会资本方期望的资本回报率和PPP项目本身的收益率是否能达到平衡或者盈余，PPP项目本身在实质上是否真的能够降低本级政府财政负担总额，这些问题的产生根本原因有以下两点。

（1）资产评估方法的局限性。在PPP项目资产评估中，市场法和收益法是资产评估机构主要使用的评估方法，与发达国家的资产评估行业比较起来，我国PPP项目中运用的资产评估方法尽管在理论上借用了发达国家先进的成果，但在具体的资产评估实务上与发达国家还有相当差距。

一方面，中国资本市场仅仅经历过短暂的风雨历程，还不够成熟，PPP项目资产评估数据信息质量不佳、数据时效性不高；另一方面，资产评估人员的专业理念影响了先进资产评估方法的使用。不同的评估方法从不同的角度反映资产的价值，不同的方法也有不同的局限性及其适用范围，这一特点在PPP这种大规模项目资产评估中体现得尤为明显。我们应当进一步重视资产评估方法的选择对PPP融资项目评估结果的影响，并且严谨科学地选择资产评估方法。错误的评估方法会直接影响PPP融资项目评估的结果，可能会使结果不合理、不准确，严重时出现错误也是有可能的，毕竟资产评估方法的选择是相关工作人员进行PPP项目资产评估活动的重要因素。

（2）资产评估人员的专业能力差异。不同个体的专业能力差异会对评估结果造成较大的影响，资产评估师的专业能力包含评估类型判断的准确性、评估方法选择的合理性、评估程序履行的积极性、评估报告披露的完整性，等等。每一位资产评估师对于自身独立性有不同的理解和要求，这些都是影响评估结果的重要因素。此外，每一位资产评估师在对PPP项目评估时对于该业务的资产类型、特定目的、当前市场条件会选择不同的资产评估方法，这也同样影响了PPP项目资产评估结果。

2. PPP项目特许经营权授予和转让存在的风险

所谓特许经营是指政府将经营权出让给社会资本并签订特许经营协议，由其（或组建项目公司）负责投资、建设、经营公共基础设施或公用事业项目，提供公共产品或服务并取得收益。其本质特征是社会资本提供的公共产品或服务原本属于政府垄断领域。2015年4月25日，国务院六部委联合颁布《基础设施和公用事业特许经营管理办法》规定，中华人民共和国境内的能源、交通运输、水利、环境保护、市政工程等基础设施和公用事业领域的特许经营活动,适用该办法。

从PPP项目在中国的实践来看,特许经营权转让制度问题作为PPP模式的关键性问题,仍缺乏科学的制度设计。

(1) 特许经营运行方式多样化不足。PPP模式的特许经营涉及多种运行方式,方式呈现多样性,如BOT、BT、BOO、TOT、ABS等,且都是成功可行的运行模式,成功的项目案例不胜枚举,但目前PPP合作模式还是主要集中于BOT模式及其派生模式,其他合作方式还远未形成大规模的发展态势,有些模式还停留在试点层面,这种单一的合作模式不利于构建完善的特许经营合作制度。

(2) 尚未建立科学的委托代理关系。PPP模式由多方主体参与,项目运行和利益分配遵循市场规则,政府必须转变思维方式,重新进行角色定位。在特许经营权转让合同中,委托代理关系是重中之重,但是我国特许经营权转让各参与主体的职责边界尚不明确,各级代理市场的市场化程度较低。在授予特许权的代理市场,存在政府方在签订协议时代理关系不明确现象;在选择特许权转让对象的代理市场,招投标市场竞争不够充分,没有形成高效的竞争机制,同时配套的决策咨询机制也不健全。

(3) 特许经营运行程序需要科学设计。在实践中,我国特许经营权转让往往被政府部门左右,具体选择公开招标还是其他招标方式规定尚不明确,招投标市场信息不对称,竞争机制作用受限,市场化的竞争效率不高。

(五) 对PPP项目的监管

《政府和社会资本合作项目财政管理暂行办法》(财金〔2016〕92号)第三十五条规定,各级财政部门应当会同行业主管部门加强对PPP项目的监督管理,切实保障项目运行质量,严禁以PPP项目名义举借政府债务。

财政部门应当会同相关部门加强项目合规性审核,确保项目属于公共服务领域,并按法律法规和相关规定履行相关前期论证审查程序。项目实施不得采用建设–移交方式。

政府与社会资本合资设立项目公司的,应按照《公司法》等法律规定以及 PPP 项目合同约定规范运作，不得在股东协议中约定由政府股东或政府指定的其他机构对社会资本方股东的股权进行回购安排。

财政部门应根据财政承受能力论证结果和 PPP 项目合同约定，严格管控和执行项目支付责任，不得将当期政府购买服务支出代替 PPP 项目中长期的支付责任，规避 PPP 项目相关评价论证程序。

现实的情况是，在相关规范性文件政策出台后，地方政府推动 PPP 项目的心态急切，以设立 PPP 项目作为直接目标，迫切期望通过 PPP 模式融资，对 PPP 模式改善公共服务的本质属性不甚关注。针对我国 PPP 模式迅猛发展带来的一系列问题，财政部等部委自 2017 年 5 月以来发布了一系列政策性监督管理文件以加强 PPP 项目的规范性，尤其是《关于规范政府和社会资本合作（PPP）综合信息平台项目库管理的通知》（财办金〔2017〕92 号）的出台对已入库和未入库的项目都进行了严管。此后，各地方政府对当地的 PPP 项目进行严格监管，不仅提高项目的入库标准，同时对于不符合要求的已入库项目进行及时清理与整改。目前 PPP 项目在基础建设上面临重大压力，各地政府也积极对本地项目进行整改。在实践中，有如下两种情形需要引起足够重视。

1. 虚假的 PPP 项目

虚假的 PPP 模式仅仅认为 PPP 是政府解决融资难问题的方法，认为是政府一条新的融资渠道，项目合作制度安排中缺乏合理的风险共担机制，风险几乎完全留给政府方，政府方承担兜底责任。由于对虚假 PPP 项目的理解各方不一致，国家发展改革委投资研究所给出了虚假 PPP 模式的四个特征：一是看不到企业承担风险，只看到政府保投资回报。二是看不到企业生产或提供公共服务，只看到政府部门或其授权机构承担相关工作。三是看不到企业通过运营获利，只看到有的企业通过施工获利。四是看不到专业化运营商，只看到产业基金、信托等财务投资者。"伪 PPP 项目"的核心特征是未能建立按绩效付费的回报机制，使社会资本方处于无风险享受固定回报的局面。[①]

---

① 陈方平："'伪 PPP 项目'的特征以及引入可用性考核方法的探究"，载《财政科学》2017 年第 6 期，第 129 页。

（1）要防范虚假 PPP 现象，首先必须明确衡量虚假 PPP 项目的标准，其次要对辨别方法了然于胸。虚假 PPP 项目的衡量标准有以下几点，需要综合把握。

1）新建 PPP 项目的可行性研究、立项等项目前期工作未按规定完成。

2）物有所值评价或财政承受能力论证未开展或不符合政策规定。

3）由国有企业或政府融资平台公司代表政府方签署 PPP 项目合同。

4）社会资本方没有按照国务院办公厅印发的《国务院办公厅转发财政部　发展改革委　人民银行关于在公共服务领域推广政府和社会资本合作模式指导意见的通知》（国办发〔2015〕42 号）要求剥离政府性债务并承诺不再承担融资平台职能的本地融资平台公司作为社会资本方。

5）项目内容不属于基础设施或公共服务领域。

6）未按政府采购法律法规选定社会资本合作方。

7）采用 BT（建设－移交）作为合作模式。

8）合同中采用固定回报、回购安排、明股实债等方式进行违规融资。

9）含建设期在内的项目合作期限不满十年。

10）项目内容不符合城市区域总体规划或专项规划。

（2）识别虚假 PPP 项目，有以下审查方法。

1）审查申报材料是否规范，形式上是否符合规定。

2）审查项目的创新价值和推广示范意义是否良好，项目是否符合行业和区域发展重点和方向。

3）审查项目实施方案，看其制定的交易边界、产出范围及绩效评价标准是否清晰，风险识别和分配是否充分、合理，利益分配方式能否达到正向激励效果，合作方式及政府采购方式的选择是否符合政府采购法律法规规定，项目的合同体系是否完备、项目的监管机制是否科学有效。

4）从定性和定量的角度审查物有所值评价报告选择的评价方法和评价过程是否具有科学性、合理性。

5）审查财政承受能力论证的论证方法和过程是否具有科学性、合理性。

6）审查项目立项、土地审批、环评审批等手续是否完成，项目实施准备工作是否踏实有效，项目目前进展是否顺利。

2. 违规的 PPP 项目

从 PPP 模式实践来看，违规的 PPP 项目主要包括以下几种。

（1）明股实债类项目。明股实债指在 PPP 项目资本金融资过程中，社会资本方引入金融机构充当名义上的股东，实际上通过背后协议的方式将股权转让给社会资本方，金融机构的投资回报与项目公司经营业绩无关，而是与资金需求方签署回购协议并获得固定回报，实质是一种债务性的融资安排。[①] 我国 PPP 合作模式发展如火如荼，PPP 项目投资越来越多成为各类金融机构眼中的利益蛋糕，但是对于 PPP 的理解认识水平和 PPP 项目的实际参与能力上，各家金融机构都参差不齐，加上地方政府急功近利的心理，迫切上马项目，PPP 项目合同中约定由政府方向社会资本方承诺固定回报或回购安排。在 PPP 项目实践中，明股实债的主要表现是在政府方与社会资本方签订股东协议或合资经营协议时，由政府方或政府的平台公司承诺在项目合作期内向社会资本方逐年支付固定费用或按照固定价格回购社会资本方在项目公司中的股权，达到社会资本方收回投资本金和实现项目投资回报。无论固定回报方式还是股权回购方式，本质上都是政府的变相违规融资，其违背了《预算法》和《国务院关于加强地方政府性债务管理的意见》（国发〔2014〕43号）中关于控制地方政府债务规模，严格限定政府举债程序的政策精神。国务院、财政部、国家发展改革委等多部委均在相关文件中对 PPP 项目中的明股实债行为予以严厉禁止，具体文件有：财政部《关于进一步做好政府和社会资本合作项目示范工作的通知》（财金〔2015〕57号），《国务院办公厅转发财政部 国家发展改革委 人民银行关于在公共服务领域推广政府和社会资本合作模式指导意见的通知》（国办发〔2015〕42号），《财政部 国家发展改革委关于进一步共同做好政府和社会资本合作（PPP）有关工作的通知》（财金〔2016〕32号），财政部《关于印发〈政府和社会资本合作项目财政管理暂行办法〉的通知》（财金〔2016〕92号），财政部《关于规范政府和社会资本合作（PPP）综合信息平台项目库管理的通知》（财办金〔2017〕

[①] 黎毅、邢伟健、魏成富："PPP 项目资本金'明股实债＋小股大债'模式研究"，《金融与经济》2018年第6期，第79页。

92），财政部《关于进一步加强政府和社会资本合作（PPP）示范项目规范管理的通知》（财金〔2018〕54号）等。

明股实债类PPP项目会带来以下法律风险。

第一，项目定价的风险，即股权回购时难以确定具体股权交易价格。社会资本方的回报利率与出资额呈正相关，出资额越多，回报率也要求更高。一旦股权回购时候社会资本方定价过高，政府方协商未果，客观上极大地增加了违约的可能性。

第二，公司破产的风险。项目公司是否有能力进行股权回购直接决定了社会资本方的资金能否顺利退出。实际经济生活中，公司的经营风险无处不在，一旦项目公司经营不善甚至资金链断裂，而政府方又没有充足的资金来回购股权，社会资本方就无法实现顺利退出资金。如果项目公司出现破产清算的境况，根据《中华人民共和国破产法》的相关规定，股权投资的受偿顺序位于债权之后，社会资本方只能在政府方完成其他破产债权清算后方能得到补偿，此时仍能获得股权分配的案例寥寥无几。

第三，法律政策的风险。明股实债协议是一种特殊的合同，是股权投资与债权投资之间的特殊安排，法律风险较大，实践中法院的态度也各不相同。如果明股实债合同性质被认定为借贷性质，那么社会资本方无法获得预期回报，过高的回报部分存在法院不予支持的风险；如果社会资本方的投资被认定是公司股权投资，则社会资本方在投资完成后，既不能要求退还本金，固定收益的约定也存在难以实现的法律风险。明股实债类PPP项目为监管部门严令禁止，监管部门三番五次发文予以严查，其受政策管控力度大，政策风险随时可能出现。

从明股实债的法律主体责任角度来看，其所带来的法律风险巨大、后果异常严重，是政府方和社会资本方不愿意看到且无法承受的。对于政府主体，可能面临政府部门和相关责任人员的行政责任和民事赔偿责任。对于社会资本方，存在无法依法纳入项目库进而造成前期投入损失的风险，存在合同性质的认定和权利救济的风险，还存在项目公司破产清算时社会资本方难以基于债权人身份行使相关优先权利的风险。

（2）无运营内容的BT项目。在BT项目中，政府方通过与社会资本方签订合同，由社会资本方负责项目的融资、建设，并在规定时限内将竣工后的项目移交政府方，政府方根据事先签订的回购协议分期向社会资本方支付项目总投资及约定的回报，即先期由社会资本方垫资，期满后投资方撤资，没有具体的运营内容，未实现合作期的风险共担，整个项目的建设和运行风险最终完全由政府承担。有些项目通过银行直接贷款或政府财政补贴方式吸收社会资本，本质上缺少各方主体共同参与、风险共担的核心要素。有些项目的社会资本方根本不具备运营能力，例如，在某中学 PPP 项目中，社会资本方不具备相关师资和管理人员，无学校运营能力，项目不存在运营内容。

（3）社会资本方主体资格不合规。尽管当前 PPP 主管部门已经对参与社会资本方的主体资格做出了明确规定，但是在 PPP 项目的实际实施过程中，违规情况还是频繁出现，有的地方政府急于上马 PPP 项目，安排政府下属融资平台公司作为 PPP 项目社会资本方，政府融资平台公司变相借道进入 PPP 项目。这种严重违规的虚假 PPP 项目上马，偏离了 PPP 模式的初衷，无法发挥社会资本方的优势，无法实现风险共担，极大地增加了政府的债务风险。

（4）存量项目转 PPP 项目过程不合规。一般情况下，存量项目转 PPP 项目的过程和程序比新建 PPP 项目涉及主体更多，利益纠葛更复杂，转换程序也更加烦琐，难度更大，违规的可能性更高。例如，某项目在建设施工阶段转换 PPP 模式，因为存在前期工程量计算、工程款结算、施工方的退场与进场、法律纠纷的妥善解决等问题，各社会资本方的顾虑较多，项目对其的吸引力不足。政府方为了吸引更多的社会资本方参与，使项目顺利完成 PPP 模式转换，过程中有可能会存在一些不合规情形，具体会体现在政府采购招标条件设定、采购程序合规、主体风险分担等方面。

（六）建立 PPP 项目全生命周期法律顾问制度

PPP 项目管理环节多、涉及法律政策制度面广、风险防控压力大，更有大量隐形风险的集聚，也必将成为审计、监察的重点领域。PPP 项目法律咨询服务工作必须建立系统性思维，系统掌握 PPP 的基本原理、内涵意义、政策制度和监管要求，坚持全生命周期的规范操作、严格管理。为更好地发挥 PPP 模式在"稳增长、促改革、调结构、惠民生、防风险"中的重要作用，全方位提升 PPP 项目质量和实施水平，全面推广政府和社会资本合作（PPP）项目全生命周期法律顾问制度势在必行。法律顾问接受财政部门委托，通过建言献策、审核把关、质询论证、法律咨询、出具法律意见书等方式参与当地 PPP 宏观管理及 PPP 项目全生命周期事前、事中、事后管理全过程，充分发挥法律顾问在 PPP 相关法律法规和政策制度等方面的经验优势，为 PPP 项目全生命周期管理提供智力支持和专业服务。有效防范和化解涉及 PPP 管理的各类现时或潜在风险，大幅提高政府 PPP 管理能力、管理质量和管理效率。

法律顾问受托履职应坚持以下基本原则。

1. 依法（规）顾问

法律顾问接受财政部门委托，从事 PPP 管理相关法律工作，应当严格遵循《律师法》《律师执业行为规范》要求，认真履行相应职责，高质量提供相关法律服务，并通过出具《法律意见书》等形式提出相关意见建议。

2. 专业胜任

法律顾问应具备财政预算管理、工程建设、政府采购、投资融资、项目运营、绩效评价等 PPP 管理相关政策知识和实操经验；能够持续保持并不断提高专业水平，满足 PPP 项目法律服务所要求的专业能力，不得存在任何与专业胜任能力相背离的行为。法律顾问应牢固树立风险管理意识，强化执业风险管理，并对发表的 PPP 项目意见建议负责。

3. 勤勉尽责

法律顾问应当勤勉履职，审慎开展相关工作。法律顾问在法律服务过程中需要做出专业判断或发表建议意见时，应始终保持勤勉、谨慎、尽职，在充分了解有关背景、文件资料，深入研究法律法规和政策制度的基础上，以书面等方式提出判断结果和建议意见。

4. 务实高效

法律顾问应当秉承对财政部门高度负责的态度，主动发挥专业技术优势和以往 PPP 项目服务实操经验，坚持"政策宣传在前、风险提示在前、审核把关在前"的服务理念，配合财政部门做好项目前期风险防范提示预警；坚持"关键节点防控、关键条款防控、关键程序防控"的服务要求，配合财政部门做好项目中期管理监控；坚持"契约履行规范、争议处理规范、程序操作规范"的服务目标，配合财政部门监督项目全生命周期高质量实施。法律顾问应当在保持工作质量的前提下不断提高工作效率，为财政部门提供高质量的专业判断或建议意见。

PPP项目必须全生命周期合法合规、必须强化合法合规硬性约束，保证项目顺利推进。建立PPP项目全生命周期法律顾问制度，将有力促进PPP项目依法、科学决策，是推动PPP项目全生命周期科学管理的重要保障，是维护政府经济活动安全、防范和化解重大风险的有效手段，是全面推进依法治国、加快法治政府建设的应有之义。

（七）结语

经济生活中的机遇始终与风险并存，风险无时不在、无处不在，PPP项目风险防范不可能通过几次识别、处置而一劳永逸。建立PPP项目全生命周期法律顾问制度，从根本上确立PPP项目监管的制度性保障，才是防范化解PPP项目法律风险和财政风险的理性选择。

一直以来，我国财政部门始终坚持将PPP定位为长期性、系统性改革任务深入推进，严格按照全国财政工作会议精神和财政部领导讲话精神，准确把握PPP模式在"稳增长、调结构、促改革、惠民生、防风险"方面的定位，坚定不移地把PPP模式推广应用引向深入。只有不忘提质增效的初心，坚持全生命周期合法合规推进，坚持项目高质量低风险运作，方能得到政府与社会资本合作共赢的美好结局。[1]

---

[1] 江苏高院民一庭课题组："政府与社会资本合作（PPP）的法律疑难问题研究"，载《法律适用》2017年第17期。

附 录

国务院办公厅转发财政部　发展改革委人民银行关于在公共服务领域推广政府和社会资本合作模式指导意见的通知

（国办发〔2015〕42号）

各省、自治区、直辖市人民政府，国务院各部委、各直属机构：

　　财政部、发展改革委、人民银行《关于在公共服务领域推广政府和社会资本合作模式的指导意见》已经国务院同意，现转发给你们，请认真贯彻执行。

　　在公共服务领域推广政府和社会资本合作模式，是转变政府职能、激发市场活力、打造经济新增长点的重要改革举措。围绕增加公共产品和公共服务供给，在能源、交通运输、水利、环境保护、农业、林业、科技、保障性安居工程、医疗、卫生、养老、教育、文化等公共服务领域，广泛采用政府和社会资本合作模式，对统筹做好稳增长、促改革、调结构、惠民生、防风险工作具有战略意义。

　　各地区、各部门要按照简政放权、放管结合、优化服务的要求，简化行政审批程序，推进立法工作，进一步完善制度，规范流程，加强监管，多措并举，在财税、价格、土地、金融等方面加大支持力度，保证社会资本和公众共同受益，通过资本市场和开发性、政策性金融等多元融资渠道，吸引社会资本参与公共产品和公共服务项目的投资、运营管理，提高公共产品和公共服务供给能力与效率。

各地区、各部门要高度重视，精心组织实施，加强协调配合，形成工作合力，切实履行职责，共同抓好落实。

国务院办公厅

2015年5月19日

关于在公共服务领域推广政府和社会资本合作模式的指导意见

财政部　发展改革委　人民银行

为打造大众创业、万众创新和增加公共产品、公共服务"双引擎"，让广大人民群众享受到优质高效的公共服务，在改善民生中培育经济增长新动力，现就改革创新公共服务供给机制，大力推广政府和社会资本合作（Public-Private Partnership，PPP）模式，提出以下意见：

一、充分认识推广政府和社会资本合作模式的重大意义

政府和社会资本合作模式是公共服务供给机制的重大创新，即政府采取竞争性方式择优选择具有投资、运营管理能力的社会资本，双方按照平等协商原则订立合同，明确责权利关系，由社会资本提供公共服务，政府依据公共服务绩效评价结果向社会资本支付相应对价，保证社会资本获得合理收益。政府和社会资本合作模式有利于充分发挥市场机制作用，提升公共服务的供给质量和效率，实现公共利益最大化。

（一）**有利于加快转变政府职能，实现政企分开、政事分开**。作为社会资本的境内外企业、社会组织和中介机构承担公共服务涉及的设计、建设、投资、融资、运营和维护等责任，政府作为监督者和合作者，减少对微观事务的直接参与，加强发展战略制定、社会管理、市场监管、绩效考核等职责，有助于解决政府职能错位、越位和缺位的问题，深化投融资体制改革，推进国家治理体系和治理能力现代化。

（二）**有利于打破行业准入限制，激发经济活力和创造力**。政府和社

资本合作模式可以有效打破社会资本进入公共服务领域的各种不合理限制，鼓励国有控股企业、民营企业、混合所有制企业等各类型企业积极参与提供公共服务，给予中小企业更多参与机会，大幅拓展社会资本特别是民营资本的发展空间，激发市场主体活力和发展潜力，有利于盘活社会存量资本，形成多元化、可持续的公共服务资金投入渠道，打造新的经济增长点，增强经济增长动力。

（三）**有利于完善财政投入和管理方式，提高财政资金使用效益**。在政府和社会资本合作模式下，政府以运营补贴等作为社会资本提供公共服务的对价，以绩效评价结果作为对价支付依据，并纳入预算管理、财政中期规划和政府财务报告，能够在当代人和后代人之间公平地分担公共资金投入，符合代际公平原则，有效弥补当期财政投入不足，有利于减轻当期财政支出压力，平滑年度间财政支出波动，防范和化解政府性债务风险。

二、总体要求

（四）**指导思想**。贯彻落实党的十八大和十八届二中、三中、四中全会精神，按照党中央、国务院决策部署，借鉴国际成熟经验，立足国内实际情况，改革创新公共服务供给机制和投入方式，发挥市场在资源配置中的决定性作用，更好发挥政府作用，引导和鼓励社会资本积极参与公共服务供给，为广大人民群众提供优质高效的公共服务。

（五）**基本原则**。

依法合规。将政府和社会资本合作纳入法制化轨道，建立健全制度体系，保护参与各方的合法权益，明确全生命周期管理要求，确保项目规范实施。

重诺履约。政府和社会资本法律地位平等、权利义务对等，必须树立契约理念，坚持平等协商、互利互惠、诚实守信、严格履约。

公开透明。实行阳光化运作，依法充分披露政府和社会资本合作项目重要信息，保障公众知情权，对参与各方形成有效监督和约束。

公众受益。加强政府监管，将政府的政策目标、社会目标和社会资本的运营效率、技术进步有机结合，促进社会资本竞争和创新，确保公共利益最大化。

积极稳妥。鼓励地方各级人民政府和行业主管部门因地制宜，探索符合当地实际和行业特点的做法，总结提炼经验，形成适合我国国情的发展模式。坚持必要、合理、可持续的财政投入原则，有序推进项目实施，控制项目的政府支付责任，防止政府支付责任过重加剧财政收支矛盾，带来支出压力。

（六）**发展目标**。立足于加强和改善公共服务，形成有效促进政府和社会资本合作模式规范健康发展的制度体系，培育统一规范、公开透明、竞争有序、监管有力的政府和社会资本合作市场。着力化解地方政府性债务风险，积极引进社会资本参与地方融资平台公司存量项目改造，争取通过政府和社会资本合作模式减少地方政府性债务。在新建公共服务项目中，逐步增加使用政府和社会资本合作模式的比例。

三、构建保障政府和社会资本合作模式持续健康发展的制度体系

（七）**明确项目实施的管理框架**。建立健全制度规范体系，实施全生命周期管理，保证项目实施质量。进一步完善操作指南，规范项目识别、准备、采购、执行、移交各环节操作流程，明确操作要求，指导社会资本参与实施。制定合同指南，推动共性问题处理方式标准化。制定分行业、分领域的标准化合同文本，提高合同编制效率和谈判效率。按照预算法、合同法、政府采购法及其实施条例、《国务院办公厅关于政府向社会力量购买服务的指导意见》（国办发〔2013〕96号）等要求，建立完善管理细则，规范选择合作伙伴的程序和方法，维护国家利益、社会公共利益和社会资本的合法权益。

（八）**健全财政管理制度**。开展财政承受能力论证，统筹评估和控制项目的财政支出责任，促进中长期财政可持续发展。建立完善公共服务成本财政管理和会计制度，创新资源组合开发模式，针对政府付费、使用者付费、可行性缺口补助等不同支付机制，将项目涉及的运营补贴、经营收费权和其他支付对价等，按照国家统一的会计制度进行核算，纳入年度预算、中期财政规划，在政府财务报告中进行反映和管理，并向本级人大或其常委会报告。存量公共服务项目转型为政府和社会资本合作项目过程中，

应依法进行资产评估，合理确定价值，防止公共资产流失和贱卖。项目实施过程中政府依法获得的国有资本收益、约定的超额收益分成等公共收入应上缴国库。

（九）**建立多层次监督管理体系**。行业主管部门根据经济社会发展规划及专项规划发起政府和社会资本合作项目，社会资本也可根据当地经济社会发展需求建议发起。行业主管部门应制定不同领域的行业技术标准、公共产品或服务技术规范，加强对公共服务质量和价格的监管。建立政府、公众共同参与的综合性评价体系，建立事前设定绩效目标、事中进行绩效跟踪、事后进行绩效评价的全生命周期绩效管理机制，将政府付费、使用者付费与绩效评价挂钩，并将绩效评价结果作为调价的重要依据，确保实现公共利益最大化。依法充分披露项目实施相关信息，切实保障公众知情权，接受社会监督。

（十）**完善公共服务价格调整机制**。积极推进公共服务领域价格改革，按照补偿成本、合理收益、节约资源、优质优价、公平负担的原则，加快理顺公共服务价格。依据项目运行情况和绩效评价结果，健全公共服务价格调整机制，完善政府价格决策听证制度，广泛听取社会资本、公众和有关部门意见，确保定价调价的科学性。及时披露项目运行过程中的成本变化、公共服务质量等信息，提高定价调价的透明度。

（十一）**完善法律法规体系**。推进相关立法，填补政府和社会资本合作领域立法空白，着力解决政府和社会资本合作项目运作与现行法律之间的衔接协调问题，明确政府出资的法律依据和出资性质，规范政府和社会资本的责权利关系，明确政府相关部门的监督管理责任，为政府和社会资本合作模式健康发展提供良好的法律环境和稳定的政策预期。鼓励有条件的地方立足当地实际，依据立法法相关规定，出台地方性法规或规章，进一步有针对性地规范政府和社会资本合作模式的运用。

四、规范推进政府和社会资本合作项目实施

（十二）**广泛采用政府和社会资本合作模式提供公共服务**。在能源、交通运输、水利、环境保护、农业、林业、科技、保障性安居工程、医疗、卫生、养老、教育、文化等公共服务领域,鼓励采用政府和社会资本合作模式,吸引社会资本参与。其中,在能源、交通运输、水利、环境保护、市政工程等特定领域需要实施特许经营的,按《基础设施和公用事业特许经营管理办法》执行。

(十三)**化解地方政府性债务风险**。积极运用转让－运营－移交(TOT)、改建－运营－移交(ROT)等方式,将融资平台公司存量公共服务项目转型为政府和社会资本合作项目,引入社会资本参与改造和运营,在征得债权人同意的前提下,将政府性债务转换为非政府性债务,减轻地方政府的债务压力,腾出资金用于重点民生项目建设。大力推动融资平台公司与政府脱钩,进行市场化改制,健全完善公司治理结构,对已经建立现代企业制度、实现市场化运营的,在其承担的地方政府债务已纳入政府财政预算、得到妥善处置并明确公告今后不再承担地方政府举债融资职能的前提下,可作为社会资本参与当地政府和社会资本合作项目,通过与政府签订合同方式,明确责权利关系。严禁融资平台公司通过保底承诺等方式参与政府和社会资本合作项目,进行变相融资。

(十四)**提高新建项目决策的科学性**。地方政府根据当地经济社会发展需要,结合财政收支平衡状况,统筹论证新建项目的经济效益和社会效益,并进行财政承受能力论证,保证决策质量。根据项目实施周期、收费定价机制、投资收益水平、风险分配基本框架和所需要的政府投入等因素,合理选择建设－运营－移交(BOT)、建设－拥有－运营(BOO)等运作方式。

(十五)**择优选择项目合作伙伴**。对使用财政性资金作为社会资本提供公共服务对价的项目,地方政府应当根据预算法、合同法、政府采购法及其实施条例等法律法规规定,选择项目合作伙伴。依托政府采购信息平台,及时、充分向社会公布项目采购信息。综合评估项目合作伙伴的专业资质、技术能力、管理经验、财务实力和信用状况等因素,依法择优选择诚实守信的合作伙伴。加强项目政府采购环节的监督管理,保证采购过程公平、公正、公开。

(十六)**合理确定合作双方的权利与义务**。树立平等协商的理念,按照权责对等原则合理分配项目风险，按照激励相容原则科学设计合同条款，明确项目的产出说明和绩效要求、收益回报机制、退出安排、应急和临时接管预案等关键环节，实现责权利对等。引入价格和补贴动态调整机制，充分考虑社会资本获得合理收益。如单方面构成违约的，违约方应当给予对方相应赔偿。建立投资、补贴与价格的协同机制，为社会资本获得合理回报创造条件。

（十七）**增强责任意识和履约能力**。社会资本要将自身经济利益诉求与政府政策目标、社会目标相结合，不断加强管理和创新，提升运营效率，在实现经济价值的同时，履行好企业社会责任，严格按照约定保质保量提供服务，维护公众利益；要积极进行业务转型和升级，从工程承包商、建设施工方向运营商转变，实现跨不同领域、多元化发展；要不断提升运营实力和管理经验，增强提供公共服务的能力。咨询、法律、会计等中介机构要提供质优价廉的服务，促进项目增效升级。

（十八）**保障公共服务持续有效**。按照合同约定，对项目建设情况和公共服务质量进行验收，逾期未完成或不符合标准的，社会资本要限期完工或整改，并采取补救措施或赔偿损失。健全合同争议解决机制，依法积极协调解决争议。确需变更合同内容、延长合同期限以及变更社会资本方的，由政府和社会资本方协商解决，但应当保持公共服务的持续性和稳定性。项目资产移交时，要对移交资产进行性能测试、资产评估和登记入账，并按照国家统一的会计制度进行核算，在政府财务报告中进行反映和管理。

五、政策保障

（十九）**简化项目审核流程**。进一步减少审批环节，建立项目实施方案联评联审机制，提高审查工作效率。项目合同签署后，可并行办理必要的审批手续，有关部门要简化办理手续，优化办理程序，主动加强服务，对实施方案中已经明确的内容不再作实质性审查。

（二十）**多种方式保障项目用地**。实行多样化土地供应，保障项目建设用地。对符合划拨用地目录的项目，可按划拨方式供地，划拨土地不得改变土地用途。建成的项目经依法批准可以抵押，土地使用权性质不变，待合同经营期满后，连同公共设施一并移交政府；实现抵押权后改变项目性质应该以有偿方式取得土地使用权的，应依法办理土地有偿使用手续。不符合划拨用地目录的项目，以租赁方式取得土地使用权的，租金收入参照土地出让收入纳入政府性基金预算管理。以作价出资或者入股方式取得土地使用权的，应当以市、县人民政府作为出资人，制定作价出资或者入股方案，经市、县人民政府批准后实施。

（二十一）**完善财税支持政策**。积极探索财政资金撬动社会资金和金融资本参与政府和社会资本合作项目的有效方式。中央财政出资引导设立中国政府和社会资本合作融资支持基金，作为社会资本方参与项目，提高项目融资的可获得性。探索通过以奖代补等措施，引导和鼓励地方融资平台存量项目转型为政府和社会资本合作项目。落实和完善国家支持公共服务事业的税收优惠政策，公共服务项目采取政府和社会资本合作模式的，可按规定享受相关税收优惠政策。鼓励地方政府在承担有限损失的前提下，与具有投资管理经验的金融机构共同发起设立基金，并通过引入结构化设计，吸引更多社会资本参与。

（二十二）**做好金融服务**。金融机构应创新符合政府和社会资本合作模式特点的金融服务，优化信贷评审方式，积极为政府和社会资本合作项目提供融资支持。鼓励开发性金融机构发挥中长期贷款优势，参与改造政府和社会资本合作项目，引导商业性金融机构拓宽项目融资渠道。鼓励符合条件的项目运营主体在资本市场通过发行公司债券、企业债券、中期票据、定向票据等市场化方式进行融资。鼓励项目公司发行项目收益债券、项目收益票据、资产支持票据等。鼓励社保资金和保险资金按照市场化原则，创新运用债权投资计划、股权投资计划、项目资产支持计划等多种方式参与项目。对符合条件的"走出去"项目，鼓励政策性金融机构给予中长期信贷支持。依托各类产权、股权交易市场，为社会资本提供多元化、规范化、市场化的退出渠道。金融监管部门应加强监督管理，引导金融机构正确识别、计量和控制风险，按照风险可控、商业可持续原则支持政府和社会资本合作项目融资。

六、组织实施

（二十三）加强组织领导。国务院各有关部门要按照职能分工，负责相关领域具体工作，加强对地方推广政府和社会资本合作模式的指导和监督。财政部要会同有关部门，加强政策沟通协调和信息交流，完善体制机制。教育、科技、民政、人力资源社会保障、国土资源、环境保护、住房城乡建设、交通运输、水利、农业、商务、文化、卫生计生等行业主管部门，要结合本行业特点，积极运用政府和社会资本合作模式提供公共服务，探索完善相关监管制度体系。地方各级人民政府要结合已有规划和各地实际，出台具体政策措施并抓好落实；可根据本地区实际情况，建立工作协调机制，推动政府和社会资本合作项目落地实施。

（二十四）加强人才培养。大力培养专业人才，加快形成政府部门、高校、企业、专业咨询机构联合培养人才的机制。鼓励各类市场主体加大人才培训力度，开展业务人员培训，建设一支高素质的专业人才队伍。鼓励有条件的地方政府统筹内部机构改革需要，进一步整合专门力量，承担政府和社会资本合作模式推广职责，提高专业水平和能力。

（二十五）搭建信息平台。地方各级人民政府要切实履行规划指导、识别评估、咨询服务、宣传培训、绩效评价、信息统计、专家库和项目库建设等职责，建立统一信息发布平台，及时向社会公开项目实施情况等相关信息，确保项目实施公开透明、有序推进。

在公共服务领域推广政府和社会资本合作模式，事关人民群众切身利益，是保障和改善民生的一项重要工作。各地区、各部门要充分认识推广政府和社会资本合作模式的重要意义，把思想和行动统一到党中央、国务院的决策部署上来，精心组织实施，加强协调配合，形成工作合力，切实履行职责，共同抓好落实。财政部要强化统筹协调，会同有关部门对本意见落实情况进行督促检查和跟踪分析，重大事项及时向国务院报告。

关于推广运用政府和
社会资本合作模式有关问题的通知

（财金〔2014〕76号）

各省、自治区、直辖市、计划单列市财政厅（局），新疆生产建设兵团财务局：

为贯彻落实党的十八届三中全会关于"允许社会资本通过特许经营等方式参与城市基础设施投资和运营"精神，拓宽城镇化建设融资渠道，促进政府职能加快转变，完善财政投入及管理方式，尽快形成有利于促进政府和社会资本合作模式（Public-Private Partnership，PPP）发展的制度体系，现就有关问题通知如下：

一、充分认识推广运用政府和社会资本合作模式的重要意义

政府和社会资本合作模式是在基础设施及公共服务领域建立的一种长期合作关系。通常模式是由社会资本承担设计、建设、运营、维护基础设施的大部分工作，并通过"使用者付费"及必要的"政府付费"获得合理投资回报；政府部门负责基础设施及公共服务价格和质量监管，以保证公共利益最大化。当前，我国正在实施新型城镇化发展战略。城镇化是现代化的要求，也是稳增长、促改革、调结构、惠民生的重要抓手。立足国内实践，借鉴国际成功经验，推广运用政府和社会资本合作模式，是国家确定的重大经济改革任务，对于加快新型城镇化建设、提升国家治理能力、构建现代财政制度具有重要意义。

（一）推广运用政府和社会资本合作模式，是促进经济转型升级、支持新型城镇化建设的必然要求。政府通过政府和社会资本合作模式向社会资本开放基础设施和公共服务项目，可以拓宽城镇化建设融资渠道，形成多元化、可持续的资金投入机制，有利于整合社会资源，盘活社会存量资本，激发民

间投资活力，拓展企业发展空间，提升经济增长动力，促进经济结构调整和转型升级。

（二）推广运用政府和社会资本合作模式，是加快转变政府职能、提升国家治理能力的一次体制机制变革。规范的政府和社会资本合作模式能够将政府的发展规划、市场监管、公共服务职能，与社会资本的管理效率、技术创新动力有机结合，减少政府对微观事务的过度参与，提高公共服务的效率与质量。政府和社会资本合作模式要求平等参与、公开透明，政府和社会资本按照合同办事，有利于简政放权，更好地实现政府职能转变，弘扬契约文化，体现现代国家治理理念。

（三）推广运用政府和社会资本合作模式，是深化财税体制改革、构建现代财政制度的重要内容。根据财税体制改革要求，现代财政制度的重要内容之一是建立跨年度预算平衡机制、实行中期财政规划管理、编制完整体现政府资产负债状况的综合财务报告等。政府和社会资本合作模式的实质是政府购买服务，要求从以往单一年度的预算收支管理，逐步转向强化中长期财政规划，这与深化财税体制改革的方向和目标高度一致。

二、积极稳妥做好项目示范工作

当前推广运用政府和社会资本合作模式，首先要做好制度设计和政策安排，明确适用于政府和社会资本合作模式的项目类型、采购程序、融资管理、项目监管、绩效评价等事宜。

（一）开展项目示范。地方各级财政部门要向本级政府和相关行业主管部门大力宣传政府和社会资本合作模式的理念和方法，按照政府主导、社会参与、市场运作、平等协商、风险分担、互利共赢的原则，科学评估公共服务需求，探索运用规范的政府和社会资本合作模式新建或改造一批基础设施项目。财政部将统筹考虑项目成熟度、可示范程度等因素，在全国范围内选择一批以"使用者付费"为基础的项目进行示范，在实践的基础上不断总结、提炼、完善制度体系。

（二）确定示范项目范围。适宜采用政府和社会资本合作模式的项目，具有价格调整机制相对灵活、市场化程度相对较高、投资规模相对较大、需求长期稳定等特点。各级财政部门要重点关注城市基础设施及公共服务领域，如城市供水、供暖、供气、污水和垃圾处理、保障性安居工程、地下综合管廊、轨道交通、医疗和养老服务设施等，优先选择收费定价机制透明、有稳定现金流的项目。

（三）加强示范项目指导。财政部将通过建立政府和社会资本合作项目库为地方提供参考案例。对政府和社会资本合作示范项目，财政部将在项目论证、交易结构设计、采购和选择合作伙伴、融资安排、合同管理、运营监管、绩效评价等工作环节，为地方财政部门提供全方位的业务指导和技术支撑。

（四）完善项目支持政策。财政部将积极研究利用现有专项转移支付资金渠道，对示范项目提供资本投入支持。同时，积极引入信誉好、有实力的运营商参与示范项目建设和运营。鼓励和支持金融机构为示范项目提供融资、保险等金融服务。地方各级财政部门可以结合自身财力状况，因地制宜地给予示范项目前期费用补贴、资本补助等多种形式的资金支持。在与社会资本协商确定项目财政支出责任时，地方各级财政部门要对各种形式的资金支持给予统筹，综合考虑项目风险等因素合理确定资金支持方式和力度，切实考虑社会资本合理收益。

三、切实有效履行财政管理职能

政府和社会资本合作项目从明确投入方式、选择合作伙伴、确定运营补贴到提供公共服务，涉及预算管理、政府采购、政府性债务管理，以及财政支出绩效评价等财政职能。推广运用政府和社会资本合作模式对财政管理提出了更高要求。地方各级财政部门要提高认识，勇于担当，认真做好相关财政管理工作。

（一）着力提高财政管理能力。政府和社会资本合作项目建设周期长、涉及领域广、复杂程度高，不同行业的技术标准和管理要求差异大，专业性强。地方各级财政部门要根据财税体制改革总体方案要求，按照公开、公平、公正的原则，探索项目采购、预算管理、收费定价调整机制、绩效评价等有效管理方式，规范项目运作，实现中长期可持续发展，提升资金使用效益和公共服务水平。同时，注重体制机制创新，充分发挥市场在资源配置中的决定性作用，按照"风险由最适宜的一方来承担"的原则，合理分配项目风险，项目设计、建设、财务、运营维护等商业风险原则上由社会资本承担，政策、法律和最低需求风险等由政府承担。

（二）认真做好项目评估论证。地方各级财政部门要会同行业主管部门，根据有关政策法规要求，扎实做好项目前期论证工作。除传统的项目评估论证外，还要积极借鉴物有所值（Value for Money，VFM）评价理念和方法，对拟采用政府和社会资本合作模式的项目进行筛选，必要时可委托专业机构进行项目评估论证。评估论证时，要与传统政府采购模式进行比较分析，确保从项目全生命周期看，采用政府和社会资本合作模式后能够提高服务质量和运营效率，或者降低项目成本。项目评估时，要综合考虑公共服务需要、责任风险分担、产出标准、关键绩效指标、支付方式、融资方案和所需要的财政补贴等要素，平衡好项目财务效益和社会效益，确保实现激励相容。

（三）规范选择项目合作伙伴。地方各级财政部门要依托政府采购信息平台，加强政府和社会资本合作项目政府采购环节的规范与监督管理。财政部将围绕实现"物有所值"价值目标，探索创新适合政府和社会资本合作项目采购的政府采购方式。地方各级财政部门要会同行业主管部门，按照《政府采购法》及有关规定，依法选择项目合作伙伴。要综合评估项目合作伙伴的专业资质、技术能力、管理经验和财务实力等因素，择优选择诚实守信、安全可靠的合作伙伴，并按照平等协商原则明确政府和项目公司间的权利与义务。可邀请有意愿的金融机构及早进入项目磋商进程。

（四）细化完善项目合同文本。地方各级财政部门要会同行业主管部门协商订立合同，重点关注项目的功能和绩效要求、付款和调整机制、争议解决程序、退出安排等关键环节，积极探索明确合同条款内容。财政部将在结合国际经验、国内实践的基础上，制定政府和社会资本合作模式操作指南和标准化的政府和社会资本合作模式项目合同文本。在订立具体合同时，地方各级财政部门要会同行业主管部门、专业技术机构，因地制宜地研究完善合同条款，确保合同内容全面、规范、有效。

（五）完善项目财政补贴管理。对项目收入不能覆盖成本和收益，但社会效益较好的政府和社会资本合作项目，地方各级财政部门可给予适当补贴。财政补贴要以项目运营绩效评价结果为依据，综合考虑产品或服务价格、建造成本、运营费用、实际收益率、财政中长期承受能力等因素合理确定。地方各级财政部门要从"补建设"向"补运营"逐步转变，探索建立动态补贴机制，将财政补贴等支出分类纳入同级政府预算，并在中长期财政规划中予以统筹考虑。

（六）健全债务风险管理机制。地方各级财政部门要根据中长期财政规划和项目全生命周期内的财政支出，对政府付费或提供财政补贴等支持的项目进行财政承受能力论证。在明确项目收益与风险分担机制时，要综合考虑政府风险转移意向、支付方式和市场风险管理能力等要素，量力而行，减少政府不必要的财政负担。省级财政部门要建立统一的项目名录管理制度和财政补贴支出统计监测制度，按照政府性债务管理要求，指导下级财政部门合理确定补贴金额，依法严格控制政府或有债务，重点做好融资平台公司项目向政府和社会资本合作项目转型的风险控制工作，切实防范和控制财政风险。

（七）稳步开展项目绩效评价。省级财政部门要督促行业主管部门，加强对项目公共产品或服务质量和价格的监管，建立政府、服务使用者共同参与的综合性评价体系，对项目的绩效目标实现程度、运营管理、资金使用、公共服务质量、公众满意度等进行绩效评价。绩效评价结果应依法对外公开，接受社会监督。同时，要根据评价结果，依据合同约定对价格或补贴等进行调整，激励社会资本通过管理创新、技术创新提高公共服务质量。

四、加强组织和能力建设

（一）推动设立专门机构。省级财政部门要结合部门内部职能调整，积极研究设立专门机构，履行政府和社会资本合作政策制订、项目储备、业务指导、项目评估、信息管理、宣传培训等职责，强化组织保障。

（二）持续开展能力建设。地方各级财政部门要着力加强政府和社会资本合作模式实施能力建设，注重培育专业人才。同时，大力宣传培训政府和社会资本合作的工作理念和方法，增进政府、社会和市场主体共识，形成良好的社会氛围。

（三）强化工作组织领导。地方各级财政部门要进一步明确职责分工和工作目标要求。同时，要与有关部门建立高效、顺畅的工作协调机制，形成工作合力，确保顺利实施。对工作中出现的新情况、新问题，应及时报告财政部。

财政部

2014 年 9 月 23 日

关于印发《政府和社会资本合作项目政府采购管理办法》的通知

（财库〔2014〕215号）

党中央有关部门，国务院各部委、各直属机构，全国人大常委会办公厅，全国政协办公厅，高法院，高检院，有关人民团体，各省、自治区、直辖市、计划单列市财政厅（局），新疆生产建设兵团财务局，各集中采购机构：

　　为了贯彻落实《国务院关于创新重点领域投融资机制　鼓励社会投资的指导意见》（国发〔2014〕60号），推广政府和社会资本合作（PPP）模式，规范PPP项目政府采购行为，根据《中华人民共和国政府采购法》和有关法律法规，财政部制定了《政府和社会资本合作项目政府采购管理办法》。现印发给你们，请遵照执行。

　　附件：政府和社会资本合作项目政府采购管理办法

2014年12月31日

附件

政府和社会资本合作项目政府采购管理办法

第一章 总 则

　　第一条 为了规范政府和社会资本合作项目政府采购（以下简称PPP项目采购）行为，维护国家利益、社会公共利益和政府采购当事人的合法权益，依据《中华人民共和国政府采购法》（以下简称政府采购法）和有关法律、行政法规、部门规章，制定本办法。

　　第二条 本办法所称PPP项目采购，是指政府为达成权利义务平衡、物有所值的PPP项目合同，遵循公开、公平、公正和诚实信用原则，按照相关法规要求完成PPP项目识别和准备等前期工作后，依法选择社会资本合作者的过程。PPP项目实施机构（采购人）在项目实施过程中选择合作社会资本（供应商），适用本办法。

第三条 PPP项目实施机构可以委托政府采购代理机构办理PPP项目采购事宜。PPP项目咨询服务机构从事PPP项目采购业务的，应当按照政府采购代理机构管理的有关要求及时进行网上登记。

第二章 采购程序

第四条 PPP项目采购方式包括公开招标、邀请招标、竞争性谈判、竞争性磋商和单一来源采购。项目实施机构应当根据PPP项目的采购需求特点，依法选择适当的采购方式。公开招标主要适用于采购需求中核心边界条件和技术经济参数明确、完整、符合国家法律法规及政府采购政策，且采购过程中不作更改的项目。

第五条 PPP项目采购应当实行资格预审。项目实施机构应当根据项目需要准备资格预审文件，发布资格预审公告，邀请社会资本和与其合作的金融机构参与资格预审，验证项目能否获得社会资本响应和实现充分竞争。

第六条 资格预审公告应当在省级以上人民政府财政部门指定的政府采购信息发布媒体上发布。资格预审合格的社会资本在签订PPP项目合同前资格发生变化的，应当通知项目实施机构。

资格预审公告应当包括项目授权主体、项目实施机构和项目名称、采购需求、对社会资本的资格要求、是否允许联合体参与采购活动、是否限定参与竞争的合格社会资本的数量及限定的方法和标准、以及社会资本提交资格预审申请文件的时间和地点。提交资格预审申请文件的时间自公告发布之日起不得少于15个工作日。

第七条 项目实施机构、采购代理机构应当成立评审小组，负责PPP项目采购的资格预审和评审工作。评审小组由项目实施机构代表和评审专家共5人以上单数组成，其中评审专家人数不得少于评审小组成员总数的2/3。评审专家可以由项目实施机构自行选定，但评审专家中至少应当包含1名财务专家和 1 名法律专家。项目实施机构代表不得以评审专家身份参加项目的评审。

第八条 项目有 3 家以上社会资本通过资格预审的，项目实施机构可以继续开展采购文件准备工作；项目通过资格预审的社会资本不足 3 家的，项目实施机构应当在调整资格预审公告内容后重新组织资格预审；项目经重新资格预审后合格社会资本仍不够 3 家的，可以依法变更采购方式。

资格预审结果应当告知所有参与资格预审的社会资本，并将资格预审的评审报告提交财政部门（政府和社会资本合作中心）备案。

第九条 项目采购文件应当包括采购邀请、竞争者须知（包括密封、签署、盖章要求等）、竞争者应当提供的资格、资信及业绩证明文件、采购方式、政府对项目实施机构的授权、实施方案的批复和项目相关审批文件、采购程序、响应文件编制要求、提交响应文件截止时间、开启时间及地点、保证金交纳数额和形式、评审方法、评审标准、政府采购政策要求、PPP 项目合同草案及其他法律文本、采购结果确认谈判中项目合同可变的细节、以及是否允许未参加资格预审的供应商参与竞争并进行资格后审等内容。项目采购文件中还应当明确项目合同必须报请本级人民政府审核同意，在获得同意前项目合同不得生效。

采用竞争性谈判或者竞争性磋商采购方式的，项目采购文件除上款规定的内容外，还应当明确评审小组根据与社会资本谈判情况可能实质性变动的内容，包括采购需求中的技术、服务要求以及项目合同草案条款。

第十条 项目实施机构应当在资格预审公告、采购公告、采购文件、项目合同中列明采购本国货物和服务、技术引进和转让等政策要求，以及对社会资本参与采购活动和履约保证的担保要求。

第十一条 项目实施机构应当组织社会资本进行现场考察或者召开采购前答疑会，但不得单独或者分别组织只有一个社会资本参加的现场考察和答疑会。项目实施机构可以视项目的具体情况，组织对符合条件的社会资本的资格条件进行考察核实。

第十二条 评审小组成员应当按照客观、公正、审慎的原则，根据资格预审公告和采购文件规定的程序、方法和标准进行资格预审和独立评审。已进行资格预审的，评审小组在评审阶段可以不再对社会资本进行资格审查。允许进行资格后审的，由评审小组在响应文件评审环节对社会资本进行资格审查。

评审小组成员应当在资格预审报告和评审报告上签字，对自己的评审意见承担法律责任。对资格预审报告或者评审报告有异议的，应当在报告上签署不同意见，并说明理由，否则视为同意资格预审报告和评审报告。

评审小组发现采购文件内容违反国家有关强制性规定的，应当停止评审并向项目实施机构说明情况。

第十三条 评审专家应当遵守评审工作纪律，不得泄露评审情况和评审中获悉的国家秘密、商业秘密。

评审小组在评审过程中发现社会资本有行贿、提供虚假材料或者串通等违法行为的，应当及时向财政部门报告。

评审专家在评审过程中受到非法干涉的，应当及时向财政、监察等部门举报。

第十四条 PPP项目采购评审结束后，项目实施机构应当成立专门的采购结果确认谈判工作组，负责采购结果确认前的谈判和最终的采购结果确认工作。

采购结果确认谈判工作组成员及数量由项目实施机构确定，但应当至少包括财政预算管理部门、行业主管部门代表，以及财务、法律等方面的专家。涉及价格管理、环境保护的PPP项目，谈判工作组还应当包括价格管理、环境保护行政执法机关代表。评审小组成员可以作为采购结果确认谈判工作组成员参与采购结果确认谈判。

第十五条 采购结果确认谈判工作组应当按照评审报告推荐的候选社会资本排名，依次与候选社会资本及与其合作的金融机构就项目合同中可变的细节问题进行项目合同签署前的确认谈判，率先达成一致的候选社会资本即为预中标、成交社会资本。

第十六条 确认谈判不得涉及项目合同中不可谈判的核心条款，不得与排序在前但已终止谈判的社会资本进行重复谈判。

第十七条 项目实施机构应当在预中标、成交社会资本确定后10个工作日内，与预中标、成交社会资本签署确认谈判备忘录，并将预中标、成交结果和根据采购文件、响应文件及有关补遗文件和确认谈判备忘录拟定的项目合同文本在省级以上人民政府财政部门指定的政府采购信息发布媒体上进行公示，公示期不得少于5个工作日。项目合同文本应当将预中标、成交社会资本响应文件中的重要承诺和技术文件等作为附件。项目合同文本涉及国家秘密、商业秘密的内容可以不公示。

第十八条 项目实施机构应当在公示期满无异议后2个工作日内，将中标、成交结果在省级以上人民政府财政部门指定的政府采购信息发布媒体上进行公告，同时发出中标、成交通知书。

中标、成交结果公告内容应当包括：项目实施机构和采购代理机构的名称、地址和联系方式；项目名称和项目编号；中标或者成交社会资本的名称、地址、法人代表；中标或者成交标的名称、主要中标或者成交条件（包括但不限于合作期限、服务要求、项目概算、回报机制）等；评审小组和采购结果确认谈判工作组成员名单。

第十九条 项目实施机构应当在中标、成交通知书发出后30日内，与中标、成交社会资本签订经本级人民政府审核同意的PPP项目合同。

需要为PPP项目设立专门项目公司的，待项目公司成立后，由项目公司与项目实施机构重新签署PPP项目合同，或者签署关于继承PPP项目合同的补充合同。

第二十条 项目实施机构应当在PPP项目合同签订之日起2个工作日内，将PPP项目合同在省级以上人民政府财政部门指定的政府采购信息发布媒体上公告，但PPP项目合同中涉及国家秘密、商业秘密的内容除外。

第二十一条 项目实施机构应当在采购文件中要求社会资本交纳参加采购活动的保证金和履约保证金。社会资本应当以支票、汇票、本票或者金融机构、担保机构出具的保函等非现金形式交纳保证金。参加采购活动的保证金数额不得超过项目预算金额的2%。履约保证金的数额不得超过PPP项目初始投资总额或者资产评估值的10%，无固定资产投资或者投资额不大的服务型PPP项目，履约保证金的数额不得超过平均6个月服务收入额。

第三章　争议处理和监督检查

第二十二条　参加 PPP 项目采购活动的社会资本对采购活动的询问、质疑和投诉，依照有关政府采购法律制度规定执行。

项目实施机构和中标、成交社会资本在 PPP 项目合同履行中发生争议且无法协商一致的，可以依法申请仲裁或者提起民事诉讼。

第二十三条　各级人民政府财政部门应当加强对 PPP 项目采购活动的监督检查，依法处理采购活动中的违法违规行为。

第二十四条　PPP 项目采购有关单位和人员在采购活动中出现违法违规行为的，依照政府采购法及有关法律法规追究法律责任。

第四章　附　　则

第二十五条　本办法自发布之日起施行。

关于印发《政府和社会资本合作项目财政管理暂行办法》的通知

（财金〔2016〕92号）

各省、自治区、直辖市、计划单列市财政厅（局），财政部驻各省、自治区、直辖市、计划单列市财政监察专员办事处，新疆生产建设兵团财务局：

根据《预算法》、《政府采购法》及其实施条例、《企业国有资产法》、《国务院办公厅转发财政部 发展改革委 人民银行关于在公共服务领域推广政府和社会资本合作模式指导意见的通知》（国办发〔2015〕42号），为加强政府和社会资本合作项目财政管理，规范财政部门履职行为，保障合作各方合法权益，现印发《政府和社会资本合作项目财政管理暂行办法》。请遵照执行。

财政部

2016年9月24日

附件

政府和社会资本合作项目财政管理暂行办法

第一章 总 则

第一条 为加强政府和社会资本合作（简称PPP）项目财政管理，明确财政部门在PPP项目全生命周期内的工作要求，规范财政部门履职行为，保障合作各方合法权益，根据《预算法》、《政府采购法》、《企业国有资产法》等法律法规，制定本办法。

第二条 本办法适用于中华人民共和国境内能源、交通运输、市政公用、农业、林业、水利、环境保、保障性安居工程、教育、科技、文化、体育、医疗卫生、养老、旅游等公共服务领域开展的各类PPP项目。

第三条 各级财政部门应当会同相关部门，统筹安排财政资金、国有资产等各类公共资产和资源与社会资本开展平等互惠的PPP项目合作，切实履行项目识别论证、政府采购、预算收支与绩效管理、资产负债管理、信息披露与监督检查等职责，保证项目全生命周期规范实施、高效运营。

第二章 项目识别论证

第四条 各级财政部门应当加强与行业主管部门的协同配合，共同做好项目前期的识别论证工作。

政府发起PPP项目的，应当由行业主管部门提出项目建议，由县级以上人民政府授权的项目实施机构编制项目实施方案，提请同级财政部门开展物有所值评价和财政承受能力论证。

社会资本发起PPP项目的，应当由社会资本向行业主管部门提交项目建议书，经行业主管部门审核同意后，由社会资本编制项目实施方案，由县级以上人民政府授权的项目实施机构提请同级财政部门开展物有所值评价和财政承受能力论证。

第五条 新建、改扩建项目的项目实施方案应当依据项目建议书、项目可行性研究报告等前期论证文件编制；存量项目实施方案的编制依据还应包括存量公共资产建设、运营维护的历史资料以及第三方出具的资产评估报告等。

项目实施方案应当包括项目基本情况、风险分配框架、运作方式、交易结构、合同体系、监管架构等内容。

第六条 项目实施机构可依法通过政府采购方式委托专家或第三方专业机构，编制项目物有所值评价报告。受托专家或第三方专业机构应独立、客观、科学地进行项目评价、论证，并对报告内容负责。

第七条 各级财政部门应当会同同级行业主管部门根据项目实施方案共同对物有所值评价报告进行审核。物有所值评价审核未通过的，项目实施机构可对实施方案进行调整后重新提请本级财政部门和行业主管部门审核。

第八条 经审核通过物有所值评价的项目，由同级财政部门依据项目实施方案和物有所值评价报告组织编制财政承受能力论证报告，统筹本级全部已实施和拟实施PPP项目的各年度支出责任，并综合考虑行业均衡性和PPP项目开发计划后，出具财政承受能力论证报告审核意见。

第九条 各级财政部门应当建立本地区PPP项目开发目录，将经审核通过物有所值评价和财政承受能力论证的项目纳入PPP项目开发目录管理。

第三章 项目政府采购管理

第十条 对于纳入PPP项目开发目录的项目，项目实施机构应根据物有所值评价和财政承受能力论证审核结果完善项目实施方案，报本级人民政府审核。本级人民政府审核同意后，由项目实施机构按照政府采购管理相关规定，依法组织开展社会资本方采购工作。

项目实施机构可以依法委托采购代理机构办理采购。

第十一条 项目实施机构应当优先采用公开招标、竞争性谈判、竞争性磋商等竞争性方式采购社会资本方，鼓励社会资本积极参与、充分竞争。根据项目需求必须采用单一来源采购方式的，应当严格符合法定条件和程序。

第十二条 项目实施机构应当根据项目特点和建设运营需求，综合考虑专业资质、技术能力、管理经验和财务实力等因素合理设置社会资本的资格条件，保证国有企业、民营企业、外资企业平等参与。

第十三条 项目实施机构应当综合考虑社会资本竞争者的技术方案、商务报价、融资能力等因素合理设置采购评审标准，确保项目的长期稳定运营和质量效益提升。

第十四条 参加采购评审的社会资本所提出的技术方案内容最终被全部或部分采纳，但经采购未中选的，财政部门应会同行业主管部门对其前期投入成本予以合理补偿。

第十五条 各级财政部门应当加强对PPP项目采购活动的支持服务和监督管理，依托政府采购平台和PPP综合信息平台，及时充分向社会公开PPP项目采购信息，包括资格预审文件及结果、采购文件、响应文件提交情况及评审结果等，确保采购过程和结果公开、透明。

第十六条 采购结果公示结束后、PPP项目合同正式签订前，项目实施机构应将PPP项目合同提交行业主管部门、财政部门、法制部门等相关职能部门审核后，报本级人民政府批准。

第十七条 PPP项目合同审核时，应当对照项目实施方案、物有所值评价报告、财政承受能力论证报告及采购文件，检查合同内容是否发生实质性变更，并重点审核合同是否满足以下要求：

（一）合同应当根据实施方案中的风险分配方案，在政府与社会资本双方之间合理分配项目风险，并确保应由社会资本方承担的风险实现了有效转移；

（二）合同应当约定项目具体产出标准和绩效考核指标，明确项目付费与绩效评价结果挂钩；

（三）合同应当综合考虑项目全生命周期内的成本核算范围和成本变动因素，设定项目基准成本；

（四）合同应当根据项目基准成本和项目资本金财务内部收益率，参照工程竣工决算合理测算确定项目的补贴或收费定价基准。项目收入基准以外的运营风险由项目公司承担；

（五）合同应当合理约定项目补贴或收费定价的调整周期、条件和程序，作为项目合作期限内行业主管部门和财政部门执行补贴或收费定价调整的依据。

第四章 项目财政预算管理

第十八条 行业主管部门应当根据预算管理要求，将PPP项目合同中约定的政府跨年度财政支出责任纳入中期财政规划，经财政部门审核汇总后，报本级人民政府审核，保障政府在项目全生命周期内的履约能力。

第十九条 本级人民政府同意纳入中期财政规划的PPP项目，由行业主管部门按照预算编制程序和要求，将合同中符合预算管理要求的下一年度财政资金收支纳入预算管理，报请财政部门审核后纳入预算草案，经本级政府同意后报本级人民代表大会审议。

第二十条 行业主管部门应按照预算编制要求，编报PPP项目收支预算：

（一）收支测算。每年 7 月底之前，行业主管部门应按照当年 PPP 项目合同约定，结合本年度预算执行情况、支出绩效评价结果等，测算下一年度应纳入预算的 PPP 项目收支数额。

（二）支出编制。行业主管部门应将需要从预算中安排的 PPP 项目支出责任，按照相关政府收支分类科目、预算支出标准和要求，列入支出预算。

（三）收入编制。行业主管部门应将政府在 PPP 项目中获得的收入列入预算。

（四）报送要求。行业主管部门应将包括所有 PPP 项目全部收支在内的预算，按照统一的时间要求报同级财政部门。

第二十一条 财政部门应对行业主管部门报送的 PPP 项目财政收支预算申请进行认真审核，充分考虑绩效评价、价格调整等因素，合理确定预算金额。

第二十二条 PPP 项目中的政府收入，包括政府在 PPP 项目全生命周期过程中依据法律和合同约定取得的资产权益转让、特许经营权转让、股息、超额收益分成、社会资本违约赔偿和保险索赔等收入，以及上级财政拨付的 PPP 专项奖补资金收入等。

第二十三条 PPP 项目中的政府支出，包括政府在 PPP 项目全生命周期过程中依据法律和合同约定需要从财政资金中安排的股权投资、运营补贴、配套投入、风险承担，以及上级财政对下级财政安排的 PPP 专项奖补资金支出。

第二十四条 行业主管部门应当会同各级财政部门做好项目全生命周期成本监测工作。每年一季度前，项目公司（或社会资本方）应向行业主管部门和财政部门报送上一年度经第三方审计的财务报告及项目建设运营成本说明材料。项目成本信息要通过 PPP 综合信息平台对外公示，接受社会监督。

第二十五条 各级财政部门应当会同行业主管部门开展 PPP 项目绩效运行监控，对绩效目标运行情况进行跟踪管理和定期检查，确保阶段性目标与资金支付相匹配，开展中期绩效评估，最终促进实现项目绩效目标。监控中发现绩效运行与原定绩效目标偏离时，应及时采取措施予以纠正。

第二十六条　社会资本方违反PPP项目合同约定，导致项目运行状况恶化，危及国家安全和重大公共利益，或严重影响公共产品和服务持续稳定供给的，本级人民政府有权指定项目实施机构或其他机构临时接管项目，直至项目恢复正常经营或提前终止。临时接管项目所产生的一切费用，根据合作协议约定，由违约方单独承担或由各责任方分担。

第二十七条　各级财政部门应当会同行业主管部门在PPP项目全生命周期内，按照事先约定的绩效目标，对项目产出、实际效果、成本收益、可持续性等方面进行绩效评价，也可委托第三方专业机构提出评价意见。

第二十八条　各级财政部门应依据绩效评价结果合理安排财政预算资金。

对于绩效评价达标的项目，财政部门应当按照合同约定，向项目公司或社会资本方及时足额安排相关支出。

对于绩效评价不达标的项目，财政部门应当按照合同约定扣减相应费用或补贴支出。

第五章　项目资产负债管理

第二十九条　各级财政部门应会同相关部门加强PPP项目涉及的国有资产管理，督促项目实施机构建立PPP项目资产管理台账。政府在PPP项目中通过存量国有资产或股权作价入股、现金出资入股或直接投资等方式形成的资产，应作为国有资产在政府综合财务报告中进行反映和管理。

第三十条　存量PPP项目中涉及存量国有资产、股权转让的，应由项目实施机构会同行业主管部门和财政部门按照国有资产管理相关办法，依法进行资产评估，防止国有资产流失。

第三十一条　PPP项目中涉及特许经营权授予或转让的，应由项目实施机构根据特许经营权未来带来的收入状况，参照市场同类标准，通过竞争性程序确定特许经营权的价值，以合理价值折价入股、授予或转让。

第三十二条　项目实施机构与社会资本方应当根据法律法规和PPP项目合同约定确定项目公司资产权属。对于归属项目公司的资产及权益的所有权和收益权，经行业主管部门和财政部门同意，可以依法设置抵押、质押等担保权益，或进行结构化融资，但应及时在财政部PPP综合信息平台上公示。项目建设完成进入稳定运营期后，社会资本方可以通过结构性融资实现部分或全部退出，但影响公共安全及公共服务持续稳定提供的除外。

第三十三条 各级财政部门应当会同行业主管部门做好项目资产移交工作。

项目合作期满移交的，政府和社会资本双方应按合同约定共同做好移交工作，确保移交过渡期内公共服务的持续稳定供给。项目合同期满前，项目实施机构或政府指定的其他机构应组建项目移交工作组，对移交资产进行性能测试、资产评估和登记入账，项目资产不符合合同约定移交标准的，社会资本应采取补救措施或赔偿损失。

项目因故提前终止的，除履行上述移交工作外，如因政府原因或不可抗力原因导致提前终止的，应当依据合同约定给予社会资本相应补偿，并妥善处置项目公司存续债务，保障债权人合法权益；如因社会资本原因导致提前终止的，应当依据合同约定要求社会资本承担相应赔偿责任。

第三十四条 各级财政部门应当会同行业主管部门加强对PPP项目债务的监控。PPP项目执行过程中形成的负债，属于项目公司的债务，由项目公司独立承担偿付义务。项目期满移交时，项目公司的债务不得移交给政府。

第六章 监督管理

第三十五条 各级财政部门应当会同行业主管部门加强对PPP项目的监督管理，切实保障项目运行质量，严禁以PPP项目名义举借政府债务。

财政部门应当会同相关部门加强项目合规性审核，确保项目属于公共服务领域，并按法律法规和相关规定履行相关前期论证审查程序。项目实施不得采用建设–移交方式。

政府与社会资本合资设立项目公司的，应按照《公司法》等法律规定以及PPP项目合同约定规范运作，不得在股东协议中约定由政府股东或政府指定的其他机构对社会资本方股东的股权进行回购安排。

财政部门应根据财政承受能力论证结果和PPP项目合同约定，严格管控和执行项目支付责任，不得将当期政府购买服务支出代替PPP项目中长期的支付责任，规避PPP项目相关评价论证程序。

第三十六条 各级财政部门应依托PPP综合信息平台，建立PPP项目库，做好PPP项目全生命周期信息公开工作，保障公众知情权，接受社会监督。

项目准备、采购和建设阶段信息公开内容包括PPP项目的基础信息和项目采购信息，采购文件，采购成交结果，不涉及国家秘密、商业秘密的项目合同文本，开工及竣工投运日期，政府移交日期等。项目运营阶段信息公开内容包括PPP项目的成本监测和绩效评价结果等。

财政部门信息公开内容包括本级PPP项目目录、本级人大批准的政府对PPP项目的财政预算、执行及决算情况等。

第三十七条 财政部驻各地财政监察专员办事处应对PPP项目财政管理情况加强全程监督管理，重点关注PPP项目物有所值评价和财政承受能力论证、政府采购、预算管理、国有资产管理、债务管理、绩效评价等环节，切实防范财政风险。

第三十八条 对违反本办法规定实施PPP项目的，依据《预算法》、《政府采购法》及其实施条例、《财政违法行为处罚处分条例》等法律法规追究有关人员责任；涉嫌犯罪的，依法移交司法机关处理。

第七章 附 则

第三十九条 本办法由财政部负责解释。

第四十条 本办法自印发之日起施行。

关于规范政府和社会资本合作（PPP）综合信息平台项目库管理的通知

（财办金〔2017〕92号）

各省、自治区、直辖市、计划单列市财政厅（局），新疆生产建设兵团财务局：

为深入贯彻落实全国金融工作会议精神，进一步规范政府和社会资本合作（PPP）项目运作，防止PPP异化为新的融资平台，坚决遏制隐性债务风险增量，现将规范全国PPP综合信息平台项目库（以下简称"项目库"）管理有关事项通知如下：

一、总体要求

（一）统一认识。各级财政部门要深刻认识当前规范项目库管理的重要意义，及时纠正PPP泛化滥用现象，进一步推进PPP规范发展，着力推动PPP回归公共服务创新供给机制的本源，促进实现公共服务提质增效目标，夯实PPP可持续发展的基础。

（二）分类施策。各级财政部门应按项目所处阶段将项目库分为项目储备清单和项目管理库，将处于识别阶段的项目，纳入项目储备清单，重点进行项目孵化和推介；将处于准备、采购、执行、移交阶段的项目，纳入项目管理库，按照PPP相关法律法规和制度要求，实施全生命周期管理，确保规范运作。

（三）严格管理。各级财政部门应严格项目管理库入库标准和管理要求，建立健全专人负责、持续跟踪、动态调整的常态化管理机制，及时将条件不符合、操作不规范、信息不完善的项目清理出库，不断提高项目管理库信息质量和管理水平。

二、严格新项目入库标准

各级财政部门应认真落实相关法律法规及政策要求,对新申请纳入项目管理库的项目进行严格把关,优先支持存量项目,审慎开展政府付费类项目,确保入库项目质量。存在下列情形之一的项目,不得入库:

(一)不适宜采用 PPP 模式实施。包括不属于公共服务领域,政府不负有提供义务的,如商业地产开发、招商引资项目等;因涉及国家安全或重大公共利益等,不适宜由社会资本承担的;仅涉及工程建设,无运营内容的;其他不适宜采用 PPP 模式实施的情形。

(二)前期准备工作不到位。包括新建、改扩建项目未按规定履行相关立项审批手续的;涉及国有资产权益转移的存量项目未按规定履行相关国有资产审批、评估手续的;未通过物有所值评价和财政承受能力论证的。

(三)未建立按效付费机制。包括通过政府付费或可行性缺口补助方式获得回报,但未建立与项目产出绩效相挂钩的付费机制的;政府付费或可行性缺口补助在项目合作期内未连续、平滑支付,导致某一时期内财政支出压力激增的;项目建设成本不参与绩效考核,或实际与绩效考核结果挂钩部分占比不足 30%,固化政府支出责任的。

三、集中清理已入库项目

各级财政部门应组织开展项目管理库入库项目集中清理工作,全面核实项目信息及实施方案、物有所值评价报告、财政承受能力论证报告、采购文件、PPP 项目合同等重要文件资料。属于上述第(一)、(二)项不得入库情形或存在下列情形之一的项目,应予以清退:

(一)未按规定开展"两个论证"。包括已进入采购阶段但未开展物有所值评价或财政承受能力论证的(2015 年 4 月 7 日前进入采购阶段但未开展财政承受能力论证以及 2015 年 12 月 18 日前进入采购阶段但未开展物有所值评价的项目除外);虽已开展物有所值评价和财政承受能力论证,但评价方法和程序不符合规定的。

(二)不宜继续采用 PPP 模式实施。包括入库之日起一年内无任何实质性进展的；尚未进入采购阶段但所属本级政府当前及以后年度财政承受能力已超过10%上限的；项目发起人或实施机构已书面确认不再采用PPP模式实施的。

（三）不符合规范运作要求。包括未按规定转型的融资平台公司作为社会资本方的；采用建设－移交（BT）方式实施的；采购文件中设置歧视性条款、影响社会资本平等参与的；未按合同约定落实项目债权融资的；违反相关法律和政策规定，未按时足额缴纳项目资本金、以债务性资金充当资本金或由第三方代持社会资本方股份的。

（四）构成违法违规举债担保。包括由政府或政府指定机构回购社会资本投资本金或兜底本金损失的；政府向社会资本承诺固定收益回报的；政府及其部门为项目债务提供任何形式担保的；存在其他违法违规举债担保行为的。

（五）未按规定进行信息公开。包括违反国家有关法律法规，所公开信息与党的路线方针政策不一致或涉及国家秘密、商业秘密、个人隐私和知识产权，可能危及国家安全、公共安全、经济安全和社会稳定或损害公民、法人或其他组织合法权益的；未准确完整填写项目信息，入库之日起一年内未更新任何信息，或未及时充分披露项目实施方案、物有所值评价、财政承受能力论证、政府采购等关键信息的。

四、组织实施

（一）落实责任主体。各省级财政部门要切实履行项目库管理主体责任，统一部署辖内市、区、县财政部门开展集中清理工作。财政部政府和社会资本合作中心（以下称"财政部PPP中心"）负责开展财政部PPP示范项目的核查清理工作，并对各地项目管理库清理工作进行业务指导。

（二）健全工作机制。各省级财政部门应成立集中清理专项工作组，制定工作方案，明确任务分工、工作要求和时间进度，落实专人负责，并可邀请专家参与。地方各级财政部门应当会同有关方面加强政策宣传和舆论引导，重要情况及时向财政部报告。

（三）明确完成时限。各省级财政部门应于2018年3月31日前完成本地区项目管理库集中清理工作,并将清理工作完成情况报财政部金融司备案。

(四)确保整改到位。对于逾期未完成清理工作的地区,由财政部PPP中心指导并督促其于30日内完成整改。逾期未完成整改或整改不到位的,将暂停该地区新项目入库直至整改完成。

财政部办公厅
2017年11月10日

关于进一步加强政府和社会资本合作（PPP）示范项目规范管理的通知

（财金〔2018〕54号）

各省、自治区、直辖市、计划单列市财政厅（局），新疆生产建设兵团财政局：

PPP示范项目在引导规范运作、带动区域发展、推动行业破冰、推广经验模式等方面发挥了积极作用。但从近期核查情况看，部分示范项目存在进展缓慢、执行走样等问题。为进一步强化示范项目规范管理，更好发挥引领带动作用，现就有关事项通知如下：

一、对核查存在问题的173个示范项目分类进行处置

（一）将不再继续采用PPP模式实施的包头市立体交通综合枢纽及综合旅游公路等30个项目，调出示范项目名单，并清退出全国PPP综合信息平台项目库（以下简称项目库）。

（二）将尚未完成社会资本方采购或项目实施发生重大变化的北京市丰台区河西第三水厂等54个项目，调出示范项目名单，保留在项目库，继续采用PPP模式实施。

（三）对于运作模式不规范、采购程序不严谨、签约主体存在瑕疵的89个项目，请有关省级财政部门会同有关方面抓紧督促整改，于6月底前完成。逾期仍不符合相关要求的，调出示范项目名单或清退出项目库。

地方各级财政部门要会同有关部门妥善做好退库项目后续处置工作：对于尚未启动采购程序的项目，调整完善后拟再次采用PPP模式实施的，应当充分做好前期论证，按规定办理入库手续；无法继续采用PPP模式实施的，应当终止实施或采取其他合规方式继续推进。对于已进入采购程序或已落地实施的项目，应当针对核查发现的问题进行整改，做到合法合规；终止实施

的，应当依据法律法规和合同约定，通过友好协商或法律救济途径妥善解决，切实维护各方合法权益。

二、引以为戒，加强项目规范管理

（一）夯实项目前期工作。按国家有关规定认真履行规划立项、土地管理、国有资产审批等前期工作程序，规范开展物有所值评价和财政承受能力论证。不得突破10%红线新上项目，不得出现"先上车、后补票"、专家意见缺失或造假、测算依据不统一、数据口径不一致、仅测算单个项目支出责任等现象。

（二）切实履行采购程序。加强对项目实施方案和采购文件的审查，对于采用单一来源采购方式的项目，必须符合政府采购法及其实施条例相关规定。不得设置明显不合理的准入门槛或所有制歧视条款，不得未经采购程序直接指定第三方代持社会资本方股份。

（三）严格审查签约主体。坚持政企分开原则，加强PPP项目合同签约主体合规性审查，国有企业或地方政府融资平台公司不得代表政府方签署PPP项目合同，地方政府融资平台公司不得作为社会资本方。

（四）杜绝违法违规现象。坚守合同谈判底线，加强合同内容审查，落实项目风险分配方案，合同中不得约定由政府方或其指定主体回购社会资本投资本金，不得弱化或免除社会资本的投资建设运营责任，不得向社会资本承诺最低投资回报或提供收益差额补足，不得约定将项目运营责任返包给政府方出资代表承担或另行指定社会资本方以外的第三方承担。

（五）强化项目履约监管。夯实社会资本融资义务，密切跟踪项目公司设立和融资到位情况。不得以债务性资金充当项目资本金，政府不得为社会资本或项目公司融资提供任何形式的担保。落实中长期财政规划和年度预算安排，加强项目绩效考核，落实按效付费机制，强化激励约束效果，确保公共服务安全、稳定、高效供给。

三、切实强化信息公开，接受社会监督

（一）提升信息公开质量。通过PPP综合信息平台及时、准确、完整、

充分披露示范项目关键信息，及时上传项目实施方案、物有所值评价报告、财政承受能力论证报告、采购文件等重要附件及相关批复文件，保障项目信息前后连贯、口径一致、账实相符。

（二）加强运行情况监测。及时更新PPP项目开发目录、财政支出责任、项目采购、项目公司设立、融资到位、建设进度、绩效产出、预算执行等信息，实时监测项目运行情况、合同履行情况和项目公司财务状况，强化风险预警与早期防控。

（三）强化咨询服务监督。全面披露参与示范项目论证、采购、谈判等全过程咨询服务的专家和咨询机构信息，主动接受社会监督。建立健全咨询服务绩效考核和投诉问责机制，将未妥善履行咨询服务职责或提供违法违规咨询意见的专家或咨询机构，及时清退出PPP专家库或咨询机构库。

四、建立健全长效管理机制

（一）落实示范项目管理责任。各省级财政部门为辖内示范项目管理的第一责任人，负责健全本地区示范项目的专人负责、对口联系和跟踪指导机制，监督指导辖内市县做好示范项目规范实施、信息公开等工作，对示范项目实施过程中出现的重点、难点问题，及时向财政部报告。示范项目所属本级财政部门应会同行业主管部门加强项目前期论证、采购、执行、移交等全生命周期管理，监督项目各参与方切实履行合同义务，确保项目规范运作、顺利实施。财政部PPP中心负责全国PPP示范项目执行情况的统一指导和汇总统计。

（二）强化示范项目动态管理。地方各级财政部门要会同有关部门加强示范项目动态管理，确保项目执行不走样。对于项目名称、实施机构等非核心条件发生变更的，应及时向财政部PPP中心备案；对于项目合作内容、总投资、运作方式、合作期限等核心边界条件与入选示范项目时相比发生重大变化的，应及时向财政部PPP中心申请调出示范项目名单，并对项目实施方案、物有所值评价报告、财政承受能力论证报告、采购文件、项目合同等进行相应调整、变更。因项目规划调整、资金落实不到位等原因，不再继续采用PPP模式实施的，应及时向财政部PPP中心申请调出示范项目名单并退出项目库。

（三）开展示范项目定期评估。财政部PPP中心应定期组织第三方专业机构、专家等，开展示范项目执行情况评估。评估过程中发现示范项目存在运作不规范、实施情况发生重大变化或信息披露不到位等问题的，应及时调出示范项目名单或清退出项目库。其中已获得中央财政PPP项目以奖代补资金的，由省级财政部门负责追回并及时上缴中央财政。经评估效果良好的示范项目，由财政部PPP中心联合省级财政部门加强经验总结与案例推广。

财政部

2018年4月24日